DE DOCTRINA CHRISTIANA

기독교 교양

KB191804

● 독자 여러분들께 알립니다!
'CH북스'는 기존 '크리스천다이제스트'의 영문명 앞 2글자와
도서를 의미하는 '북스'를 결합한 출판사의 새로운 이름입니다.

세계기독교고전 33
기독교 교양

1판 1쇄 발행 1992년 12월 25일
2판 1쇄 발행 2017년 3월 24일
2판 3쇄 발행 2024년 5월 1일

지은이 성 아우구스티누스
옮긴이 김종흡
발행인 박명곤 **CEO** 박지성 **CFO** 김영은
기획편집1팀 채대광, 김준원, 이승미, 이상지
기획편집2팀 박일귀, 이은빈, 강민형, 이지은, 박고은
디자인팀 구경표, 구혜민, 임지선
마케팅팀 임우열, 김은지, 전상미, 이호, 최고은

펴낸곳 CH북스
출판등록 제406-1999-000038호
전화 070-4917-2074 **팩스** 0303-3444-2136
주소 서울시 강서구 마곡중앙6로 40, 장흥빌딩 10층
홈페이지 www.hdjisung.com **이메일** support@hdjisung.com
제작처 영신사

ⓒ CH북스 2017

세계
기독교
고전

33

DE DOCTRINA CHRISTIANA

기독교 교양

성 아우구스티누스 | 김종흡 옮김

CH북스
크리스천
다이제스트

세계 기독교 고전을 발행하면서

한국에 기독교가 전해진 지 벌써 100년이 넘었습니다. 그동안 수많은 기독교 서적들이 간행되어 한국의 교회와 성도들에게 많은 공헌을 해 왔습니다. 그러나 기독교 역사 100년을 넘어선 우리의 교회와 성도들에게 더 큰 영적 성숙과 진정한 신앙을 심어주기 위해서는 가치있는 기독교 서적들이 많이 나와야 한다고 생각합니다. 그리하여 영혼의 양식이 될 수 있는 훌륭한 기독교 서적들이 모든 성도들의 가정뿐만 아니라 믿지 아니하는 가정에도 흘러 넘쳐야만 합니다.

믿는 성도들은 신앙의 성장과 영적 유익을 위해서 끊임없이 좋은 신앙 서적들을 읽고 명상해야 하며, 친구와 이웃 사람들의 구원을 위하여 신앙 서적 선물하기를 즐기고 읽도록 권해야 할 것입니다. 이것은 하나님의 백성으로서 살기 원하는 사람은 누구나 마땅히 해야 할 의무라고도 하겠습니다.

존 웨슬리는 "성도들이 책을 읽지 않는다면 은총의 사업은 한 세대도 못 가서 사라져 버릴 것이다. 책을 읽는 그리스도인만이 진리를 아는 그리스도인이다"라고 말했습니다. 우리는 이제 한국에서 최초로 세계의 기독교 고전들을 총망라하여 한국의 교회와 성도들에게 소개하고자 합니다. 전세계의 기독교 고전은 모든 기독교인들에게 영원한 보물이며, 신앙의 성숙과 영혼의 구원을 위하여 이보다 더 귀한 것은 없을 것입니다.

이러한 취지로 어언 2천여 년의 세월이 지나는 동안 세계 각국에서 저술된 가장 뛰어난 신앙의 글과 영속적 가치가 있는 위대한 신앙의 글만을 모아서 세계 기독교 고전 전집으로 편찬하고자 합니다.

우리는 이 세계 기독교 고전 전집을 알차고, 품위있게 제작하여 오늘날 한국의 교회와 성도들에게 제공하고 후손들에게도 물려줄 기획을 하고 있습니다. 우리는 다시 한번 다니엘 웹스터가 한 말을 깊이 생각해 보아야 할 것입니다.

"만약 신앙 서적들이 우리 나라 대중들에게 광범위하게 유포되지 않고, 사람들이 신앙적으로 되지 않는다면, 우리나라가 어떤 나라가 될지 걱정스럽다 … 만약 진리가 확산되지 않는다면, 오류가 지배할 것이요, 하나님과 그의 말씀이 전파되고 인정받지 못한다면, 마귀와 그의 궤계가 우세할 것이요, 복음의 서적들이 모든 집에 들어가지 못한다면, 타락하고 음란한 서적들이 거기에 있을 것이요, 우리나라에서 복음의 능력이 나타나지 못한다면, 혼란과 무질서와 부패와 어둠이 끝없이 지배할 것이다."

독자들의 성원과 지도 편달을 바라마지 않습니다.

CH북스
발행인 박명곤

차 례

제2권

제4권

일러두기

1. 이 번역본은 「니케아 및 니케아 이후 교부총서」(Nicene and Post- nicene Fathers)에 포함된 J. F. Shaw의 영역본을 대본으로 삼았습니다. 영역본의 제목은 On Christian Doctrine입니다. Fathers of the Church라는 총서에도 다른 영역이 있고, 그 제목은 Christian Instruction 입니다. 원어 제목은 De Doctrina Christiana, 어떻게 하면 성경을 잘 깨달으며 또 전할 수 있을까를 논합니다. 그 내용에 대해서는 각권의 처음에 있는 영역자의 "개요"에 간단한 소개가 있습니다. 그 중에서 제1권의 내용은, 저자 자신이 말하듯이(제3권 제2장의 처음), 신앙규범(信仰規範) 즉 정통 신앙의 요약임을 참고로 말씀드립니다.

   서기 396년에 시작해서 제3권 도중까지 쓰고 중지했다가, 426년에 나머지를 완성해서, 후세 교회에 큰 영향을 주었을 뿐 아니라, 저자의 「고백록」 및 「하나님의 도성」과 함께 서방 세계의 한 "위대한" 서적으로 인정되고 있습니다.

2. 성경 인용은 원칙적으로 개역개정 성경을 따랐으며 성경 원문의 한 문절로 인용이 끝날 경우에 그 문절을 한 문장으로 번역했습니다. 70인역 (LXX)의 인용은, 장절은 개역개정 성경대로 하고, 본문만 70인역을 옮겼습니다. 외경 인용은 공동번역을 따랐습니다.

3. 고유명사의 발음은 성경에 있는 것은 개역성경을 따라서, 예컨대 "애굽, 헬라" 등을 쓰고, "이집트, 그리스 등을 취하지 않았습니다. 그러나 "뮤즈"(예술의 여신)는 한국에서 통용하는 영어음을 취했습니다.

4. 끝으로, 저자는 문장의 미(美)에 대해서 많이 말했는데, 이 번역은 그런 미를 보여 주지 못합니다. 원문의 뜻을 정확히 옮기는 데 전력을 다하면서 문장들을 짧게 만들었습니다. 간혹 긴 문장이 있어서, 한 번 읽어서는 뜻이 분명하지 않을 때에는, 문법을 따지면서 한 번 더 읽으시기 바랍니다.

5. 각 장의 제목들이나 개요 등은 저자가 쓴 것이 아니며 후대의 학자나 역자들이 이해를 돕기 위해 붙인 것입니다. 또한 성구 장절 표시도 그러합니다.

역자

해제

성 아우구스티누스의 「기독교 교양」의 해설로서, 우리는 그 자신이 쓴 「재고록」에 나오는 한 장을 번역하는 것보다 더 좋은 것이 없다고 본다. 저자는 이 책에서 「기독교 교양」의 몇몇 오류들을 수정하는 가운데 그 저작이 무슨 이유로 그리고 어떠한 상황 아래에서 쓰여졌는가를 말하고 있다.[1]

기독교 교양에 관한 책들이 완성되지 못하였다는 것을 알게 되었을 때 나는 그 책들을 그러한 상태로 놔두고 다른 저작들의 개정 작업으로 들어가기보다는 그 책들을 끝내기로 마음을 먹었다. 그래서 나는 누룩을 "가루 서 말 속에 갖다 넣어 전부 부풀게 한" 여인과 관련된 복음서 이야기를 전거로 하는 지점까지 써놓았던 제3권을 끝마쳤다. 또한 나는 마지막 권을 더하여 이 작업을 네 권으로 마무리하였다. 처음 세 권은 성경을 이해하는 데 도움이 되고, 제4권은 우리가 이미 이해하고 있는 사실들을 어떻게 제시할 것인가를 우리에게 가르치고 있다. 하지만 제2권에서 많은 사람들이 솔로몬의 지혜서라고 부르고 있는 책의 저자를 언급하면서 나는 이미 말했듯이 전도서와 마찬가지로 시락의 아들 예수가 그 책을 썼다는 것은 불확실하다는 것을 알았고, 그가 그 책의 저자가 아닐 가능성이 더 높다는 것을 발견하였다. 더욱이 내가 "구약의 권위는 이 마흔네 권의 책으로 끝난다"라고 말했을 때, 나는 교회의 일반적인 관행에 따라 구약을

---

1 *Retractationes* 2,4,30.

지칭하고 있었다. 하지만 사도는 시내 산에서 공포된 것만을 구약으로 지칭하였던 것으로 보인다. 나아가 내가 성 암브로시우스가 역사적 문제들의 연대기에 관한 그의 정보로 인하여 플라톤과 예레미야가 동시대에 살았다고 주장함으로써 하나의 논쟁 주제를 해결하였다고 말한 것은 나의 기억의 착오였다. 그 감독이 이 문제와 관련하여 말했던 내용은 그가 성례들 또는 철학에 관하며 쓴 책에 나와 있다. 그 저작은 다음과 같이 시작된다: "서너 가지 규준들이 존재한다."

독자들은 저자가 자신의 말이나 사실과 관련된 오류들을 지적한 세 구절을 스스로 연구할 기회를 가질 것이기 때문에,[2] 「재고록」에 나오는 구절에 대한 논의는 「기독교 교양」(De doctrina Christiana)의 편찬에 있어서의 두 단계의 시기를 결정하는 문제에 국한하고자 한다. 이 두 단계는 성 아우구스티누스가 감독을 맡고 있던 시기에 속한다. 그 말기에 그는 「재고록」에서 자신의 주요한 저작들을 열거하고 아주 특색있게 솔직한 자기 비평을 해놓고 있다.

그가 말하고 있듯이 이러한 작업을 그는 제3권의 끝부분(제35절) 가까이서 미완성인 채로 남겨두었음을 발견한 「기독교 교양」을 마무리하기 위하여 중단하였다. 저자가 이 저작에 어느 정도의 중요성을 부여하고 있느냐 하는 것은 그 저작을 끝내기 위하여 「재고록」을 중단하고자 결심한 데서 잘 나타난다. 「재고록」은 주후 427년에 완성되었기 때문에 그 해 또는 그 전년도의 어느 시기에 「기독교 교양」의 제3권의 끝부분과 제4권 전부가 쓰여졌다고 결론을 내리는 것이 타당하다. 독자적인 증거는 이러한 연대 설정을 확증해 준다.[3]

---

2 이 번역서의 2권 8장 13절(두 구절)과 2권 28장 43절을 보라.

3 아래 4.24.53을 보라. 이 구절은 성 아우구스티누스가 마우레타니아의 가이사랴에서의 폭동을 가라앉히기

외적 내적 증거는 이 저작의 첫 번째 부분의 저술이 396년 또는 397년에 이루어졌다고 보는 것을 가능하게 해준다. 성 아우구스티누스가 대략적인 연대기적 순서로 자신의 저작들을 열거해 놓고 있는 「재고록」에서 「기독교 교양」은 396년 또는 397년에 쓰여진 「기독교인의 경주에 관하여」(*De agone Christiano*) 다음에 나오기 때문에, 그 이전에 쓰여졌을 가능성은 없는 듯하다. 제2권(2.40.61)에 나오는 한 구절은 위의 결론과 일치하고 하한선을 확정해 주고 있다. 여기서 이방 문화의 풍부한 유산을 채택하였던 이미 죽은 교회 저술가들을 열거하면서 — 이 저작에서 가장 영향력있고 가장 인용이 많이 되는 구절들 중의 하나 — 성 아우구스티누스는 성 키프리아누스(그는 당연히 언급되어 있다)의 유형과 아울러 성 암브로시우스의 유형을 제4권에서 그토록 칭찬하고 있음에도 불구하고 성 암브로시우스의 이름을 빠뜨렸다. 이것은 성 암브로시우스가 아직 살아 있었다는 것을 뜻할 것이다. 이 저술가는 397년 4월 4일에 죽었기 때문에 「기독교 교양」의 첫 번째 부분은 그 시기 이전에 완료되었음에 틀림없다. — 그리고 앞에서 보았듯이 그보다 훨씬 일찍은 아니다. 이 저작의 첫 번째 부분은 별도로 간행되었던 것처럼 보이지 않는다.[4]

이 저작의 목적과 내용에 대한 성 아우구스티누스 자신의 분석을 보충하자면, 제1권과 제2권은 성경을 적절하게 읽고 해석하는 데 있어서 예비적인 연구가 꼭 필요한 성속(聖俗)의 주제들을 다루고 있다고 할 수 있다. 현대의 교육 이론은 성 아우구스티누스가 교양 과목들의 연구에 지나치게 엄격한 제한을 가하고 있다고 주장할 수 있지만, 그것이 그가 성경학도가 되려는 사

위하여 418년에 그곳을 방문하였던 중요한 사건을 약 8년 전의 사건으로 말하고 있다.

4 성 아우구스티누스가 약 400년 경에 저술한 *Contra Faustum*(22.91)에서 「기독교 교양」 2.40.60을 인용하고 있다는 사실로부터 저자는 이 저작의 첫 번째 부분을 이 연대 이전에 출간했었을 것으로 주장된다. 이 견해는 이후에 그것을 주장하였던 그 유명한 학자에 의해 포기되었다. 자세한 내용은 Vernon J. Bourke, *Augustine's Quest of Wisdom*(Milwaukee 1945) 146 n. 43을 보라.

람들에게 처방한 결코 사소하지 않은 가르침이라는 것을 부인할 사람은 아무도 없다. 제3권은 오늘날 해석학이라고 불리는 주제들, 즉 성경의 해석을 다루고 있는 이 분야에서 가장 중요한 초기 라틴어 저작이다. 성 아우구스티누스는 성경 해석학을 다룬 현존하는 가장 초기의 라틴어 저작인 도나투스파의 티코니우스(Tyconius)의 「준칙서」(Book of Rules)의 출간에 부분적으로 자극을 받았던 것 같다. 성 아우구스티누스는 도나투스파의 저작을 반대하는 비평을 약간 하기도 했지만, 대체적으로 그는 도나투스파의 내용을 상세하게 설명하고 몇몇 구절들을 문자 그대로 인용하면서 그것을 권장하였다.[5] 성 아우구스티누스는 자기 자신에 대해서와 마찬가지로 다른 사람들에 대한 공평한 비평가일 수 있었다.

제4권에서 저자는 기독교 교사가 경건의 진리들을 해설하는 방법을 다루고 있다. 제4권은 실질적으로 강해 지침서이다. 이전의 수사학 교사는 세속의 학파들에서 가르쳐진 수사학적 규칙들을 제공하는 것을 거부하였던 반면에,[6] 그는 그의 약속을 지키기가 어려웠다. 해석학의 대부인 키케로와 퀸틸리아누스(Quintilian)의 저작들이 망실되었다면 ─ 성 아우구스티누스가 분명히 또는 암묵적으로 인용한 이방 저자들의 소수만을 언급하자면 ─ 그들의 교설의 내용 중 상당 부분은 「기독교 교양」의 제4권으로부터 복원될 수 있었을 것이다.[7] 성 아우구스티누스가 고대의 수사학 이론에 의해 구별된 웅변의 세 가지 유형을 예시하기 위하여 성경, 성 키프리아누스, 성 암브

---

5 아래 3.30.42ff. 를 보라.

6 아래 4.1.2를 보라.

7 Sister Mary Therese Sullivan의 학위 논문은 이방의 수사학적 저술가들에 대한 성 아우구스티누스의 의존 정도를 평가하는 데 편리한 저작이다. 특히 그녀의 인용구 색인(203-205)과 표 8-13을 보라. 고대 저술가들에 대한 그녀의 전거들은 이 번역서의 제4권에 나오는 주석을 아주 풍부하게 해주었다. 메리 테레즈는 퀸틸리아누스로부터 풍부한 병행구들을 인용하고 있기 때문에 성 아우구스티누스가 퀸틸리아누스를 읽지 않았던 것으로 보인다는 후대 저술가의 말(H. I. Marrou, Saint Augustin 48)은 받아들이기 어렵다.

로시우스에서 인용한 확대된 구절들을 제시하고 있는 장(章)들[8]은 특별하고 독자적인 가치를 지닌다.

성경학에 특별한 관심을 갖고 있지 않은 독자들에게조차도 이 저작은 결코 무익하지 않다. 기독교의 도덕적 실천에 대한 성 아우구스티누스의 가르침들을 이해하는 데 기여하는 다른 구절들과 마찬가지로 때때로 확대된, 높은 교의학적 가치를 지닌 구절들이 풍부하게 담겨 있기 때문이다.

이 저작의 본질적인 장점들과 부수적인 장점들은 미래의 세대들에서도 상실되지 않았다. 이 저작의 영향력은 광범위하고 오래 지속되었으며, 이 책 자체의 보급과 카시오도루스(Cassiodorus)와 라바누스 마우루스(Hrabanus Maurus)와 같은 인물들에 의한 이 저작의 사용을 통하여 영향력을 발휘하였다. 카시오도루스(585년경 사망)는 즉각적으로 자신의 「강요」(Institutions)에서 이 저작을 매우 칭찬하였으며, 그가 다른 집필 계획을 채택했으면서도 이 저작을 그 작업을 위한 모델로 사용하였다. 라바누스 마우루스(856년 사망)는 「성직의 제정에 대하여」(De Institutione clericorum)의 제3권에서 이 저작을 많이 인용하였다. 후기 중세 시대에 성 보나벤투라(St. Bonaventure)와 성 토마스 아퀴나스는 이 저작에 정당한 중요성을 부여하였다. 「기독교 교양」의 제4권은 최초로 간행된 성 아우구스티누스의 저작들 가운데 있었다. 구텐베르크 성경이 출간된 지 10년 후에 두 개의 판본(Strasburg, Mainz)이 「교수법」(De arte praedicandi)이라는 제목으로 출간되었다.

17세기에 베네딕투스회의 편집자들이 「기독교 교양」에 대하여 내린 평가는 음미해 볼 가치가 있다: "성 제롬의 서문들과 아울러 성경 앞에 놓아도 손색이 없는 학문적인 세심함을 가지고 쓰여진 주제의 존엄성에 걸맞는 저작."

---

8 아래 4,20,39ff를 보라

서문

〔성경 연구를 위한 원칙을 가르치는 것은 불필요하지 않음을 밝힌다.〕

1. 성경을 연구하는 데는 지켜야 할 몇 가지 원칙이 있다. 말씀을 진지하게 연구하는 사람들에게 이 원칙들을 가르치는 것은 대단히 유익하다고 생각한다. 그들은 성경의 비밀을 밝힌 다른 사람들의 책을 읽거나 그렇지 않으면 스스로 다른 사람들에게 그 비밀을 알려 줄 때에, 이 원칙들을 아는 것이 유익하다. 나는 지금까지 성경에 대해서 명상할 때에, 하나님의 도움을 받아 왔다. 이 일에 있어서도 하나님께서 도움을 주신다면, 나는 이 원칙들을 배울 능력과 의욕이 있는 사람들에게 가르치기를 바란다.

그러나 우선 이 원칙들에 반대하는 사람들에게 대답해 주는 것이 좋겠다고 생각한다. 내가 미리 진정시켜 두지 않으면 반대하는 사람들이 있을 수 있다. 대답한 후에도 여전히 반대하는 사람들은 내가 대답함으로써 적어도 다른 사람들에게 영향을 주지 않을 것이다. 그 사람들의 공격에 대해서 예비적인 무장이 없는 사람들은 그들의 영향을 받음으로써 유익한 연구를 버리고 게으르고 무지한 생활로 돌아갈 수 있다.

2. 그러면 내가 하는 일에 반대할 사람 가운데 어떤 사람은 내가 여기서 말하는 원칙들을 이해하지 못한다. 또 어떤 사람들은 원칙들을 이해해서 성경연구에 응용하려고 해 보았지만, 밝히고자 하는 점을 밝히지 못했기 때문

에 내가 하는 일이 무익하다고 생각할 것이다. 그래서 그들이 이 일에서 도움을 받지 못했으므로 아무에게도 유익을 주지 못한다는 의견을 말할 것이다. 셋째 종류의 사람들은 성경을 해석하는 능력을 얻었다고 생각한다. 그래서 이런 원칙은 아무에게도 필요없다고 주장한다. 그리고 성경의 모호한 점을 밝히기 위해서 밝히는 데 이바지하는 일은 무엇이든지 순전히 하나님의 은혜만을 받아서 더 훌륭히 할 수 있다고 주장한다.

3. 이 모든 주장에 나는 간단히 대답하겠다. 내가 여기서 하는 말을 이해하지 못하는 사람들에게는, 나를 비난하지 말라고 하는 것이 나의 대답이다. 이해하지 못하는 것은 그들의 허물이다. 내가 초승달이나 그믐달을 혹은 잘 보이지 않는 별을 손가락으로 가리킬 때에, 그들은 나의 손가락조차 볼 만한 시력이 없다면, 그 때문에 내게 대해서 노할 권리는 없을 것이다. 또 내가 가리키는 방향을 알면서도 성경의 모호한 구절들의 의미를 캐낼 수 없는 사람들은 마치 내 손가락은 볼 수 있으면서도 손가락이 가리키는 별은 볼 수 없는 사람들과 같다. 그래서 이 두 종류의 사람들은 나를 비난하지 않는 것이 좋을 것이다. 그리고 충분한 시력을 얻도록 하나님에게 기도하는 것이 좋다. 나는 어떤 물체를 가리키려고 손가락을 움직일 수 있어도 사람들의 눈을 밝힐 힘은 없다. 그들의 눈을 밝혀서 내가 가리키는 사실이나 물체를 그들이 보게 할 힘은 나에게 없다.

4. 그러나 하나님의 은혜를 자랑스럽게 말하는 사람들, 내가 여기서 제공하려고 하는 지도의 도움 없이 성경을 이해하며 설명할 수 있다고 자랑하는 사람들, 그러므로 내가 이제부터 쓰려고 하는 것은 전혀 불필요하다고 생각하는 사람들에 대해서, 나는 조용히 생각하라고 권고하고 싶다. 그들은 하나님의 은사를 기뻐하는 것이 마땅하지만, 그들이 글을 읽을 수 있는 것은 사

람들에게서, 곧 사람인 선생들에게서 배웠기 때문이다.

그러므로 그들은 저 애굽의 수도사 안토니우스에게 멸시를 받을 이유가 없다고 생각할 것이다. 안토니우스 수도사는 의롭고 거룩한 사람이다. 그는 글을 읽을 수 없기 때문에 다른 사람들에게 성경을 읽게 하고 그것을 기억했지만, 현명한 명상으로 성경을 철저히 이해하게 되었다고 한다.

또 어떤 기독교인인 야만인 노예에 대한 얘기도 있다. 그것은 내가 존경할 만하고 믿을 수 있는 분들에게서 들은 이야기다. 그는 사람들에게서 배우지 않고 단순히 기도함으로써 글을 읽을 수 있게 되었다고 한다. 즉 사흘 동안 기도한 후에 능력을 받아서 사람들이 자기에게 주는 책을 당장에 읽을 수 있었고, 보는 사람들을 놀라게 했다고 한다.

5. 만일 이런 이야기들이 참말이 아니라고 생각하는 사람이 있다면, 나는 그 이야기들을 강하게 고집하지 않는다. 나는 성경을 사람의 지도를 받음 없이 이해한다고 주장하는 기독교인을 상대로 하고 있으며, 이것이 사실이라면, 참으로 그들은 그 장점을 자랑하는 것이며, 이런 장점은 희귀한 것이다. 그러나 그런 그리스도인들은 우리가 각각 언어를 배울 때에 어려서부터 끊임없이 그 언어를 들음으로써 배웠다는 사실을 인정해야 한다. 우리의 언어뿐만 아니라 어떤 다른 언어라도 예컨대 헬라어, 히브리어, 그 밖의 언어들도 우리는 같은 식으로 배웠다. 그 언어를 말하는 것을 들었거나 사람인 선생에게서 배운 것이다. 그러므로 사도들이 풍성한 성령을 받음으로써 즉시 단번에 각국 말을 하기 시작했다고 해서, 우리의 믿음의 형제들이 그 자녀에게 이런 말들을 가르치지 말라고 충고한다면, 또 이와 비슷한 경험을 한 일이 없는 사람들은 자기를 그리스도인이라고 생각할 수 없다고 한다든지, 적어도 자기가 성령을 아직 받았는지를 의심하라고 경고한다면, 이것은 천부당만부당한 생각이다.

그럴 것이 아니라, 우리는 그릇된 자만심을 버리고 사람에게서 무엇이든지 배울 수 있는 것을 배워야 한다. 자기가 다른 사람에게서 얻은 것은 다른 사람에게 알려 줘야 하며, 거만하거나 시기하는 마음이 없어야 한다. 그리고 우리는 우리가 믿은 하나님을 시험하지 말고 원수의 간계에 걸려서, 또는 우리 자신의 패악한 생각으로, 교회에 가서 복음을 듣는 것을 거부한다든지, 혹은 다른 사람이 성경을 읽으며 설교하는 것을 듣지 않으려고 하는 것, 사도가 말하듯이, 몸 안에 있든지 혹은 몸 밖에 있든지, 스스로 셋째 하늘에 들려 올라가서 사람이 가히 말할 수 없는 말, 말해서는 안 되는 말을 듣겠노라고 하며, 혹은 주 예수 그리스도를 만나서, 사람의 입이 아니라, 그의 입으로부터 복음을 듣기를 바라는 것, 이런 일을 생각하지 말아야 한다.

6. 우리는 교만에서 오는 이런 시험을 경계해야 하며, 사도 바울 자신의 경우를 생각해야 한다. 그는 땅에 엎드러져서 하늘에서 오는 하나님의 말씀을 들었다. 그러나 그는 사람에게 가서 성례를 받으며 교회에 들어가게 되었다. 또 백부장 고넬료는 비록 천사에게서 그의 기도를 들어주시고 그의 자선을 하늘에서 기억해 주신다는 소식을 들었지마는, 그러나 베드로에게 가서 교훈을 받노록 지시를 받았다. 베드로에게서 세례를 받았을 뿐 아니라 또한 무엇을 믿으며 바라며 사랑하는 것이 마땅한가를 배웠다. 천사들을 통해서 모든 일을 하는 것은 물론 가능할 것이다. 그렇지만 만일 하나님께서 사람을 써서 그 말씀을 같은 사람들에게 전하게 하지 않으신다면 우리의 상태는 훨씬 낮아질 것이다.

만일 하나님께서 그의 성전인 사람을 시켜서 말씀을 하시지 않고 사람들에게 가르치려고 하시는 일을 모두 하늘의 음성이나 천사들의 봉사로 가르쳐 주신다면, 성경에 있는 바와 같이, "하나님의 성전은 거룩하니 너희도 그러하니라"고 (고전 3:17) 하는 말씀이 어떻게 진리가 될 수 있는가? 그뿐 아니라 하나 되게 하는 사랑, 사람들을 서로 결합시키는 사랑 자체도 영혼과 영혼을 융합시킬 방법이 없을 것이다. 만일 사람들이 동료인 사람에게서 아무것도 배우는 일이 없게 된다면, 사랑은 사람들을 서로 융합시킬 수 없을 것이다.

7. 또 저 내시가 이사야 선지자의 글을 읽으면서 그 뜻을 알지 못했다는 것을 우리는 안다. 그러나 사도는 그 사람을 천사에게로 보내지 않았고, 그가 깨닫지 못하는 것을 설명해 준 것은 천사가 아니었다. 또는 하나님의 은혜로 사람의 힘을 빌리지 않고 그의 마음에 광명이 비친 것도 아니었다. 그렇지 않고 하나님이 지시하시는 대로 선지자의 뜻을 깨달은 빌립이 그에게 가서 그와 함께 앉고, 인간의 말과 인간의 혀로 그에게 성경을 가르쳐 주었다.

하나님은 모세에게 말씀하시지 않았는가? 그러나 모세는 큰 지혜가 있고 교만이 없는 사람이었기 때문에, 이방인인 그의 장인의 계획을 받아들여서 그가 맡은 위대한 민족의 일을 처리하는 데 사용했다. 현명한 계획은 누구의 마음에서 나왔든지 간에, 그것을 생각한 사람에게 돌릴 것이 아니라, 진리이신 하나님, 변함없는 하나님에게 돌려야 한다는 것을 모세는 알고 있었기 때문이다.

8. 끝으로, 하나님에게서 빛을 얻어서 성경의 모든 점들을 이해하며, 성경 해석에 대한 원칙을 배운 일이 없이 성경의 모호한 점들을 하나님의 빛을 받아서 이해할 수 있노라고 자랑하는 사람은, 누구든지 동시에 이 능력은 그 사람 자신의 것이 아니며 그 사람에게서 시작된 것도 아니라, 하나님의 선물이라는 것을 믿는다. 그리고 이것은 바른 믿음이다. 그래서 그는 하나님의 영광을 구하고 자기의 영광을 구하지 않는다.

그러나 그와 같이 글을 읽고 이해하며, 인간의 해석에서 도움을 받지 않는 사람이 무슨 까닭에 다른 사람들을 위해서 성경을 해석하는 것인가. 무슨 까닭에 사람들을 직접 하나님에게 보내서 그들도 성령이 마음 가운데 가르쳐 주심을 받아서 사람의 도움을 받음 없이 성경을 깨닫게 하지 않는가? 사실, 그들은 성경에 있는 바와 같이, "악하고 게으른 종아 네가 마땅히 내 돈을 취리하는 자들에게나 맡겼어야 할 것이니라"고(마 25:26,27) 하는 꾸지람을 받을까 두려운 것이다. 그러면 이 사람들이 자기들이 이해한 것을 말로나 글로 다른 사람들에게 가르치므로, 그들은 내가 그들과 같이 그들이 이해하는 것뿐 아니라 또한 그들이 따르는 해석 원칙을 가르칠 때에, 나를 비난할 수 없다.

사람은 무엇이든지 자기 것이라고 생각해서는 안 된다. 거짓된 것은 아마 자기 것이라고 할 수 있을 것이다. 모든 진리는 "나는 진리니라"(요 14:6) 하신 분에게서 온다. 우리는 받지 않은 것이 무엇인가? 우리에게 있는 것 중에 받지 않은 것이 무엇인가? 우리가 받았은즉 어찌해서 받지 아니한 것 같이 자랑하는가(고전 4:7).

9. 청중에게 글을 읽어 들리는 사람은 자기 앞에 있는 말씀을 보면서 그것을 높이 알려 주는 것이다. 글 읽는 법을 가르치는 사람은 다른 사람들도 읽을 수 있도록 만들려고 하는 것이다. 그러나 이 두 사람들은 자기가 배운 것을 다른 사람들에게 전하고 있다. 바로 그와 같이 성경 구절들을 청중에게 설명하는 사람은 자기가 이해한 것을 설명하는 것이며, 자기 앞에 있는 말씀을 읽어 들리는 사람과 같다.

그러나 해석 원칙을 가르치는 사람은 다른 사람들이 자기 힘으로 읽을 수 있도록 가르치는 사람과 같다. 그래서 글을 읽을 줄 아는 사람은 책이 있을 때에 다른 사람에게서 거기 무엇이 씌어 있는지를 들을 필요가 없다. 다른 사람에게 의지할 필요가 없다. 그와 같이 내가 이제부터 말하려고 하는 원칙들을 알고 있는 사람은, 그가 읽는 책에서 모호한 구절들을 읽을 때에, 해석해 주는 사람이 그 비밀을 알려 주기를 바랄 필요가 없고, 어떤 원칙들을 지키며 지시를 따름으로써 숨어 있는 뜻을 알아 낼 수 있으며, 적어도 심한 과오에 빠지지 않을 수 있다.

그러면 내가 이제부터 하려고 하는 일은 다른 사람들을 도우려고 하는 목적 이외에 다른 목적이 없으므로 아무도 이 일에 정당한 반대를 제기할 수가 없다는 것이 이 글을 읽어가는 동안에 충분히 밝혀질 것이지만, 사전에 반대하는 사람들에게 대답해 두는 것이 좋겠다고 생각되어서, 이 책에서 갈 길을 떠나는 처음에 이 말을 한 것이다.

DE DOCTRINA CHRISTIANA

제1권

&

〔개요. 저자는 이 책을 두 부분으로 나눈다. 처음 부분은 성경의 의미를 발견하는데 관한 것이고, 둘째 부분은 그 의미를 표현하는데 관한 것이다. 성경의 의미를 발견하려면 사물과 부호에 유의해야 한다. 그리스도인들에게 무엇을 가르치는 것이 마땅한가를 우리는 알 필요가 있으며, 또 그 사물의 부호에 대하여 알 필요가 있다. 즉, 그 사물에 대한 지식이 어디에 담겨 있는가를 알아야 한다. 제1부에서 그는 사물을 세 가지로 나눈다. 즐겨야 할 사물들, 이용할 사물들, 이용과 즐김을 함께 할 사물들 ─ 이 세 가지이다.

즐겨야 할 유일한 대상은 삼위일체 하나님, 즉 우리의 최고선이며 우리의 진정한 하나님이시다. 우리는 우리의 죄 때문에 하나님을 즐기지 못한다. 우리의 죄를 제거하기 위해서 말씀이 육신이 되셨다. 이 주님은 고난을 받으시고 죽으시고 부활하시고 승천하셨다. 그는 교회를 신부로 삼으시고, 그 교회 안에서 우리는 죄를 용서받는다. 또 만일 우리의 죄가 용서를 받고 우리의 영혼이 은혜로 인하여 새로워지면, 우리는 몸이 부활하여 영원한 영광을 얻을 수 있으리라고 기대할 수 있다. 그렇지 않으면 우리는 부활하여 영영한 벌을 받을 것이다.

믿음에 관한 이러한 일들을 설명한 다음에 저자는 더 나아가서 하나님 이외의 것들을 모두 이용한다는 것을 설명한다. 그 중의 어떤 것은 사랑해도 좋지만, 그러나 우리의 사랑은 그 사물에 머물러 있어서는 안 되고, 하나님과 관련이 있어야 한다. 우리 자신은 즐겨야 하는 대상이 아니고 하나님이 즐기시는 대상도 아니다. 하나님은 우리를 이용하신다. 그러나 우리 자신의 유익을 위하여 이용하신다. 저자는 다시 나아가서 사랑, 즉 하나님 자신을 위해서 사랑하는 것과 하나님을 위하여 이웃을 사랑하는 이 사랑은 모든 성경의 성취(成就)이며 목표라고 밝힌다. 소망에 대해서 몇 마디 한 다음에, 저자는 결론적으로 믿음과 소망과 사랑은 성경을 바르게 이해하며 설명하기를 원하는 사람에게는 반드시 필요한 은사라고 한다.〕

제1장. 성경을 해석하려면 성경의 의미를 발견하며 표현해야 한다. 그리고 하나님의 도움에 의지하면서 해석해야 한다

1. 성경을 해석하려면 두 가지 일이 필요하다. 바른 뜻을 확인하는 방법과 그 뜻을 확인한 다음에 표현하는 방법, 이 두 가지가 필요하다. 우리는 우선 뜻을 확인하는 방법을 논하고, 다음에 그 뜻을 알리는 방법을 논하겠다. 이것은 큰 일이며 어려운 일이다. 이 어려운 일을 시작하는 것은 주제넘은 일일는지 모른다. 만일 내가 내 자신의 힘을 믿고 시작한다면 확실히 주제넘은 일일 것이다. 그러나 이 일을 할 수 있다고 생각하고 기대하는 것은 하나님을 의지하기 때문이다. 하나님은 이 문제에 대해서 이미 많은 생각을 나에게 주셨기 때문이다. 그러므로 그가 이미 나에게 주신 것을 사용하기 시작할 때에 하나님은 나에게 없는 것을 계속해서 보충해 주시리라고 믿고 의심하지 않는다.

우리가 가진 것을 다른 사람에게 나누어 줌으로써 그것이 감해지지 않을 때에, 그 소유물을 붙잡고 다른 사람들에게 나눠주지 않는다면, 그것은 바르게 소유한 것이 아니다. 주님께서는 있는 자에게는 더 주신다고 하셨다. 그러므로 하나님께서는 가진 자에게는 더 주실 것이다. 그가 받은 것을 기꺼이 또한 너그럽게 나눠줄 때에 더하여 주신다. 그래서 그 은사를 완전히 하여 주신다. 저 기적적인 떡덩이들은 제자들이 굶주린 사람들에게 나눠 주기 전에는 다섯 개와 일곱 개였다. 그러나 그들이 나눠주기 시작하자 수천 명이 먹고 배가 불렀지만, 남은 부스러기를 여러 바구니에 가득 채울 수 있었다. 떡덩이들이 다른 사람들에게 떼어주는 과정에서 이렇게 더 불어난 것과 같이, 주님께서 이 일로 인해서 나에게 이미 주신 그 생각들은 내가 다른 사람들에게 나눠주기 시작하자마자 하나님의 은혜로 더 불을 것이다. 그러므로 이렇게 나눠주는 일을 할 때에 손해를 보거나 가난해지는 것이 아니라 더욱 놀랍게 불어나고 풍성해질 것이다.

제2장. 사물은 무엇이며 부호는 무엇인가?

2. 사람을 가르친다는 것은 어떤 사물에 대해서 가르치거나 부호(sign)에 대해서 가르치는 것이다. 그러나 사물에 대해서는 부호를 수단으로서 배운다. 내가 사물이라는 말을 엄격한 의미로 쓸 때에는 어떤 다른 것에 대한 부호로서 사용되는 일이 결코 없다는 뜻이다. 예컨대 목재, 돌, 가축 그 밖에 이와 같은 것들이다. 그러나 성경에 있는 모세가 쓴 물에 넣어서 달게 했다는 나무, 또는 야곱이 베개로 썼다는 돌, 또는 아브라함이 그 아들 대신에 제물로 바쳤다는 숫양, 이런 것들은 물론 사물이지만, 다른 것에 대한 부호도 된다. 부호에는 또다른 종류도 있다. 즉, 반드시 언제든지 부호로서만 사용되는 것이다. 말은 이런 부호다.

누구든지 말을 쓸 때에는 반드시 어떤 다른 것에 대한 부호로서 사용하는 것이다. 그러므로 내가 부호라고 부르는 것에 대해서 우리는 이렇게 생각할 수 있다. 다른 어떤 것을 가리키기 위해서 사용되는 것, 이것이 부호다. 따라서 모든 부호는 동시에 사물이다. 사물이 아닌 것은 전혀 존재하지 않기 때문이다. 그러나 모든 사물이 또한 부호는 아니다. 그래서 사물과 부호를 이렇게 구별하며, 사물들 중 어떤 것은 부호로도 사용되는 것이 있을지라도, 먼저 사물을 논하고 그 후에 부호를 논하겠다는 것과는 문제가 다르다. 우리가 사물에 대해서 논할 때에는 그 사물 자체가 무엇인가를 생각하며, 그것이 다른 어떤 것에 대한 부호가 되는 것은 생각하지 않는다. 우리는 이 점을 조심스럽게 기억해야 한다.

제3장. 어떤 것은 이용하며 어떤 것은 즐긴다

3. 그런데 사물 중에서 어떤 것은 즐기며, 어떤 것은 이용하며, 어떤 것은 여전히 즐기며 또 이용한다. 즐김의 대상이 되는 것은 우리를 행복하게 만든다. 이용의 대상은 행복하게 되려는 우리의 노력을 도우며, 이를테면 뒷받침해서, 우리를 행복하게 만드는 것을 우리가 얻으며 거기에 안주(安住)하게 한다. 만일 우리가 이런 것들을 즐기며 이용할 때에, 이용해야 할 것을 즐기기 시작한다면, 우리의 전진에 방해를 받으며 심지어 바른 길에서 벗어나게 되는 때가 있다. 그래서 저급(低級)한 것으로 만족하는 데 빠져, 즐김의 진정한 대상을 얻는 일이 혹은 늦어지며 혹은 아예 막혀 버린다.

제4장. 이용과 즐김은 어떻게 다른가?

4. 어떤 사물을 즐긴다는 것은 그것 자체 때문에 그것에 안주하는 것이다. 그와 반대로 이용한다는 것은, 우리가 가지기를 원해도 합당한 것을 얻기 위해서, 마음대로 처분할 수 있는 것을 사용한다는 뜻이다. 합당하지 않은 데 사용하는 것은 악용(惡用)이라고 한다. 가령 우리가 타향에서 방랑하며, 고향을 떠난 생활이 행복하지 않으므로 이 방랑과 불행을 끝내기 위해서 고향에 돌아가기로 결심했다고 하자. 그러나 행복이 기다리고 있는 그 고향까지 가려면, 육로로 가든 수로로 가든 간에 교통 기관이 필요하다.

그런데 우리가 통과하는 지방의 산천이 아름답고 여행 자체가 상쾌해서, 마음이 거기에 매혹되어, 이 여행을 속히 끝내고 싶지 않고, 이용해야 할 수단들을 도리어 즐기게 된다. 이런 가짜 기쁨에 빠져 우리는 고향의 진짜 기쁨을 잊어버린다. 이런 것이 이 죽을 인생에 처한 우리의 모습이다. 우리는 하나님을 멀리 떠나 방황한다. 하나님의 집으로 돌아가려면 우리는 이 세상을 이용하되, 즐겨서는 안된다. 하나님이 지으신 만물들에 의해서 하나님의 보이지 아니하는 것들을 이해하며 분명히 보게 되어야 한다(롬 1:20). 바꿔 말하면, 물질적이며 일시적인 것들을 수단으로 삼아서 영원한 것들을 파악해야 한다.

제5장. 즐거움의 진정한 대상(對象)은 삼위일체의 하나님

5. 그러므로 즐김의 진정한 대상은 성부와 성자와 성령이시다. 삼위일체의 한 존재, 만유를 초월한 존재이며 그를 즐기려는 모든 것이 접근할 수 있는 분이시다. 이는 하나님을 모든 대상의 원인이라기보다 한 대상이라고 하든지, 또는 한 대상이며 또한 원인이라고 하면서 하는 말이다. 그와 같이 위대하고 우월한 분에 대해서 어떤 합당한 이름을 붙인다는 것은 쉬운 일이 아니기 때문이다. 그러므로 차라리 그는 삼위일체의 한 하나님이시며, 만물은 그에게로부터 나오며 그로 말미암아 또한 그의 안에서 존재한다고(롬 11:36) 말하는 것이 더 좋을 것이다.

이와 같이 성부와 성자와 성령은 각각 하나님이시며, 동시에 모두 한 하나님이시다. 각각 완전한 실재(實在)이면서 동시에 모두 한 실재이다. 성부는 성자나 성령이 아니며, 성자는 성부나 성령이 아니며, 성령은 성부나 성자가 아니다. 그렇지 않고, 성부는 오직 성부이시며, 성자는 오직 성자이시며, 성령은 오직 성령이시다. 세 분에게 모두 똑같은 영원성이 있으며, 똑같은 불변성(不變性)이 있으며, 똑같은 존엄성이 있으며, 똑같은 권능이 있다. 성부 안에 단일성(單一性)이 있으며, 성자 안에 동등성(同等性)이 있으며, 성령 안에 단일성과 동등성의 조화(調和)가 있다. 이 세 가지 속성(屬性)은 성부 때문에 모두 하나이며, 성자 때문에 모두 동등하며, 성령 때문에 모두 조화를 이루었다.

제6장. 어떤 의미에서 하나님은 형언할 수 없는가?

6. 내가 하나님에 대해서 한 말이나 찬양은 합당한 것이었는가? 나는 말하기를 원했을 뿐이라고 느끼며, 만일 내가 말을 했다면 그것은 내가 하고자 한 말이 아니었다. 나는 어떻게 이 점을 아는가? 하나님은 형언할 수 없는 분이시기 때문이다. 그러나 형언할 수 없는 것을 내가 말했다면, 그것은 말할 수 없었을 것이다. 그래서 하나님은 형언할 수 없다고도 말할 수 없다. 그렇게 말하는 것은 형언하는 것이기 때문이다.

그래서 형언할 수 없다고 하면서 동시에 그 형언할 수 없다는 말을 하므로 여기에 이상한 명사 모순(名辭矛盾)이 생긴다. 그리고 이 명사 모순은 말로 설명할 것이 아니라, 그저 침묵으로써 피하는 것이 좋다. 그러나 우리 사람들은 하나님의 위대성에 알맞는 말을 전혀 할 수 없을지라도, 그는 자기를 낮추사 사람들이 입으로 드리는 경배를 받으시며, 말로 드리는 찬양을 기뻐하신다. 이런 원칙 아래서 그를 [라틴어로] 데우스(Deus)라고 부르는 것이다. [라틴어에서] 두 음절로 된 이 말에는 하나님의 본성에 대해서 전하는 아무 지식도 없지만, 라틴어를 아는 사람은 이 소리를 들을 때에 한 영원한 최고의 존재를 생각하게 된다.

제7장. 사람들은 하나님 또는 신(神)을 어떻게 생각하는가?

7. 신이 많다고 믿고 그것을 신이라고 부르며 숭배하는 사람들도 신(神) 중에 유일(唯一)한 최고의 신을 생각할 때에는, 그보다 더 우수하고 더 높은 존재가 없다고 생각하려고 한다. 사람은 여러 가지 쾌락을 구한다. 혹은 신체의 감각에서 오는 쾌락을, 혹은 지성(知性)이나 영혼에서 오는 쾌락을 구하는 것인데, 감각적 쾌락의 종이 된 사람들은 하늘이나, 하늘에서 제일 빛나는 것이나, 혹은 우주 자체를 신 중의 신이라고 생각한다.

우주 이상의 것을 생각하는 사람들은 어떤 찬란한 광명체(光明體)를 상상하며, 그것을 막연하게 무한하거나 가장 아름다운 형태를 가진 것으로 생각한다.

인체(人體)와 같다고 생각할 때에는 모든 인체 중에서 가장 훌륭한 것을 상상한다. 최고의 한 신이 아니라, 많은 심지어 무수한, 서로 동등한 신들을 생각할 때에도 그 신들은 형태가 있다고 하며, 그 형태는 각각 나름대로 생각한 우수한 것이라고 한다. 그러나 지성(知性)의 노력으로 신 개념(神槪念)을 얻으려는 사람들은 신을 모든 보이는 물체 위에 두며, 지성적이며 영적인 존재들일지라도 변하는 것이면, 신을 그 위에 있는 것으로 생각한다. 그러나 모든 사람이 경쟁적으로 신의 우수성을 높이려고 애쓰며, 어떤 다른 존재의 아래 있는 존재를 신이라고 믿는 사람은 없다. 그래서 모든 다른 존재들보다 월등하게 존엄한 존재가 신이라고 믿는 점에서 모든 사람의 생각이 일치한다.

제8장. 하나님은 변하지 않는 지혜이시므로 모든 다른 것보다 더 존중히 여겨야 한다

8. 신에 대해서 생각하는 사람들은 모두 신을 살아 있는 존재라고 하므로 신을 생명 자체라고 생각하는 사람들만이 신에 합당하고 어리석지 않은 개념을 얻을 수 있다. 그들이 신에 대해서 어떤 형체를 생각하든 간에, 그 형체를 생물이나 무생물로 만드는 것은 생명이라고 믿으며, 무생물보다 생물을 높이 평가한다. 또 생물체에 관해서도, 그것이 아무리 찬란하거나 거대하거나 아름다울지라도, 그 형체와 그것을 살리는 생명을 구별한다. 그뿐 아니라, 생명이 비교할 수 없이 존귀하므로, 영양과 생명을 받는 신체보다 생명을 높이 평가한다. 그리고 그들은 생명 자체를 주시하려고 노력한다.

나무와 같이 감각이 없는 식물적인 생명보다 동물과 같이 감각이 있는 생명을 높이 평가한다. 또 이 후자보다 사람에게 있는 것과 같은 지성적인 생명을 높게 본다. 이 생명도 변할 수 있다는 것을 볼 때에, 그들은 어리석을 때도 있고 현명한 때도 있지 않은 지혜 자체인 생명을 더 높이 생각하지 않을 수 없다. 어떤 사람이 현명하다고 할 때에, 그는 지혜를 얻기 전에는 지혜가 없었던 것이다. 그러나 지혜 자체이신 분은 현명하지 않은 때가 없었으며, 현명하지 않을 때가 있을 수도 없다.

사람들이 이 점을 깨닫지 못했다면, 그들은 변하는 마음보다 변함없이 현명한 생명을 높이 평가하며 확신하지 않을 것이다. 참으로 그들이 변하지 않는 생명을 더 높이 생각할 때에 의거하는 그 진리의 규범 자체가 변하지 않는다는 것을 그들은 깨달았다. 그들 자신 안에서는 변하지 않는 것을 발견할 수 없으므로 그들은 자기들의 본성을 초월하지 않고는 이런 변함없는 진리의 규범을 깨달을 수 없다.

제9장. 변하는 지혜보다 변하지 않는 지혜가 더 높다는 것을 모든 사람이 인정한다

9. "변하는 지혜보다 변함 없는 지혜가 낫다는 것을 어떻게 아느냐?"고 물을 정도로 심한 천치는 없다. 어떻게 아느냐고 묻는 바로 그 진리가 모든 사람의 마음속에 변함없이 박혀 있어서 모두 밝히 볼 수 있기 때문이다. 그 진리를 보지 못하는 사람은 햇살 아래서도 보지 못하는 사람과 같다. 찬란한 태양 광선이 안구에 들이비치건만, 그에게는 아무 소용도 없다. 그러나 진리를 보면서 기피하는 사람들은 육적 생활의 그늘 속에서 오래 살았기 때문에 시력이 약해진 것이다. 그래서 사람들은 악한 습관의 바람에 불려 고향을 떠나며, 더 훌륭하고 더 귀하다고 인정하는 것을 버리고 저열하고 가치가 떨어지는 것들을 추구하고 있다.

제10장. 하나님을 보려면, 영혼이 청결하게 되어야 한다

10. 그러므로 변함없이 살아 계신 진리를 충분히 즐기는 것이 우리의 의무이며, 창조주 하나님은 진리 안에서 그 피조물을 염려해 주시므로, 우리는 광명을 깨달을 힘을 얻으며, 깨달은 광명 안에 안주하기 위해서 우리의 영혼을 청결하게 해야 한다. 이 청결 작업을 고향으로 돌아가는 일종의 여행이라고 생각하자. 하나님은 무소부재하시므로, 하나님께 가까이 가기 위해서는 공간적인 이동이 필요한 것이 아니라, 청결한 소원과 착한 습관을 길러야 한다.

제11장. 지혜가 육신이 되어 청결의 모범을 보이셨다

11. 그러나 만일 지혜 자체이신 분이 자기를 낮추셔서 우리와 같이 연약하게 되시고 우리 인간의 형태로 거룩한 삶의 표본을 보이지 않으셨다면, 우리는 이 일을 할 수 없었을 것이다.

그런데 우리가 그에게로 가는 것을 현명하다고 하므로 그가 우리에게 오셨을 때에, 교만한 사람들은 그의 행동을 어리석다고 생각했다. 또 우리가 그에게 가면 강하게 되므로, 그가 우리에게 오셨을 때에 사람들은 그를 약하다고 보았다. 그러나 하나님의 미련한 것이 사람보다 지혜 있고 하나님의 약한 것이 사람보다 강하다(고전 1:25). 그러므로 그 자신이 우리의 본향이시지만, 그는 우리에게 본향으로 가는 길이 되어 주셨다(요 14:6).

제12장. 어떤 의미에서 하나님의 지혜가 우리에게 오셨는가?

건강하고 청결한 속눈으로 보면, 지혜는 무소부재하시지만, 그는 그 속눈이 약하고 어두운 사람들이 겉눈으로 볼 수 있도록 자기를 낮추어 세상에 나타나셨다. "하나님의 지혜에 있어서는 이 세상이 자기 지혜로 하나님을 알지 못하므로 하나님께서 전도의 미련한 것으로 믿는 자들을 구원하시기를 기뻐하셨도다"(고전 1:21).

12. 그가 우리에게 오셨다는 것은 공간을 넘어 오셨다는 뜻이 아니라, 죽을 육신을 입고 죽을 인간들에게 나타나셨기 때문이다. 사실, 그는 항상 계시던 곳에 오신 것이다. "그가 세상에 계셨으며, 세상은 그로 말미암아 지은 바 되었다"(요 1:10). 그러나 사람들이 창조주를 제쳐놓고 피조물을 즐기려고

애씀으로써 이 세상과 같이 되었고, 따라서 그들을 "세상"이라고 부르는 것이 가장 적합하기 때문에, 그리고 그들이 그를 알아보지 못했기 때문에, 복음서 기자는 "세상이 그를 알지 못하였더라"고 한다(요 1:10). 이와 같이, 하나님의 지혜에 있어서는 세상이 자기 지혜로 하나님을 알지 못했다. 그러면 이미 여기 계셨던 그가 오신 것은 하나님께서 전도의 미련한 것으로 믿는 자들을 구원하시기를 기뻐하셨기 때문이 아니고 무엇인가?

제13장. 말씀이 육신이 되셨다

그가 오신 방법은 "말씀이 육신이 되어 우리 가운데 거하시는" 것뿐이었다(요 1:14). 우리의 마음속에 있는 생각을 듣는 사람의 귀를 통과해서 그의 마음속에 들어가게 하려고 우리는 말을 한다. 그 때에, 우리 마음속에 있는 생각은 밖으로 나타난 소리가 되고 그 소리를 담화라고 부른다. 그러나 우리의 생각은 소리로 변할 때에 없어지는 것이 아니라, 완전히 제대로 있으며 담화의 형태를 취하는 변화 과정에서 그 본성이 변하는 것이 아니다. 그와 같이, 하나님이신 말씀은 그 본성에 변화를 받음 없이 육신이 되어 우리 가운데 거하시게 되었다.

제14장. 하나님의 지혜는 어떻게 사람들을 고치셨는가?

13. 그뿐 아니라, 건강하게 되려면 치료를 받아야 하는 것과 같이, 이 의사도 죄인들을 영접해서 고치며 건강을 회복해 주셨다. 외과의사들이 상처를 붕대로 싸맬 때에 소홀히 하지 않고 정성스럽고 말끔하게 해서 실용적인

면만을 생각하지 않는 것과 같이, 지혜도 인간성을 취하셨을 때에 우리의 상처에 적합하게 되어, 어떤 것은 반대되는 것으로, 또 어떤 것은 비슷한 것으로 고치셨다.

의사가 육신의 상처를 치료할 때에 열을 찬 것으로, 건조한 것을 습한 것으로 고쳐서 반대되는 방법을 쓰기도 하며, 둥근 상처에 둥근 모양의 붕대를 쓰며 길쭉한 상처에 길쭉한 붕대를 써서 모든 지체에 같은 모양의 붕대를 하지 않고 상처와 모양이 같은 것을 쓰기도 한다. 그와 같이 하나님의 지혜이신 그분도 한 몸에 의사와 의약을 겸하셔서, 사람들의 병을 고치실 때에 그 병에 적합하게 되셨다.

사람이 교만해서 타락했으므로, 그는 겸손으로 그들을 고치셨다. 우리는 뱀의 지혜에 사로잡혔으므로, 그에게서는 하나님의 미련하신 것으로 해방을 얻는다. 뱀의 것을 지혜라고 부르지만, 사실은 하나님을 멸시한 자들의 우매였던 것과 같이, 하나님의 미련하심이라고 하는 것은 마귀를 극복하는 사람들에게는 진정한 지혜이다. 우리는 우리의 영생 불사를 악용해서 벌을 받아 죽게 되었지만, 그리스도께서는 그의 죽을 처지를 선용하셔서 죽을 우리를 다시 살리셨다.

한 여인의 부패한 영혼 때문에 병이 생겼고, 한 처녀의 몸을 거쳐서 치료약이 나타났다. 반대 요법의 다른 예로서는, 그리스도의 덕성이 모범이 되어 우리의 죄과를 고친다. 지체나 상처의 모양에 따라 붕대의 모양을 정하는 것과 같은 치료의 예로서는, 여인으로 인해서 타락한 우리를 구원하시기 위해서 그가 여인에게서 나신 것이다. 사람인 우리를 구원하시려고, 그는 사람이 되어 우리 가운데 오셨다. 죽을 우리를 구하시려고 죽을 사람이 되셨고, 죽을 우리를 구원하시려고 자기가 죽으셨다.

일정한 과제를 끝내기에 바쁘지 않고 이 문제를 더 충분히 추구하고 싶은 사람들은, 기독교라는 의료 방법에서 반대 현상이나 유사 현상을 사용하는 예를 더 많이 발견할 것이다.

제15장. 믿음은 그리스도의 부활 승천에서 힘을 얻으며, 그의 재림과 심판에서 지극을 받는다

14. 우리는 주께서 죽은 자 가운데서 부활하시며 승천하신 것을 믿기 때문에 믿음에 큰 소망과 힘을 얻는다. 그는 버린 생명을 다시 찾을 권능이 있었으므로, 우리를 위해서 기꺼이 죽으신 것이 분명하다. 그러므로 우리가 아직 불신자였을 때에 우리를 위하여 그렇게 큰 고난을 받으신 그리스도는 얼마나 위대하신가를 잘 생각하면, 신자의 소망에 큰 확신과 활기가 생긴다.

그가 산 자와 죽은 자를 심판하러 오실 것을 생각할 때에, 생각 없는 자들에게 큰 공포심이 생겨서, 열심히 준비하며 성결하게 삶으로써, 그의 재림을 갈망하며, 자기의 악행 때문에 떨지 않게 된다. 또 그가 종말에 우리에게 주실 상은 형언할 수 없으며, 상상할 수도 없다. 그것은 우리가 지상에서 나그네로 있는 동안에, 금생(今生)의 역경 가운데서 그가 우리에게 성령을 풍부히 주시며 위로를 주신 것을 우리가 생각하기 때문이다. 아직 눈으로 볼 수 없는 그를 우리는 꾸준히 믿으며 사랑하게 되었다. 또 우리는 그의 교회를 이룩하기 위하여 각기 적합한 은사를 받았다. 그가 가르치시는 바른 일을 하며, 불평은커녕 도리어 즐거이 교회를 섬기게 하시기 때문이다.

제16장. 그리스도는 고난을 의약으로 삼아 교회를 청결하게 만드신다

15. 사도가 가르치는 대로, 교회는 그리스도의 몸이다(엡 1:23; 롬 12:5). 심

지어 교회를 그의 신부라고 부른다(계 19:7; 21:9). 그의 몸에는 지체가 많아서, 각각 하는 기능이 다르지만, 단결과 사랑의 끈으로 하나로 만드시며 이것이 곧 교회가 참으로 건강한 상태다. 그뿐 아니라, 그는 교회를 현세에서 단련하시며, 여러 가지 건전한 고난을 기꺼이 맞아들여 교회를 정결하게 만드신다. 이 세상으로부터 영원한 세계로 교회를 옮기실 때에, 즉 신부를 옮기실 때에, 거기 흠이나 주름 같은 것이 없기를 바라시기 때문이다.

제17장. 그리스도께서는 우리의 죄를 용서하심으로써 우리가 고향으로 돌아갈 길을 열어 주셨다

16. 그 뿐 아니라, 우리가 돌아가는 길은 공간을 통과하는 것이 아니고, 심성의 변화를 통과하는 것인데, 우리가 과거에 지은 죄들에 대한 책임이 가시나무 울타리와 같이 그 길을 막고 있다. 그러면 우리가 돌아갈 그 길이 되기를 원하신 그리스도께서는 어떻게 하는 것이 은혜로우며 가장 자비로운 방법이었겠는가? 그것은 우리의 죄를 용서하시며, 우리 대신에 십자가에 달리심으로써, 우리의 돌아가는 길을 막는 저 엄격한 법규들을 없애버리는 것 아니겠는가?

제18장. 교회에 주신 열쇠

17. 그러므로 그리스도께서는 그의 교회에 열쇠를 주서서, 무엇이든지 땅에서 매면 하늘에서도 매이며, 땅에서 풀면 하늘에서도 풀리게 하셨다(마 16:19; 18:18). 바꿔 말하면, 교회 안에 있는 사람으로서 자기의 죄들이 용서를

받았다는 것을 믿지 않을 때에는 그의 죄가 용서되지 않는다. 그러나 믿고 회개하고 죄를 버리는 사람은 그 믿음과 회개로 교회의 품 안에서 구원을 받는다. 자기의 죄들이 용서 받을 수 있다는 것을 믿지 않는 사람은 자기가 회개한 결과를 의심하며 낙망하기 때문에, 죄많은 생활을 하는 것이 자기에게는 제일 좋은 길이라고 생각해서, 그의 상태가 전보다 더욱 악화되는 것이다.

제19장. 몸과 영혼의 죽음과 부활

18. 영혼에도 일종의 죽음이 있는데, 그것은 이전의 습관과 생활 방식을 버리고 회개를 통과하는 것을 의미한다. 그와 같이 몸이 죽는다는 것은 이전의 생명력이 해체된다는 뜻이다. 그리고 영혼이 회개함으로써 종래의 습관을 버리며 소멸시킨 후에 더 좋은 본을 받아 새로 창조되는 것과 같이, 우리가 죄를 지음으로써 일종의 빚과 같이 지게 된 몸의 죽음을 치른 후에, 몸이 부활할 때에는 더 훌륭한 형태로 변하리라는 것을 기대하며 믿어야 한다. 혈육이 하나님 나라를 이어 받는 것은 불가능하므로 혈육에 그런 일이 있으리라는 것이 아니라, 이 썩을 것이 썩지 아니할 것을 입으며, 이 죽을 것이 죽지 아니함을 입으리라는 뜻이다(고전 15:53). 이와 같이 몸은 아무런 결핍도 느끼지 않겠으므로 아무 불안도 느끼지 않을 것이며, 완전히 청결하고 행복한 영혼에서 생명을 얻으며 끊임없는 평화를 즐길 것이다.

제20장. 정죄에 이르는 부활

19. 그런데 이 영혼이 이 세상에 대해서 죽지 않으며, 금생에서 진리를 본받지 않은 사람은 몸이 죽을 때에 영혼은 더 무서운 죽음을 맞으며, 부활할 때에는 그 땅의 장막을 하늘 장막으로 바꾸는 것이 아니라, 자기 죄에 대한 벌을 받아야 할 것이다.

제21장. 육체나 영혼은 죽음으로 소멸되지 않는다

그러므로 우리는 우리의 믿음을 굳게 지켜야 한다. 인간의 영혼이나 몸은 죽어서 완전히 없어지는 것이 아니라, 악한 자는 부활해서 상상할 수 없는 벌을 받으며, 선한 자는 부활해서 영생을 받는 것이 사실임을 굳게 믿어야 한다.

제22장. 하나님만을 즐거워하라

20. 이 모든 사물 가운데서 우리가 영원 불변하다고 한 것들만이 즐거움의 진정한 대상이 된다. 나머지 것들은 우리가 영원 불변하는 것들을 즐길 수 있도록 이용한다. 그러나 다른 사물들을 즐거워하며 이용하는 우리 자신도 사물이다.

참으로 우리는 위대한 사물이다. 그것은 하나님의 형상과 같이 지어졌기 때문이다. 이는 우리가 입고 있는 죽을 몸에 대한 말이 아니라, 우리를 동물보다 높게 만드는 우리의 이성(理性)적인 영혼에 관해서 하는 말이다. 그래서 사람을 서로 즐길 것인가 또는 이용할 것인가, 또는 양쪽을 다 할 것인가가 중요한 문제가 된다.

우리는 서로 사랑하라는 계명을 받았지만, 사람을 그 자신을 위해서 사랑할 것인가 또는 다른 어떤 것을 위해서 사랑할 것인가 하는 문제가 생긴다. 만일 그 자신을 위해서 사랑해야 한다면, 우리는 사람을 즐기는 것이 되며, 다른 어떤 것을 위해서 사랑한다면 우리는 그를 이용하는 것이다. 사람은 다른 어떤 것을 위해서 사랑해야 한다고 나는 생각한다. 어떤 것을 그 자체 때문에 사랑한다면, 그렇게 즐기는 것이 곧 행복한 생활이 되며, 그 행복이 현실이 아닐지라도 적어도 그런 소망을 가지는 것이 현세에서의 위로가 된다. 그러나 사람을 믿고 소망을 가지는 자는 저주를 받으리라고 했다(렘 17:5).

21. 이 문제를 분명히 볼 때에, 아무든 자신을 기뻐하는 것은 옳지 않다. 사람은 자기를 사랑할 때에도 자기를 위해서 사랑할 것이 아니라, 즐김의 진정한 대상이신 하나님을 위해서 사랑해야 한다. 사람은 그 생활 전체가 영원 불변하는 생명을 향하여 가는 여행이 되며, 그 심정이 전적으로 이 일에 집중될 때에, 가장 좋은 상태에 있다. 그러나 사람이 만일 자기를 위해서 자기를 사랑한다면, 그는 자기를 즐기는 것이 아니다. 자신까지도 즐기지 않고, 변함없는 선(善)에 지성이 전적으로 집중되며 심정이 열중할 때가 더 좋은 상태이기 때문이다. 그러므로 우리는 우리 자신까지도 자신을 위해서 사랑할 것이 아니라, 즐기기에 가장 합당한 대상이신 하나님을 위해서 사랑해야 한다면, 아무도 우리가 하나님을 위해서 사랑한다고 해서 노할 권리가 없다. 이것이 하나님의 권위로 내려진 사랑의 원칙이기 때문이다.

"네 몸과 같이 이웃을 사랑하라"고 하였지만, "네 마음을 다하고 네 목숨을 다하고 뜻을 다하여 주 너의 하나님을 사랑하라"고 하셨다(마 22:37-39 ;

레 19: 18 ; 신 6:5). 즉 우리에게 있는 모든 것을 주신 하나님께 우리의 생각과 생명과 지력(知力)을 남김없이 완전히 집중하라는 것이다. "마음을 다하고 목숨을 다하고 뜻을 다하며"라는 말씀은 이를테면 우리 마음의 한 구석을 비워서 다른 것을 즐기려는 여유를 제공할 것이 아니라, 무엇이든지 사랑의 합당한 대상으로서 마음에 떠오를 때에, 그것도 우리의 애정의 큰 흐름에 합류시키라는 뜻이다. 그러므로 이웃을 바르게 사랑하는 사람은 그 이웃도 마음을 다하고 목숨을 다하고 뜻을 다하여 하나님을 사랑하도록 권면해야 한다. 이렇게 함으로써 자기 몸과 같이 이웃을 사랑하는 그 사랑이 하나님께 대한 사랑의 본줄기와 합류되며, 사소한 부분이라도 떨어져 나가지 않고 본줄기의 수량이 조금도 감해지지 않게 된다.

제23장. 자기와 자기 몸을 사랑하라고 명령할 필요는 없다

22. 우리가 이용하는 것을 모두 사랑해야 하는 것이 아니며, 사람이나 천사와 같이 우리와 관련이 있어서 우리와 함께 하나님과 관련이 있는 것만을 사랑해야 한다. 또 우리와 관련이 있어서 우리로 말미암아 하나님의 은혜를 받아야 할 것, 예컨대 우리의 몸은 사랑해야 한다. 순교자들은 박해자들이 사악하기 때문에 그것을 이용해서 하나님의 은혜를 받았지만, 그들의 사악을 사랑한 것은 아니다.

그러므로 우리가 사랑할 것이 네 가지다: 첫째, 우리보다 높은 것, 둘째, 우리 자신, 셋째, 우리와 동등한 것, 넷째, 우리보다 낮은 것이다. 이 가운데서 둘째와 넷째에 대해서는 교훈할 필요가 없다. 아무리 진리에서 멀어진 사람이라도 여전히 자기와 자기 몸은 사랑하기 때문이다. 변함 없는 광명 즉 만유의 지배자를 피하여 도망하는 영혼도 자기와 자기 몸을 지배하기 위해서 그러는 것이며, 그런 영혼도 자기와 자기 몸을 사랑하지 않을 수 없다.

23. 그 뿐 아니라, 그런 영혼은 자기와 동등한 존재들 즉 다른 사람들을 지배할 수 있게 되면, 그것을 위대한 성공이라고 생각한다. 원래 하나님에게만 돌아가야 할 것을 자기가 가져야 한다고 하며, 무엇보다도 그것을 원하는 것이 죄많은 영혼의 본성이기 때문이다.

자기에 대한 이런 사랑은 미움이라고 할 수 있다. 자기 밑에 있는 것이 자기에게 복종하는 것을 원하면서, 자기 위에 있는 것에 복종하지 않는 것은 공정하지 않으며, "불의(不義)를 사랑하는 자는 자기의 영혼을 미워하느니라"(시 11:5, 70인역)고 한 말씀은 지극히 공정하다. 따라서 그 영혼은 약하게 되며 죽을 몸 때문에 고통을 많이 받는다. 영혼은 물론 몸을 사랑하지 않을 수 없고, 몸의 부패를 슬퍼하지 않을 수 없기 때문이다. 영혼이 건전해야만 몸도 불멸불후(不滅不朽)하게 된다. 그런데 영혼이 건전하려면 영원 불변하시는 하나님께 꾸준히 밀착(密着)해 있어야 한다. 그러나 그 본성이 자기와 동등한 것, 즉 다른 사람들을 지배하려고 애쓰는 영혼은 도저히 용인할 수 없을 정도로 교만에 빠져 있다.

제24장. 자기의 육신을 학대하는 사람도 그 육신을 미워하는 것은 아니다

24. 자기 자신을 미워하는 사람은 없다. 이 점은 종파(宗派)들 사이에서 문제된 일도 없다. 또한 자기의 몸을 미워하는 사람도 없다. "누구든지 언제든지 제 육체를 미워하지 않는다"(엡 5:29)고 한 사도의 말씀은 지당하다. 육체가 없어졌으면 좋겠다고 말하는 사람들은 완전히 스스로 속은 것이다. 그들

이 미워하는 것은 그 몸이 아니라, 몸이 병들고 무거워서 이다. 그들이 원하는 것은 몸이 없어지는 것이 아니라, 병들지 않고 아주 경쾌한 몸이다. 그러나 그런 것은 몸이 아니라 영일 것이라고 그들은 생각한다. 어떤 사람들은 금욕과 노고(勞苦)로 몸을 괴롭히기도 하지만, 올바른 정신으로 하는 사람들은 자기 몸을 없애 버리려는 것이 아니라, 몸을 복종시키며 필요한 일을 할 수 있도록 준비하려는 것이다. 즉, 몸을 힘들여 단련함으로써 몸에 해로운 정욕들을 뽑아 버리려고 한다. 영혼이 합당하지 못한 것을 즐기게 만드는 습관과 취미를 근절하려는 것이다. 그들은 자기를 죽이려는 것이 아니라, 건강하게 되려고 조심하는 것이다.

25. 그와 반대로 어떤 사람들은 도착(倒錯)된 생각으로 자기의 몸을 마치 선천적 원수인 것처럼 여겨서 그 몸과 싸우고 있다. 성경에 "육체의 소욕은 성령을 거스르고 성령은 육체를 거스르나니 이 둘이 서로 대적하느니라"(갈 5:17)고 한 말씀을 그들은 오해했다. 이것은 아직 극복되지 않은 육적인 습관, 성령에 대항하는 습관에 대한 말씀이다. 성령은 육체를 없애 버리려는 것이 아니라 육체의 정욕, 즉 그 악한 습관을 근절하려는 것이다. 이렇게 함으로써 자연 질서가 요구하는 대로 악한 습관을 영에 복종시키려는 것이다.

부활 후에는 몸이 완전히 영에 복종해서 영원히 완전한 평화를 누리면서 살 것이므로 그와 같이 금생에서도 육신의 습관을 개선해서 과도한 욕망이 영혼과 싸우지 않도록 노력해야 하기 때문이다. 이렇게 될 때까지는 "육체의 소욕이 성령을 거스르며 성령의 소욕이 육체를 거스른다." 영은 그 사랑하는 것이 최고 원칙에 복종하기를 원하기 때문에, 육체와 싸우더라도 육체를 미워하며 근절하려고 하는 것이 아니라 지배하려고 한다. 육체가 대항하는 것도 미워하기 때문이 아니라, 선조에게서 받은 습관이 그 본성에 뿌리를 박고 고질이 되었기 때문이다.

영은 육체를 복종시킴으로써 악한 습관이 이룩한 잘못된 평화를 깨뜨리고 선한 습관에서 생기는 진정한 평화를 출현시키려고 한다. 그러나 그릇된 생각에 오도(誤導)되어 자기 몸을 미워하는 사람들도 한 눈을 희생할 결심은 없을 것이 다. 눈 하나를 뽑더라도 고통이 없으며 남은 한 눈으로도 이전과 같은 시력을 유지할 수 있다는 조건이라 해도 한 눈을 잃고도 오히려 좋을 만한 어떤 큰 목적이 있는 것이 아니라면, 그는 이 일에 찬성하지 않을 것이다. 이 예와 다른 비슷한 예들을 볼 때에, 솔직히 진리를 탐구하는 사람들은 사도의 말씀이 옳다는 것을 충분히 깨달을 것이다.

"누구든지 언제나 제 육체를 미워하지 않고"라고 사도는 말하고, "오직 양육하여 보호하기를 그리스도께서 교회에게 함과 같이 하느니라"고 첨가한다 (엡 5:29).

제25장. 사람은 자기 몸보다 다른 것을 더 사랑할는지 모르지만, 그렇다고 해서 자기 몸을 미워하는 것은 아니다

26. 그러므로 사람은 사랑에 대해서 적당한 정도를 배워야 한다. 즉 어느 정도까지 자기를 사랑하는 것이 자기에게 유익한가를 알아야 한다. 사람이 자기를 사랑하며 자기에게 유익을 주려고 한다는 것은 바보가 아니면 아무도 의심하지 않을 것이다. 사람은 또 자기 몸을 현명하고 적당하게 돌보는 그 정도를 배워 알아야 한다. 사람이 자기 몸을 사랑하며 몸의 안전과 건강보다 더 중시하는 다른 것이 있을 수 있다. 더 중요한 것을 얻기 위해서 기꺼이 고통을 받으며 지체를 절단하는 사람이 많다. 그러나 다른 것을 더 중요시하기 때문에 자기 몸의 안전과 건강을 원하지 말라고 권할 수는 없다. 수전노는 돈을 사랑하지만, 빵을 사 먹는다. 그렇게 소중히 여기며 모으고 또

모으려는 돈을 내어준다. 그것은 신체의 건강을 더 중하게 생각하기 때문이며 빵이 그의 건강을 유지시켜 주기 때문이다. 아주 분명한 이 문제를 길게 논할 필요는 없지만, 악한 사람들의 과오 때문에 우리는 불가불 논하게 된다.

제26장. 하나님과 이웃을 사랑하라는 계명에는 자기를 사랑하라는 계명이 포함되었다

27. 그러면 자기와 자기 몸을 사랑하라고 하는 계명은 필요하지 않다. 바꿔 말하면, 우리는 우리 자신과 우리 밑에 있으면서 우리와 연결되어 있는 것을 자연 법칙에 따라서 사랑하며, 이것은 동물과 인류에 공통되는 위반된 일이 없는 법칙이다. 동물들도 자기와 자기 몸을 사랑하기 때문이다. 그러므로 이 이외에 필요한 것은 우리 위에 있는 하나님과 우리 곁에 있는 이웃에 대한 명령뿐이었다. "네 마음을 다하고 목숨을 다하고 뜻을 다하여 주 너의 하나님을 사랑하며 네 이웃을 네 몸과 같이 사랑하라. 이 두 계명이 온 율법과 예언자의 강령이니라"고 주께서 말씀하셨다(마 22:37-40). 이와 같이 계명의 목적은 사랑, 즉 하나님과 이웃에 대한 이중(二重)의 사랑이다.

그런데 사람에게는 영혼과 몸이 있으므로 우리 자신의 전체, 즉 우리의 영혼과 몸을 생각하며 이웃의 전체, 즉 그 영혼과 몸을 생각한다면, 우리가 사랑해야 하는 것들을 이 두 계명이 한 가지도 빠뜨리지 않았다는 것을 깨달을 것이다. 하나님에 대한 사랑이 먼저 있으며, 그 사랑의 정도는 모든 다른 것들이 하나님께 집중되도록 규정되어 있으면서, 우리 자신에 대한 사랑에는 전혀 언급이 없는 것 같이 생각된다. 그러나 "네 이웃을 네 몸과 같이 사랑하라"고 할 때에, 우리 자신에 대한 사랑이 무시되지 않은 것이 곧 분명하게 된다.

제27장. 사랑의 순서

28. 공정하고 거룩한 생활을 하는 사람은 사물을 평가할 때에 사랑해서는 안 될 것을 사랑하지 않으며, 사랑해야 할 것은 반드시 사랑한다. 적게 사랑해야 마땅한 것을 더 사랑하든지, 더 적게 또는 더 많이 사랑해야 할 것을 동등하게 사랑하든지, 동등하게 사랑할 것을 적게 또는 많이 사랑하는 일이 없다. 죄인을 죄인으로서 사랑해서는 옳지 않으며, 모든 사람을 하나님을 위해서 사랑해야 한다. 그러나 하나님은 그 자신을 위해서 사랑해야 한다. 하나님을 사람보다 더욱 사랑해야 한다면, 모든 사람이 자기보다 하나님을 더 사랑해야 한다. 마찬가지로, 우리는 우리의 몸보다 다른 사람을 더 사랑해야 한다. 모든 것은 하나님과 관련하여 사랑해야 하는 것이며, 다른 사람은 우리와 함께 하나님을 즐길 수 있지만, 우리의 몸은 여기에 참여할 수 없기 때문이다. 몸은 영혼을 통해서만 살 수 있으며, 우리는 영혼으로 하나님을 즐기는 것이다.

제28장. 우리는 도와줄 사람을 어떻게 결정할 것인가?

29. 그리고 우리는 모든 사람을 동등하게 사랑해야 한다. 그러나 모든 사람을 도울 수 없으므로, 시간과 공간과 환경의 우연한 관련에 의해서 우리와 더 가깝게 연결된 사람을 특별히 고려해야 한다. 가령 어떤 물건을 많이 가지고 있어서 없는 사람에게 줄 필요를 느끼면서도, 한 사람에게밖에 줄 수 없을 때에, 두 사람이 나타난다고 하자. 그들은 어느 쪽도 그 물건이 더 필요한 것이 아니며, 나와의 관계도 더 밀접하지 않다면, 두 사람에게 다 줄 수 없는 물건을 어느 쪽에 주느냐는 추첨으로 결정하는 것이 가장 공평할 것이다.

그와 같이 여러 사람을 상대할 때에도 그 모든 사람에게 유익을 줄 수 없으므로, 우리는 일종의 추첨으로 결정을 내려야 한다. 즉, 그 때에 우리와 가장 가까운 사람으로 정하는 것이다.

제29장. 우리는 모든 사람이 하나님을 사랑하게 되도록 원하며 힘써야 한다

30. 그런데 우리와 함께 하나님을 즐길 수 있는 사람들을 분류한다면, 일부 사람들은 우리가 도와주고 우리에게 도움을 주며, 일부 사람들은 우리를 돕기도 하고 도움을 받기도 하며, 일부 사람들에게는 우리가 유익을 전혀 주지 않으며 우리도 그들에게서 유익을 얻지 않는다. 그러나 그 사람들이 모두 우리와 함께 하나님을 사랑하며, 우리가 그들에게 주거나 그들에게서 받은 도움도 그 목적에 이바지하기를 원해야 한다.

극장은 불의의 소굴이지만, 어떤 사람이 한 배우를 특히 좋아하며 그의 연기를 위대한, 심지어는 최대의 선이라고 해서 즐길 때에, 그는 그 배우를 사모하는 사람들을 모두 사랑한다. 그것은 그들 자신 때문이 아니라 함께 존경하는 배우 때문이다. 그는 배우를 높이면 높일수록 숭배자의 수효를 불리려고 백방으로 노력하며, 그 배우를 더 많은 사람들에게 보이려고 애쓴다. 만일 누가 무관심한 것 같으면, 그는 그의 장점에 대한 호의적인 흥미를 환기시키려고 전력을 다하며, 반대하는 사람이 있으면 자기가 좋아하는 배우에 대한 그 경멸을 극도로 싫어해서, 그것을 제거하려고 안간힘을 쓴다.

이것이 사실이라면, 함께 하나님을 즐기는 것이 인생의 진정한 행복이며, 하나님을 사랑하는 사람들은 하나님 덕에 살고 있을 뿐 아니라 하나님을 사랑할 의무가 있다. 하나님을 알게 된 사람이 그에게 낙망하리라는 염려를 우리는 하지 않는다. 그가 우리를 사랑하시는 것은 그 자신에게 유익하기 때문이 아니라, 그를 사랑하는 자들에게 영원한 상을 주시며, 그들이 사랑하는 그 자신을 얻게 하시려는 것이다. 이런 하나님에 대해서 우리는 어떻게 하는 것이 합당한가? 그러므로 우리는 원수까지도 사랑해야 한다.

그들은 우리가 사랑하는 것을 우리에게서 빼앗을 수 없으므로 우리는 그들을 무서워하지 않는다. 그들이 우리를 미워할수록 그들은 우리가 사랑하는 하나님에게서 더욱 멀어지기 때문에 우리는 그들을 가련하게 생각한다. 만일 그들이 하나님 쪽으로 방향을 바꾼다면, 그들은 반드시 하나님을 최고선으로서 사랑하게 될 것이며, 이런 위대한 행복에 동참하는 우리까지도 사랑하게 될 것이기 때문이다.

제30장. 천사들을 우리의 이웃으로 인정할 것인가?

31. 이 문제와 관련하여 천사들에 대한 의문이 생긴다. 그들은 우리가 즐기고자 갈망하는 분을 즐기면서 행복하게 지낸다. 우리는 이 세상에 있는 동안 거울로 희미하게 보듯이 하나님을 즐거워하지만, 즐거워하면 즐거워할수록 우리의 순례가 견디기 쉬워지며, 우리는 이 순례의 길이 속히 끝나기를 갈구한다. 그러나 저 두 계명에 천사들에 대한 사랑도 포함되었느냐고 묻는 것은 불합리하지 않다. 이웃을 사랑하라고 명령하신 주님이 사람에 관해서는 예외를 두지 않으셨다는 것은 복음서에 있는 그의 말씀과 사도 바울의 말씀이 알려 준다.

그 두 계명을 들려주시고, 그것을 율법과 예언자의 강령이라고 일러 주신 그 상대자가 주님께 "누가 저의 이웃입니까?"라고 물었을 때에 주님은 예루살렘에서 여리고로 내려간 사람의 이야기를 하셨다. 그는 길에서 강도들을 만나, 얻어맞아 중상을 입었고, 강도들은 그의 옷을 벗겨가고 거의 죽은 그를 버려두었다(눅 10:29 이하). 주님은 이 사람에게 이웃이 된 것은 한 사람뿐이었다고 가르치셨다. 즉 그를 동정해서 그의 상처를 싸매며 간호해 준 사람뿐이었다. 처음에 질문한 사람이 오히려 질문을 받았을 때에, 그는 주님의 말씀이 옳다는 것을 인정했다. 그래서 주님은 "너도 가서 그와 같이 하라"고 그에게 말씀하셨다.

이 말씀에서 우리는 곤란하게 되어 우리가 도와주어야 할 사람이 우리의 이웃이라는 것을 배울 수 있다. 또는 곤란을 당할 때에 도와주는 것이 우리의 의무가 되는 사람이 우리의 이웃이다. 따라서 우리가 곤란할 때에 우리를 도와줄 의무가 있는 사람이 우리의 이웃이다. 이는 상대적인 것이어서, 곁에 이웃이 없으면, 아무도 이웃이 될 수 없다. 또 주님께서 우리의 원수에게까지 사랑의 원칙을 연장하셨으므로, 아무 사람도 예외로 삼지 말며, 그에 대한 자비의 의무를 거부해서는 안 된다는 것을 누가 깨닫지 못하겠는가? 주님은 "너희 원수를 사랑하며 너희를 미워하는 자를 선대하라"고 하셨다 (눅 6:27).

32. 사도 바울이 가르치는 말씀도 이와 같다. "간음하지 말라, 살인하지 말라, 도둑질하지 말라, 탐내지 말라 한 것과 그 외에 다른 계명이 있을지라도 네 이웃을 네 자신과 같이 사랑하라 하신 그 말씀 가운데 다 들었느니라 사랑은 이웃에게 악을 행하지 아니하나니 그러므로 사랑은 율법의 완성이니라"(롬 13:9-10). 따라서 사도가 그 교훈에 모든 사람을 포함시킨 것이 아니라고 생각하는 사람은, 기독교인이 아니거나 원수인 사람에 대해서는 그 처와 간음의 죄를 범하든지, 그의 재물을 탐내더라도 죄가 되지 않는다고 사도가 생각했다는 지극히 어리석고 악한 생각을 하지 않을 수 없을 것이다. 바보가 아니면 이런 말을 할 수 없으며, 누구에게든지 악을 행해서는 안 되

므로 분명히 우리는 모든 사람을 이웃으로 생각해야 한다.

33. 우리가 자비를 베풀어 주어야 하거나, 우리에게 자비를 베풀어야 하는 사람들을 당연히 이웃이라고 불러야 한다면, 이웃을 사랑하라는 계명에 거룩한 천사들이 포함된 것이 분명하다. 성경을 보면, 천사들이 우리에게 자비를 베풀었다는 구절이 많기 때문이다. 이 점을 근거로 우리의 주 하나님께서도 자기를 우리의 이웃이라고 불러 주기를 원하셨다. 우리 주 예수 그리스도께서는 다쳐서 거의 죽게 되어 길가에 버려졌을 때에, 그 사람을 도와준 사람은 자기와 같다는 뜻을 비유로 말씀하셨다.

그리고 시편 작가의 기도에는 "내가 나의 친구와 형제에게 행함같이 그들에게 행하였나이다"(시 35:14)라는 말씀이 있다. 그러나 하나님의 본성은 우리의 본성보다 훨씬 높고 우월해서 거리가 멀므로, 하나님을 사랑하라는 계명은 이웃을 사랑하라는 계명과 다르다. 하나님께서는 그 자신의 선하심 때문에 우리에게 긍휼을 베푸시지만, 우리가 서로 긍휼을 베푸는 것은 하나님이 선하시기 때문이다. 바꿔 말하면, 하나님께서는 우리가 하나님 자신을 충분히 즐거워하게 하기 위해서 우리에게 자비를 베푸시고, 우리가 서로 자비를 베푸는 것은 하나님을 충분히 즐거워하게 되기 위해서이다.

제31장. 하나님은 우리를 즐거워하시는 것이 아니라 사용하신다

34. 우리는 그 자체를 위해서 사랑하는 것만을 즐기며, 우리를 행복하게 만드는 것만을 참으로 즐기며, 그 이외의 것은 모두 사용할 뿐이라고 할 때에, 아직도 설명이 필요한 점이 있는 것 같다. 하나님은 우리를 사랑하시며, 우리에게 대한 하나님의 사랑을 성경은 자주 보여 준다(롬 5:8; 요 3:16 등). 그

러면 하나님은 어떻게 우리를 사랑하시는가? 사용하는 대상으로서인가, 또는 즐거워하는 대상으로서인가? 만일 우리를 즐거워하신다면, 우리의 덕을 볼 필요가 있는 것이며, 건전한 정신을 가진 사람은 이렇게 말할 수 없다. 우리가 즐기는 선은 모두 하나님 자신이시거나 하나님 자신에게서 받은 것이기 때문이다(약 1:17). 빛은 그 비춰 주는 것들에게서 빛을 받을 필요가 없다는 것을 아무도 모르거나 의심하지 않는다. 시편 작가의 두드러지게 명확한 말씀이 있다. "내가 주께 아뢰되 주는 나의 양선이 필요하지 않으신 나의 주시니이다"(시 16:2, 70인역). 그러므로 하나님은 우리를 즐기시는 것이 아니라 사용하시는 것이다. 즐기시지도 않고 사용하시지도 않는다면, 어떻게 우리를 사랑하시는지 나는 도저히 알 수 없을 것이다.

제32장. 하나님은 어떻게 사람을 사용하시는가?

35. 하나님이 무엇을 사용하시는 방법도 우리와는 다르다. 우리가 어떤 것들을 사용할 때에는, 하나님의 선하심을 완전히 즐기려는 것이 그 목적이다. 그러나 하나님이 우리를 사용하시는 것은 그 자신이 선하시기 때문이다. 그리고 우리가 참으로 존재할 때에 우리는 선하다. 그뿐 아니라 하나님은 공정하시므로, 우리가 악하다면 처벌받지 않을 수 없다.

우리가 악할 때에 우리는 그만큼 완전하지 못한 존재가 된다. 그런데 하나님은 최고의 존재시며 전혀 변하지 않으며, 문자 그대로 "나는 스스로 있는 자니라"라고 하실 수 있는 분이시다. 또 그는 "너는 그들에게 이같이 이르기를 스스로 있는 자가 나를 너희에게 보내셨다 하라"고 하실 수 있었다(출 3:14). 그래서 모든 존재는 완전히 그의 덕택에 존재하며, 그의 덕택으로만, 선할 수 있다.

하나님이 우리를 사용하신다고 할 때에, 그 자신에게 유익이 된다는 것이 아니라, 우리가 받는 유익만을 의미한다. 그 자신에 관해서는 그가 선하시기 때문이라는 것을 의미할 뿐이다. 우리가 어떤 사람을 동정해서 돌보아준다면, 그것은 그가 혜택을 받기 위해서다. 그러나 일종의 자연적인 결과로서 우리 자신이 혜택을 받게 된다. 필요한 사람에게 우리가 베푸는 자비에 대해서 하나님께서는 반드시 상을 주시기 때문이다. 그런데 우리가 받을 수 있는 최고의 상은 우리가 하나님을 완전히 즐기게 되는 것이다. 또 하나님을 즐기는 사람들이 모두 그의 안에서 서로를 즐기는 것이다.

제33장. 우리는 사람을 어떻게 즐길 것인가?

36. 우리가 사람과 연합해서 서로 행복을 얻는다면, 우리는 발을 멈추고 사람이나 천사에게서 행복을 얻으려고 기대한다. 그런데 교만한 사람과 교만한 천사는 이 기대를 충족시킬 수 있노라고 하며, 다른 사람들이 자기들에게 소망을 두는 것을 기뻐한다. 그러나 거룩한 사람들과 거룩한 천사들은 그와 반대다. 우리가 피로해서 그들과 함께 있으며 그들에게서 안식을 얻으려고 하면, 그들은 자신과 우리를 위해서 하나님에게서 얻은 것으로 열심히 우리의 기운을 북돋우며, 우리가 활기를 찾은 다음에는 우리를 격려하여 하나님을 향한 전진을 계속하게 한다. 그들이나 우리는 하나님을 즐기는 데서 행복을 얻기 때문이다.

사도 바울도 "바울이 너희를 위하여 십자가에 못 박혔으며 바울의 이름으로 너희가 세례를 받았느냐"(고전 1:13)라고 하며, 또 "심는 이나 물 주는 이는 아무 것도 아니로되 오직 자라나게 하시는 하나님뿐이니라"(고전 3:7) 했다. 또 성경에서 사람이 천사를 경배하려 했을 때에, 천사는 자기 자신도 그

와 같이 된 종이니 삼가 그리하지 말고 오직 하나님께 경배하라고 충고했다
(계 19:10).

37. 우리가 하나님 안에서 어떤 사람을 기뻐할 때에는 우리가 즐기는 것은 그 사람이 아니라 하나님이다. 우리를 행복하게 만드는 하나님을 즐기며, 그 앞에 기쁨이 있다고 기대하는 하나님께로 온 것을 기뻐하기 때문이다. 그래서 바울은 "오 형제여 ! 나로 주 안에서 너로 말미암아 기쁨을 얻게 하라"고 빌레몬에게 말한다(몬 20). 만일 "주 안에서"라는 말을 첨가하지 않고, 다만 "너로 말미암아 기쁨을 얻게 하라"고 했다면, 그에게서 행복이 오기를 기대한다는 뜻이 되었을 것이다.

"기쁨을 얻는다" 즉 "즐긴다"는 것은 "기쁘게 사용한다"는 것과 뜻이 매우 가깝다. 우리가 사랑하는 것이 곁에 가까이 있으면 우리를 즐겁게 하지 않을 수 없다. 우리가 이 즐거움을 넘어, 우리가 영원히 머무르게 될 그 종국(終局)에 이르는 수단으로 삼는다면 우리는 그것을 사용하는 것이다. 그럴 때에 우리가 즐긴다고 말한다면, 그 말은 잘못이며 바르지 않을 것이다. 만일 우리가 그것을 굳게 잡고 떨어지지 않으며, 우리의 모든 기쁨을 거기서 얻으며, 그것을 우리의 영원한 거처로 삼는다면, 그 때에는 우리가 그것을 즐긴다는 말이 옳고 또 바르다. 그리고 우리는 불변하는 최고의 선이신 삼위일체 하나님에 대한 때가 아니면 이렇게 하는 것이 마땅하지 않다.

제34장. 하나님께로 가는 처음 길은 그리스도시다

38. 우리가 주목할 점이 있다: 만유를 지으신 진리와 말씀이 우리 사이에 거하기 위해서 육신이 되셨건만 사도는, "비록 우리가 그리스도도 육체대로

알았으나 이제부터는 이같이 알지 아니하노라" 한다(고후 5:16). 참으로 그리스도께서는 믿음의 길을 완전히 마친 사람들에게 상을 주시고자 하실 뿐 아니라, 길을 떠나려는 사람들에게 자신이 그 길이 되고자 하셔서 육신을 입기로 결심하신 것이다. 그래서 "주께서 나를 그의 길의 처음으로 만드셨다"는 말씀이 있다(잠 8: 22, 70인역). 바꿔 말하면, 하나님께로 가려는 자들이 그 길을 그리스도 안에서 시작하게 하시려는 것이었다.

그러므로 사도는 하늘에서 부르신 부름의 상을 위하여 뒤에 있는 것을 잊어버리고 앞에 있는 것을 잡으려고 푯대를 향하여 쫓아갔으며 (빌 3:13), 이미 출발점을 지났고 새로 출발할 필요가 없었지만, 다른 사람들은 진리에 도달해서 영생에 거하고자 할 때에, 모두 이 길에 들어서 출발해야 한다. 주께서 "나는 길이요 진리요 생명이라"(요 14:6)고 말씀하시기 때문이다. 즉 나를 통해서 다른 쪽도 알게 되기 때문이다. 그리고 성령이 우리를 매며 인봉해서 우리를 변함 없는 최고선 안에서 영원히 안식하게 만드신다. 따라서 주께서도 자기를 낮추어 우리의 길이 되시며, 우리를 막지 않고 도리어 전진을 계속하라고 하시므로, 우리는 어떤 일이 있더라도 결코 길을 멈추지 않는 것이 필요하다는 것을 알 수 있다. 주께서도 우리를 구원하시기 위해서 시간적인 것을 입으셨지만, 우리는 그것에 매달릴 것이 아니라, 그것을 속히 초월하며 그리스도에게 도달하도록 노력해야 한다. 주께서는 그 입으신 우리의 본성을 시간적인 것의 속박(束縛)에서 해방하시고, 성부의 오른편에 두셨다.

제35장. 하나님과 이웃에 대한 사랑이 성경의 성취며 목표다

39. 사물을 논하기 시작한 후로 지금까지 한 말을 요약한다면, 율법과 모

든 성경의 성취와 목적은 즐김의 대상을 사랑하며, 그 대상을 우리와 함께 즐기는 다른 사람들을 사랑하라는 것이다. 사람에게는 자기를 사랑하라는 계명이 필요하지 않다. 우리의 구원을 위해서 마련하신 금세(今世)의 일들은 우리가 이 진리를 알고 그대로 행하도록 하시려는 하나님의 섭리의 소산이다. 그리고 우리는 이렇게 마련된 일들을 사랑과 기쁨으로 거기 안주할 것으로 생각하여 사용할 것이 아니라, 길이나 교통 기관이나 그밖의 우리의 수단에 불과한 것으로서 임시로 사용해야 한다. 이 점을 더 적당하게 표현하는 다른 비유가 있을 수 있지만, 우리는 우리가 얻으려는 목표를 위해서만, 거기까지 가게 하는 것들을 사랑해야 하는 것이다.

제36장. 어떤 성경 해석이 사랑을 육성한다면, 비록 그 해석에 과오가 있더라도 그것은 해롭거나 거짓된 것은 아니다. 다만 그런 해석자는 시정을 받아야 한다

40. 성경이나 성경의 일부를 이해하노라고 생각하면서 하나님과 이웃에 대한 이중(二重)의 사랑을 육성하는 데 이바지하지 않는 해석을 하는 사람은, 아직 성경을 바르게 이해하지 못했다. 그와 반대로, 사랑을 육성하는 데 도움이 되는 해석을 하는 사람은, 설령 그 곳에서 원저자가 표현하고자 한 정확한 뜻을 붙잡지 못했다고 하더라도, 그것이 사랑을 장려하는 데 도움이 되는 해석이라면, 그의 해석은 해로운 것이 아니며, 기만 행위라는 비난은 면한다. 기만에는 거짓말을 하겠다는 의도가 있으며 세상에는 계획적으로 속이는 사람이 많지만, 속기를 원하는 사람은 없다.

아는 사람이 속이고 모르는 사람이 속는 것이므로, 어떤 경우에도 속이는 사람보다 속는 사람이 분명히 낫다. 남을 해하는 것보다 자기가 해를 당하는 편이 낫기 때문이다. 그런데 거짓말하는 사람은 모두 불의를 행하는 것이며, 거짓말도 유용한 때가 있다고 생각하는 사람은 필연적으로 불의도 유용한 때가 있다고 생각할 것이다. 거짓말을 하면서 그 문제에서 신의를 저버리지 않을 수는 없다. 거짓말을 하는 사람은 물론 상대편이 자기를 믿어주기를 바라지만, 그는 거짓말을 함으로써 그 신임을 배반하는 것이다. 배신자는 곧 불의한 자다. 그러므로 둘 중의 하나다. 불의도 유용한 때가 있든지 — 그러나 이것은 불가능한 일이다 — 그렇지 않으면 거짓말이 유용한 때는 결코 없다.

41. 원저자가 의도한 것과 다른 의미로 해석하는 사람은 길을 잘못 드는 것이지만, 성경에 거짓이 있기 때문이 아니다. 그러나 이미 말한 바와 같이, 그의 그릇된 해석이 사랑을 육성하는 데 이바지한다면, 사랑은 모든 계명의 목적이므로, 그는 잘못해서 큰 길에서 벗어났으면서도 들판을 통해서 결국 큰 길의 목적지에 도달하는 사람과 같다. 그러나 그는 교정을 받아야 하며, 똑바른 길에서 벗어나지 않는 것이 훨씬 더 좋다는 것을 배워야 한다. 그렇지 않으면 바른 길에서 벗어나는 것이 습관이 되며, 곁길에 들 때가 있고, 심지어 아주 다른 방향으로 갈 수도 있다.

제37장. 잘못된 해석은 위험하다

원저자가 의도하지 않은 뜻을 경솔하게 채택하는 사람은 그 뜻과 조화시킬 수 없는 발언들을 발견하는 때가 많다. 만일 이 발언들이 옳고 확실하다면, 그가 다른 구절에서 얻은 의미는 옳을 수 없다는 결론이 된다. 만일 그가 자기 의견을 고집한다면, 부지불식간에 성경이 성가시게 된다. 이런 폐해가 잠입하는 것을 한 번 허락하면, 그 때문에 그는 완전히 파멸한다. 우리는 믿음으로 행하고 보는 것으로 행하는 것이 아니며(고후 5:7), 성경의 권위가 흔들릴 때에는 믿음도 비틀거리기 때문이다. 믿음이 비틀거리면, 사랑 자체도 식는다. 믿음에서 떨어진 사람은 필연적으로 사랑에서도 떨어진다. 믿지 않는 것을 사랑할 수는 없기 때문이다. 그러나 믿고 또 사랑한다면, 선한 일을 실천하며 도덕을 열심히 지킨다. 그리고 그 사랑하는 대상에 도달할 수 있으리라는 소망을 가지게 된다. 그래서 모든 지식과 모든 예언은 이 세 가지, 즉 믿음, 소망, 사랑에 이바지하는 것이다.

제38장. 사랑이 없어지는 때는 없다

42. 눈으로 보면 믿음이 필요하지 않게 되고, 우리가 기대하는 완전한 행복에서는 소망이 삼켜져 버릴 것이다. 그러나 믿음과 소망이 없어진 후에도 사랑은 더욱 강하게 될 것이다. 아직 보지 못하는 것을 믿음으로 사랑한다면 보게 될 때에는 얼마나 더 사랑하겠는가! 일시적인 것과 영원한 것의 차이는 그 인정받는 가치가 달라지는 데 있기 때문이다. 즉, 일시적인 것은 얻게 되면 얻지 못했을 때에 생각하던 것보다 가치가 없어보이기 시작한다. 영혼은 일시적인 것으로 만족하지 못하며, 영원계에서만 진정하고 확고한 안식처를 얻기 때문이다.

그런데 영원한 것은 아직 얻으려고 원했을 때보다 실지로 얻었을 때에 더욱 열렬한 사랑을 받는다. 영원한 것을 사모하는 사람은 실제 이상으로 그것을 과대 평가할 수 없다. 따라서 예상보다 무가치하다고 깨닫는 일이 없다. 도리어 구할 때에 아무리 높이 평가하더라도, 실지로 얻고 보면 그 이상으로 더욱 귀중하다는 것을 발견할 것이다.

제39장. 믿음과 소망과 사랑이 성숙한 사람은 성경이 더 필요하지 않다

43. 그래서 믿음과 소망과 사랑에 의지하며 그것을 굳게 파악한 사람은 남을 가르칠 때 외에는 성경이 더 필요하지 않다. 성경을 가지지 않고도 이 세 가지 은사의 힘으로 사는 사람이 많으며, 어떤 사람들은 심지어 고적하게 살고 있다. 그러므로 그들의 경우에는, "예언도 폐하고 방언도 그치고 지식도 폐하리라"(고전 13:8)는 말씀이 이미 실현되었다고 나는 생각한다. 그들은 이런 것들을 이를테면 도구로 삼아서 자기 안에 믿음과 사랑의 큰 건물을 지었으며, 완전한 것을 잡고 부분적으로만 완전한 것을 구하지 않는다. 물론 이것은 금생에 대해서 하는 말이며, 내세와 비교할 때에는 아무리 바르고 거룩한 사랑의 생활일지라도 금생에서는 완전하지 않다. 그러므로 사도는 "그런즉 믿음, 소망, 사랑, 이 세 가지는 항상 있을 것인데 그 중에 제일은 사랑이라"고 한다(고전 13:13). 사람이 영원계에 도달하면, 다른 두 가지는 없어지더라도, 사랑은 풍성하고 더욱 확고하게 남을 것이기 때문이다.

제40장. 성경은 어떤 독자(讀者)를 원하는가?

44. 그러므로 성경에 "교훈의 목적은 청결한 마음과 선한 양심과 거짓이 없는 믿음에서 나오는 사랑이라"(딤전 1:5)고 하는 말씀을 충분히 이해하며, 성경에 대한 그의 모든 지식으로 이 세 가지 은사를 육성하는 데 이바지하게 하는 사람은, 침착한 마음으로 성경을 해석해도 좋을 것이다. 사도는 사랑을 말하고 "청결한 마음에서 나는"이라는 말씀을 첨가해서, 마땅하지 않은 것을 사랑하지 못하도록 예방한다.

그리고 소망에 관해서 "선한 양심"을 첨가한다. 양심이 선하지 않은 사람, 즉 양심에 가책이 있는 사람은 그 믿고 사랑하는 것을 얻으리라는 소망을 품지 못한다.

셋째로, 사도는 "거짓이 없는 믿음"을 말한다. 우리의 믿음에 위선적인 것이 아주 없을 때에 우리는 사랑하기에 마땅하지 않은 것을 사랑하지 않고 단정하게 살며, 그렇게 함으로써 우리의 소망이 헛되지 않으리라는 소망을 품고 살 수 있다.

이런 여러 가지 이유가 있기 때문에, 나는 믿음에 관한 일에 대해서 당면한 목적을 위해서 필요한 범위 내에서 논하려고 노력했다. 이 문제에 대해서는 다른 사람들과 내가 쓴 책들에서 이미 많이 논의되었다. 그러면 이것으로 이 권을 끝내고, 다음 권에서는, 하나님이 빛을 주시는 대로, 부호에 대해서 논하겠다.

DE DOCTRINA CHRISTIANA

제2권

&

〔개요. 저자는 사물에 대한 해설을 마쳤으므로, 이제는 부호를 논하려 한다. 우선 부호에 대한 정의를 내린 후에, 부호를 자연적인 것과 관습적인 것, 둘로 나눈다. 여기서는 관습적 부호만을 논하는데, 이 중에서 가장 수효가 많고 가장 중요한 것은 말이다. 성경 해석가는 주로 말과 관련이 있다. 성경에서 알기 어려운 것과 모호한 것은 주로 모를 부호와 모호한 부호 때문이다. 이 권에서는 모를 부호만을 논하고, 모호한 말들에 대한 논의는 다음 권으로 미룬다.

부호를 모르기 때문에 생기는 곤란을 제거하기 위해서는 성경을 기록한 헬라어와 히브리어를 공부하며, 여러 가지 번역을 비교하고 문맥을 주시해야 한다. 비유적 표현들을 해석하기 위해서는 말에 대한 지식에 못지 않게 사물에 대한 지식이 필요하다. 그리고 이교도들의 여러 가지 과학과 예능(藝能)도 옳고 유용한 것이면 직접적이거나 비유적인 부호에 대한 우리의 무지를 제거하는 데 도움이 될 수 있다. 많은 이교적 미신과 관습의 어리석고 허무함을 폭로하면서도, 저자는 그들의 과학과 철학에 있는 건전하고 유용한 것은 그리스도인이 이용할 수 있다는 것을 지적한다. 결론으로서, 성경 연구와 해석에 임하는 우리의 올바른 정신을 알린다.〕

제1장. 부호의 본성과 종류

1. 내가 사물에 대해 쓰려고 했을 때에, 우선 서론으로서, 사물들은 다른 것에 대한 부호(sign)인 때에도, 사물 자체로서만 고려하라고 경고했다. 그와 같이, 부호를 논하려는 지금은 사물을 그 자체로서 무엇이냐에 유의할 것이 아니라 그것이 부호라는 사실, 바꿔 말하면 그것이 무엇을 의미하느냐에 유의하라고 권고한다. 부호는 우리의 감각에 주는 인상을 초월해서, 그 결과로서 우리의 마음에 어떤 다른 것을 주입한다. 예컨대, 발자국을 보고 동물이 지나갔다고 결론짓는다. 연기를 보면, 그 밑에 불이 있다는 것을 안다. 살아 있는 사람의 음성을 들을 때에 그의 마음속에 있는 느낌을 생각한다. 나팔 소리를 들으면 군인들은 전진할 것인지, 후퇴할 것인지, 또는 그 밖에 전세에 합당한 행동을 하게 된다.

2. 그런데 부호에는 자연적인 것과 관습적인 것이 있다. 자연적 부호는 그것을 부호로서 사용하겠다는 의도나 욕망이 사람에게 없는데도 불구하고 어떤 다른 것을 알려 준다. 예컨대 연기는 불을 연상시킨다. 연기를 부호로 쓰려는 의도가 우리에게 없었지만 연기밖에 보이는 것이 없을 때에도 그 밑에 불이 있다는 것을 우리는 경험으로 안다. 지나간 동물이 남긴 발자국도 이런 종류의 부호다. 분노한 사람이나 슬픈 사람의 얼굴은 그의 뜻과는 관계없이 그의 느낌을 알려 준다. 그와 같이 마음속에 있는 다른 감정도 그것을 알리려는 의도가 전혀 없을 때에도 우리의 얼굴이 우리도 모르는 사이에 폭로한다. 그러나 이런 종류의 부호들은 여기서 논하지 않겠다. 다만 제목을 구분하기 위해서 전혀 말하지 않을 수 없었으므로 이 정도로도 넉넉할 것이다.

제2장. 우리가 문제삼는 종류의 부호

3. 그와 반대로, 관습적인 부호는 생물들이 그 마음에 있는 느낌이나 깨달음이나 생각을 될 수 있는 대로 서로 잘 알리기 위해서 교환하는 것이다. 부호를 보내는 사람이 자기 마음속에 있는 것을 꺼내서 다른 사람의 마음 속에 넣고 싶지 않다면, 부호를 쓸 까닭이 없다. 우리는 사람이 관련된 범위내에서 이런 종류의 부호를 고려하고 논하고자 한다.

하나님이 우리에게 주시고 성경에 수록되어 있는 부호들도 사람을 통해서, 즉 성경 저자들을 통해서 주셨기 때문이다. 동물들도 그 심중에 있는 소원을 서로 알리는 부호가 있다. 수탉이 먹이를 발견하면 소리를 내서 암탉을 불러오게 하고, 비둘기들도 서로 부르는 소리를 낸다. 이런 종류의 부호는 일상적으로 볼 수 있다. 그런데 슬픈 사람의 표정이나 울음이 그가 의도한 것이 아닌 데도 본능적으로 그의 심적 동요에 따라온 것인지, 또는 사실을 알릴 목적으로 사용한 것인지는 별개 문제이며, 우리가 여기서 논하려는 문제에 속하지 않는다. 이 부분은 우리의 눈 앞의 과제에 없는 것이므로 여기서 제외하겠다.

제3장. 부호들 가운데서 말(단어)이 가장 중요하다

4. 사람들이 서로 생각을 전달하기 위해서 사용하는 부호(symbols) 중에서 어떤 것은 시각에 관계되며, 어떤 것은 청각에 관계되며, 극소수는 다른 감각들에 관계되어 있다. 우리가 머리를 끄덕일 때에는, 우리의 소원을 전달하려는 상대편의 눈에 부호를 보내는 것이다. 어떤 사람들은 손짓으로 많은 것을 나타낸다. 배우들은 사지를 모두 놀려, 그 뜻을 아는 일부 사람들에게 표

시하며, 그런 식으로 눈을 상대로 대화를 하는 것이다. 군대에서 여러 가지 기를 통해서 사령관의 뜻을 병사들의 눈에 전달한다. 이 모든 부호는 눈에 보이는 말이라고 할 수 있다.

귀를 상대로 한 부호는 이미 말한 바와 같이 더 많고, 그 대부분은 말이다. 나팔과 피리와 비파는 아름다울 뿐 아니라 뜻이 있는 소리를 내지만, 이런 부호는 말에 비하면 그 수효가 아주 적다. 사람들 사이에서 가장 많이 사용되는 의사 전달 수단은 말이다. 주님께서는 발에 부은 기름의 향기를 한 부호로 쓰셨고(요 12:3-7; 막 14:8), 그의 몸과 피로 지키는 성찬에서는 미각을 통해서 뜻을 알리셨다. 주님의 옷자락을 만짐으로써 병이 나은 여인의 경우에는 그 만지는 행동에 의미가 있는 것이다(마 9:20). 그러나 사람이 생각을 표현하는 수단으로 사용하는 부호 가운데서 말은 그 수효가 헤아릴 수 없이 많다. 나는 내가 간단히 열거한 여러 가지 부호들을 말로 표현할 수 있었다. 그러나 그런 부호들을 써서 말을 설명할 수는 없을 것이다.

제4장. 문자의 기원

5. 말은 공기에 닿으면 곧 없어지고, 그 내는 소리보다 더 오래 계속되지 못하기 때문에 사람들은 말에 대한 부호로서 글자를 만들었다. 그래서 음성의 소리가 눈에 보이게 되었다. 물론 소리로서 보이는 것이 아니라, 소리가 의미하는 것의 부호로서 보이는 것이다. 그러나 모든 민족에게 공통되는 부호를 만들 수는 없었다. 그것은 사람들이 서로 자기가 우두머리가 되려고 불화하게 된 죄 때문이다. 하늘에 닿는 탑을 쌓았다는 유명한 이야기는 이런 교만한 생각을 가리키며, 그 관계자들은 벌로서 마음뿐 아니라 언어도 혼란과 불화에 빠졌다(창 11장).

제5장. 성경이 여러 언어로 번역되었다

6. 그래서 중병에 걸린 인류의 의지를 치료해 주는 성경도 여러 언어로 번역되었다. 처음에는 한 언어로 성경이 기록되었고, 적당한 때가 오면 모든 민족 사이에 전파되기로 한 것이었다. 그러나 그들의 구원을 위해서 여러 가지 방언으로 번역되어 널리 전파되며 알려졌다. 성경을 읽음으로써 사람들은 저자들의 생각과 뜻을 알려고 하며, 그것을 통해서 하나님의 뜻을 알려고 한다. 저자들이 하나님의 뜻을 말했다고 믿기 때문이다.

제6장. 성경에서 비유적 표현 때문에 뜻이 모호한 것은 그만큼 쓸모가 있다

7. 성경에는 애매모호한 구절이 많아서, 부주의하고 성급한 독자들은 뜻을 혼동하며 오류를 범한다. 어떤 구절은 비슷한 해석조차 짐작할 수 없으며, 어떤 표현은 아주 어두컴컴하게 덮여 있어서 뜻을 알아낼 수 없다. 이것은 사람들이 교만을 버리고 노력하도록 하기 위해서 하나님이 마련하신 일이라고 나는 굳게 믿는다. 또 사람의 마음은 쉽게 깨달은 것을 경시하는 것이 보통이므로 그 교만을 방지하시려는 것이다. 예컨대, 그리스도의 교회는 거룩하고 의로운 사람들의 언행을 이용해서 사람들을 구원하며 온갖 미신을 버리게 한다고 한다. 그들은 선한 사람들을 본받아서 교회의 지체가 된다.

하나님의 선하고 참된 종으로서 그들은 세례반에서 세상의 짐을 씻어 버리고, 거기서 일어난 후에는 성령을 받아 하나님과 이웃에 대한 이중의 사랑을 열매로 맺는다. 그런데 이렇게 말하는 것보다 아가서에 있는 말씀을 듣고, 같은 뜻을 생각하는 편이 더 즐거운 것은 무슨 까닭인가? 아가서에는 아름다운 여인을 칭찬하면서, "네 이는 목욕장에서 나오는 털 깎인 암양 곧 새끼 없는 것은 하나도 없이 각각 쌍태를 낳은 양 같구나" 한다(아 4:2). 이런 비유를 쓰지 않는 평범한 표현에서 얻는 생각보다 이런 비유를 들음으로써 더 얻는 것이 있는가? 그럼에도 불구하고, 나는 거룩한 사람들을 명상할 때에, 그들을 교회의 이로 생각하는 것이 더 즐겁다. 그들이 흰 이가 되어 사람들을 과오에서 물어뜯으며, 몸된 교회 안에 넣는다고 상상한다. 그들이 고집을 물어뜯음으로써 완전히 부드럽게 만든다고 본다. 그들은 털을 깎은 양과 같이 목욕을 하고, 즉 세례를 받고 나서 두 사랑의 계명, 즉 쌍둥이를 낳으며 그 거룩한 열매가 없는 것이 없다고 생각하는 것이 가장 즐겁다. 왜 그런지, 그 까닭은 알 수 없다.

8. 그러나 성경에서 아무 비유도 얻을 수 없는 것보다 비유를 써서 문제를 보는 것이 무슨 까닭에 더 즐거운가? 사실과 얻는 지식이 다르지 않으니, 이 문제는 대답하기 매우 어렵다. 그러나 비유를 통해서 지식을 전달받는 것이 더 즐거우며, 어렵게 구하며 얻었을 때에 기쁨이 더 크다는 것은 아무도 의심하지 않는 사실이다. 구해도 얻지 못하는 사람은 배가 고프다. 또 원하는 것이 이미 바로 곁에 있기 때문에 전혀 구하지도 않는 사람들은 배가 불러서 활기가 없다. 이 두 가지 원인에서 온 무기력은 피해야 한다. 따라서 성령은 경탄할 지혜와 우리의 행복에 대한 배려로, 성경에 평이한 구절들을 두어 우리의 굶주림을 구하며, 모호한 구절들을 두어 우리의 식욕을 자극한다. 모호한 구절들에서 발굴되는 의미나 아주 평이한 다른 말씀에 나타난 것이나, 같지 않은 것이 거의 없기 때문이다.

제7장. 지혜를 얻는 단계 – 첫째, 두려움; 둘째, 경건; 셋째, 지식; 넷째, 결심; 다섯째, 실천; 여섯째, 마음의 정화(淨化); 일곱째, 지혜

9. 우리는 하나님을 두려워함으로써, 하나님의 뜻을 구할 필요가 있다. 즉, 하나님께서 우리에게 무엇을 구하며, 무엇을 피하라고 명령하시는가를 알아야 한다. 그런데 이 두려움은 필연적으로 우리의 죽을 운명과 눈 앞에 있는 죽음을 생각하도록 자극하며, 마치 우리의 육신을 십자가에 달듯이 우리의 교만을 완전히 십자가에 달아 억제하게 한다.

다음에, 우리는 경건한 마음으로 우리의 마음을 복종시켜서 성경에 반대하지 말아야 한다. 성경을 이해하고 죄를 책망받을 때든지, 또는 이해하지 못하고 우리 자신이 성경보다 더 현명하며 우리 자신에 더 훌륭한 충고를 할 수 있다고 생각하든지 간에, 이런 태도는 버려야 한다. 우리는 오히려, 성경에 있는 말씀은 비록 그 뜻을 이해할 수 없더라도 모두 우리의 지혜로 안출하는 것보다 더 훌륭하며 더 현명하다고 생각하며 얻어야 한다.

10. 두려움과 경건이라는 두 단계를 지났으니, 이제 셋째 단계, 즉 지식을 논해야겠다. 성경을 진지하게 연구하는 사람들이 노력해서 얻는 지식은 하나님을 그 자신 때문에 사랑하며 우리의 이웃을 하나님 때문에 사랑하라는 것에 불과하다. 그리고 마음을 다하며 목숨을 다하며 뜻을 다하여 하나님을 사랑하며, 자기 몸 같이 이웃을 사랑하라는 것이다. 바꿔 말하면, 우리 자신에 대한 사랑과 같이 이웃에 대한 사랑도 하나님을 위한 것이 되어야 한다는 것이다(마 22:37-40). 이 두 가지 계명에 대해서는 앞 권에서 논했다.[1] 우리는 모두 성경을 읽음으로써 우리가 세상에 대한, 일시적인 것들에 대한 사

---

1 제1권 22장 20-26

랑에 빠져서, 성경이 명령하는 사랑, 즉 하나님과 이웃에 대한 사랑에서 멀어졌다는 것을 깨달을 필요가 있다.

그 다음에 두려움이 하나님의 심판을 생각하게 만들며, 경건이 성경의 권위 이외의 것을 믿거나 따르지 못하게 하므로 우리는 우리의 처지를 슬퍼하지 않을 수 없게 된다. 앞에 큰 소망이 있다는 것을 알 때에, 우리는 자랑하기보다 슬퍼하게 되기 때문이다. 이런 심경(心境)에서 우리는 쉬지 않고 하나님의 도움과 위로를 기도하며, 낙심하지 않게 되기를 탄원한다. 그래서 넷째 단계로, 힘과 결심을 얻게 된다. 여기서 우리는 의를 위하여 주리고 목마른 자가 된다. 이런 심적 상태에서는 무상(無常)한 것들에 대한 애착, 즉 죽음에 이르게 하는 기쁨을 끊어 버리고, 방향을 바꿔 영원한 것, 변함없는 삼위일체에 애착하게 된다.

11. 그리스도인이 그 능력에 따라 멀리서 삼위일체의 빛나시는 것을 보며, 자기의 시력이 약해서 그 광채를 감당할 수 없겠다고 느낄 때에 그는 다섯째 단계, 즉 자비(慈悲)의 실천(counsel of compassion)에 도달한다. 여기서 그는 낮은 것들에 대한 갈망 때문에 동요와 혼란에 빠진 영혼을 씻어, 온갖 추악한 생각을 없애 버린다. 그가 이웃에 대한 사랑을 열심히 실천하는 것도 이 단계에서이다. 그래서 희망과 영력(靈力)이 충만하며 원수까지 사랑하게 되면, 그는 여섯째 단계에 올라선다. 여기서 하나님을 보는 눈을 깨끗이 씻는다. 이 세상에 대해서 죽는 자들만이 볼 수 있는 그 하나님이시다.

신자는 이 세상에 대해서 죽는 정도에 따라 하나님을 보며, 이 세상에 대해서 사는 사람은 하나님을 볼 수 없다. 그래서 이제 빛이 더욱 분명히 보이며, 그 광채를 감당할 수 있을 뿐 아니라 그것이 더욱 즐겁게 되었지만, 아직도 "거울로 보는 것 같이 희미하다"(고전 13:12). 우리의 시민권은 하늘에 있지만(빌 3:20), 이 세상에서 주와 따로 사는 동안은 보는 것으로 걷는 것이 아니라 믿음으로 걷기 때문이다(고후 5:6-7). 그러나 그는 이 단계에서 심성의 눈을 철저히 청결하게 만들기 때문에, 자기는 물론이고 자기 몸 같이 사랑하는 자기의 이웃까지도 진리이신 주님보다 더 중요시하지 않게 된다. 그러므로 거룩한 이 신자는 그 심정이 진지하고 청결해서, 사람들을 기쁘게 하거나 세상 고생을 피하기 위해서 진리를 등지는 일이 없다. 이런 사람은 일곱째이며 마지막인 지혜의 단계에 올라서며, 거기서 평화롭고 고요하게 즐긴다. 하나님을 두려워함이 지혜의 시초이기 때문이다(시 111:10; 잠 9:10). 이 출발점으로부터 지혜 자체에 이르기까지 우리는 위에서 말한 단계들을 통과하는 것이다.

제8장. 정경

12. 그러나 우리는 뒤로 돌아가서 셋째 단계를 고찰하겠다. 하나님이 지혜를 허락해 주시면, 이 단계를 논하는 것이 나의 목적이었다. 그런데, 성경을 아주 잘 해석하려면, 우선 성경을 모두 읽어서 알고 있어야 한다. 적어도 정경(正經)이라고 부르는 책들을 읽어서, 비록 완전히 이해하지 못하더라도 알고는 있어야 한다. 진리에 대한 믿음이 굳게 된 사람은 다른 책들을 읽어도 안전하다. 마음이 약한 사람들이 다른 책들을 먼저 읽으면, 위험한 거짓과 망상이 주입되며, 편견이 가득해서 건전한 이해를 하지 못하게 된다.

그리고 무엇이 정경이냐 하는 문제에 대해서, 우리는 대다수의 정통 교회들의 판단을 따라야 한다. 그 중에서도 물론 사도가 있었던 곳과 사도 서신을 받은 곳들을 중시해야 한다. 따라서 정경을 판단하기 위해서 따라야 하는 표준은 다음과 같을 것이다. 즉, 정통 교회들의 일부가 인정하지 않는 책보다 모든 정통 교회가 인정하는 책들을 더 존중한다.

모든 교회의 인정을 받지 못하는 책 중에는 더 많은 교회와 더 권위있는 교회들이 인정하는 책들을 소수 교회와 권위가 떨어지는 교회들이 인정하는 책들보다 더 존중한다. 그러나 어떤 책들은 더 많은 교회들이 인정하고, 어떤 책들은 더 권위있는 교회들이 인정한다면 — 이런 경우는 좀체 있을 것 같지 않지만 — 양쪽의 권위를 동등하다고 보아야 한다.

13. 우리가 이와 같은 판단을 내려야 하는 정경에 포함된 책들을 열거한 다면 모세 오경, 즉 창세기, 출애굽기, 레위기, 민수기, 신명기; 그리고 눈의 아들 여호수아 한 권; 사사기 한 권; 룻기라고 하는 열왕기의 일부인 듯한 짧은 한 권; 열왕기 네 권과[2] 역대기 두 권이다(역대기는 열왕기의 다음 시대를 전하는 것이 아니라, 이를테면 평행적으로는 같은 시대를 전한다). 지금까지 말한 책들은 역사서이며, 시대순과 사건순으로 이야기를 계속한 것이다.[3]

다른 책들은 어떤 순서를 따른 것이 아니며, 앞에 있는 책들이나 그 자체들 사이에서도 전후 관계가 없다. 그것은 욥기, 토비트, 에스더, 유딧, 마카베오 두 권, 에스라 두 권이다.[4] 이 에스라 두 권은 열왕기와 역대기의 뒤를 이은 정규 역사서인 것 같다.

다음은 예언서들이다. 다윗의 시편 한 권과 솔로몬의 글인 잠언과 아가와 전도서다. 지혜서와 집회서도 문체에 유사점이 있다고 해서 솔로몬의 글로 인정되지만, 시락의 아들 예수의 작품이라고 보는 의견이 가장 그럴듯하다.[5] 하여간 지혜서와 집회서는 권위가 있다고 인정되었으므로 예언서에 포

---

2 "열왕기 네 권"은 개역성경의 사무엘상하와 열왕기상하를 의미함.

3 토비트, 유딧, 마카베오 등, 외경의 이름들은 공동번역대로 함.

4 에스라와 느헤미야를 의미함.

5 저자는 그의 「재고록」 제2권 30에서 이 의견을 수정해서, 집회서의 저자는 아마 지혜서의 저자가 아니었으리라고 했음.

함시켜야 한다. 나머지 책들은 엄격한 의미의 예언서들이다. 열두 선지서는 각각 다른 책이지 만, 서로 연결되어 분리된 일이 없다. 즉 호세아, 요엘, 아모스, 오바댜, 요나, 미가, 나훔, 하박국, 스바냐, 학개, 스가랴, 말라기이다.

그 다음에 사대(四大)선지자, 즉 이사야, 예레미야, 다니엘, 에스겔이 있다. 구약의 권위는[6] 이 44권에 국한되었다.

신약의 권위를 담은 책들은 마태, 마가, 누가, 요한의 4복음서와, 열넷 바울 서신, 즉 로마서, 고린도전후서, 갈라디아서, 에베소서, 빌립보서, 골로새서, 데살로니가전후서, 디모데전후서, 디도서, 빌레몬서, 히브리서, 베드로전후서, 요한서신 셋, 유다서 하나, 야고보서 하나, 사도행전 한 권, 요한계시록 한 권이다.

제9장. 어떻게 성경을 연구할 것인가?

14. 하나님을 두려워하며 마음이 온유하고 경건한 사람은 이 모든 책에서 하나님의 뜻을 탐구한다. 이 탐구 작업을 계속하기 위해서 지켜야 할 첫째 원칙은, 이미 말한 바와 같이, 이 책들을 알고 있으라는 것이다. 아직 잘 이해할 수 없더라도 읽고 기억해야 하며, 적어도 전혀 모르고 있어서는 안 된다. 다음에, 생활과 믿음에 관한 규범들은 성경에 분명히 기록되어 있으므로 다른 것보다 그것을 더욱 열심히 더욱 면밀하게 탐구해야 한다. 이 방면에서 얻는 바가 많으면 많을수록, 그의 이해력이 크게 된다.

성경은 믿음과 생활 방식에 대한, 즉 소망과 사랑에 대한 말씀을 분명히 가르치기 때문이다. 이렇게 해서 성경의 표현 방법에 어느 정도로 익숙하게

---

6 "구약"의 뜻에 대해서 상기 「재고록」에서, 자기는 교회의 관습에 따라 말했고, 사도 바울은 구약을 시내 산에서 주신 것에 국한한 것 같다고 했음(갈 4:24).

되면, 우리는 더 나아가서 모호한 구절들을 본받아서 모호한 구절들의 뜻을 밝히며, 의심할 여지가 없는 구절들을 근거로 삼아서 의심스러운 구절들을 말끔히 해결할 수 있다. 그리고 이 작업에서 기억이 큰 몫을 담당하지만, 그 기억에 결함이 있을 때에는 보충할 길이 없다.

제10장. 모르는 부호와 모호한 부호는 성경을 이해하지 못하게 한다

15. 성경에 기록된 것을 이해하지 못하게 하는 원인은 두 가지이다. 즉 모르는 부호와 모호한 부호가 뜻을 가린다. 부호에는 고유한 것과 비유적인 것이 있다. 어떤 것을 가리키기 위해서 생긴 부호를 그것을 가리키기 위해서 사용할 때에는 그 부호는 고유한 것이라고 한다. 소를 의미할 때에 (라틴어로) "보스"(bos)라고 하는 것과 같다. 우리와 같이 라틴어를 쓰는 사람들은 모두 소를 "보스"라고 부르기 때문이다. 그러나 고유한 이름을 써서 어떤 다른 것을 가리킬 때에는 그것을 비유적인 부호라고 한다. "보스"는 보통 소를 의미하지만, 그 외에 성경에 있는 바와 같이, 복음 전파하는 사람을 의미한다. "곡식을 밟아 떠는 소에게 망을 씌우지 말라"는 말씀을 사도는 이렇게 설명한다(고전 9:9).

제11장. 모르는 부호를 없애려면 언어, 특히 헬라어와 히브리어를 알아야 한다

16. 고유한 부호들에 대한 무지를 없애기 위한 최상책은 언어에 대한 지식을 얻는 것이다. 여기서 내가 가르치려고 하는 것은 라틴어권 사람들인데,

이들은 라틴어 번역자들이 많고 서로 다른 점이 무수해서 의문이 생길 때에 성경 원문을 참고하려면 히브리어와 헬라어에 대한 지식이 필요하다. 성경에는 아멘, 할렐루야, 라가, 호산나 등등 히브리어 단어들이 번역 없이 나온다. 그 중에서 아멘과 할렐루야와 같이 특히 거룩한 권위를 지닌 말들은 번역하지 않고 원어 그대로 보존되었다. 내가 열거한 다른 두 단어와 같이, 외국어로 번역할 수 없는 것도 있다고 한다.

어떤 나라 말에는 다른 나라 말에 해당하는 숙어가 없기 때문이다. 우리의 마음속에 있는 생각보다 감정을 표시하는 감탄사에 주로 그런 것이 있다. 위에서 말한 "라가"는 노한 사람이 지르는 소리요, "호산나"는 기쁜 사람이 지르는 소리다. 이런 말은 수도 적고 아주 쉽게 알아보며 물어볼 수 있다. 그러나 이미 말한 것처럼, 번역들이 서로 많이 다르기 때문에 역시 두 언어를 알아야 한다. 히브리어 성경을 헬라어로 번역한 것은 셀 수 있으나 라틴어 번역은 무수히 많다. 기독교 역사 초기에 헬라어 사본을 얻은 사람들은 저 두 가지 말을 안다고 생각되면, 그 지식이 아무리 빈약하더라도 제각기 감히 번역에 착수한 것이다.

제12장. 해석이 여러 가지로 다른 것은 유익하다. 모호한 말 때문에 생기는 오류

17. 독자들이 주의하기만 한다면, 이런 형편은 성경 이해를 방해하기보다 도리어 도울 것이다. 몇 가지 본문을 비교해서 모호한 구절들이 밝혀진 때가 많다. 예컨대, 이사야 선지자의 글을(사 58:7) 한 번역에서는 "너의 씨의 식구를 업신여기지 말라"고 하고 다른 번역에서는 "네 자신의 육(肉)을 업신여기지 말라"고 한다. 이 번역들은 한 쪽이 다른 쪽을 확인함으로써 서로 돕

는다. "육"을 문자대로 해석해서, 이 말씀은 자기의 육신을 업신여기지 말라는 충고라고 해석할 수 있다. "너의 씨의 식구들"은 비유적으로 기독교인이라고 해석할 수 있다. 우리와 같은 씨, 즉 말씀으로 영적으로 난 사람들이기 때문이다.

그래서 이 두 번역자들이 의미한 것을 비교하면 더 옳을 가능성이 있는 뜻이 나타난다. 즉 이 계명은 우리의 골육을 연상하는 것이 가장 자연스럽기 때문이다. 그래서 나는 사도의 말씀을 생각한다. "이는 혹 내 골육을 아무쪼록 시기하게 하여 저희 중에서 얼마를 구원하려 함이라"는 것은 믿게 된 사람들을 시기하게 만들어 그들 중의 어떤 사람들도 믿게 하고자 한다는 뜻이다. 그들, 즉 유대인들을 사도는 혈족 관계를 보아서 자기의 "골육"이라고 부른다.

또 이사야의 글을(사 7:9) 한 사람은 "너희가 믿고자 하지 않으면 깨닫지 못하리라"로 번역하고 다른 사람은, "너희가 믿고자 하지 않으면 영속하지 못하리라"로 번역한다. 본문을 원어로 보지 않으면 어느 쪽이 문자대로 번역한 것인지를 확인할 수 없다. 그러나 알고 읽는 사람은 이 번역들에서 위대한 진리를 발견한다. 번역하는 사람들은 아무리 서로 다르더라도 접촉점이 전혀 없다는 것은 있기 어려운 일이다. 이 구절에서, 깨달음은 눈으로 봄으로써 성립하며 또 영구적인 것이다. 그러나 믿음은 아직 어린애인 우리에게 젖을 먹여 주며, 우리는 무상한 것들을 요람으로 삼아 그 안에 누워 있는 격이다. 우리는 지금 믿음으로 행하고 보는 것으로 행하지 않기 때문이다 (고후 5:7).

그뿐 아니라, 우리는 믿음으로 걷지 않으면 보는 경지에 도달하지 못한다. 이 보는 경지에서는 진리를 굳게 붙잡음으로써 우리의 깨달음이 순수하게 되어 영구히 존속한다. 그렇기 때문에 한 사람은 "너희가 믿으려 하지 않으면 깨닫지 못하리라"고 하며, 또 한 사람은 "너희가 믿으려 하지 않으면 영속하지 못하리라"고 한다.

18. 원어가 모호할 때에 뜻을 잘 알지 못하는 사람은 속으며, 원저자가 생각한 것과는 전연 다른 뜻으로 번역하는 때가 많다. 예컨대, 어떤 번역에 "그발은 피 흘리기에 날카로운지라"고 했다(롬 3:15). 그러나 헬라어 옥쉬스(οξυς)에는 날카롭다는 뜻과 빠르다는 뜻이 있기 때문에, "그 발은 피 흘리기에 빠른지라"고 번역한 사람이 뜻을 바르게 이해했다. 다른 사람은 모호한 말에 있는 틀린 뜻을 취했기 때문에 번역이 잘못되었다. 이런 번역들은 모호한 것이 아니라, 틀린 것이다.

이 두 가지는 매우 다르다. 우리는 이런 오역을 본문으로 삼아서 해석할 것이 아니라, 그것을 정정할 줄 알아야 한다. 헬라어 모스코스(μοσχος)는 송아지라는 뜻이기 때문에, 어떤 사람은 모스케우마타(μοσχευματα)가(지혜서 4:3) 나무에 새로 나온 가지인 줄을 모르고 송아지들이라고 번역했다. 여러 번역이 똑같은 오류를 범했기 때문에, 그와 다른 번역은 거의 찾을 수 없다. 그러나 그 다음에 있는 말들을 보면 뜻이 아주 분명하다. "간음자의 묘목(苗木)은 뿌리를 깊이 내리지 못한다"는 것이 "송아지" 운운하는 것보다 더 적합한 표현이다. 송아지는 발로 땅 위를 걸어다니며, 일정한 곳에 뿌리를 박고 있는 것이 아니기 때문이다. 참으로 이 구절에서 이 번역이 옳다는 것은 그 문맥 전체를 보아서 알 수 있다.

제13장. 어떻게 하면 그릇된 해석을 바로잡을 수 있는가?

19. 여러 번역가들이 각각 자기의 능력과 판단에 따라 표현하려고 한 그 생각 자체를 알려면, 반드시 원문을 보아야 한다. 아주 유능한 번역가가 아

니면 원저자의 뜻에서 벗어나는 때가 많다. 그러므로 우리는 성경의 원어를 공부하든지, 그렇지 않으면 비교적 원어에 축자적으로 더 가까운 번역을 얻어야 한다. 이런 번역이면 충분하다는 것이 아니라, 그것을 이용해서 번역가들이 자유로 의역하는 동안에 범한 오류를 시정할 수 있으리라는 것이다. 또 어떤 단어나 숙어는 라틴어의 관습적 용례에서 벗어나지 않도록 번역할 수 없다. 그러한 번역은 그 구절의 뜻을 이해하는 데는 지장이 되지 않더라도, 국어의 순수성을 지키려는 사람들에게는 불유쾌하다.

소위 파격법 (破格法)은 권위 있는 선인(先人)들이 따르던 어법과 다르게 단어를 연결했다는 뜻이다. 사실만을 알고 싶은 사람에게는 inter homines(사람들 사이에)라고 하든지 inter hominibus라고 하든지, 중요한 문제가 아니다. 마찬가지로 소위 야비한 말투는 발음이 우리의 선인들과 다르다는 것이다. Ignoscere(용서함)라는 말의 셋째 음절을 길게 발음(-스케 -)하느냐, 또는 짧게 발음하느냐는, 하나님의 용서를 비는 사람에게 그다지 중요한 일이 아니다. 어떻게 발음하든지 간에 그는 이 말을 하기만 하면 되는 것이다. 그러므로 언어의 순수성은 이전 사람들의 권위로 정착된 언어 관습을 보존한다는 것에 불과하지 않은가?

20. 약한 사람일수록 이런 일에 감정을 상하기 쉽다. 덕을 세우는 데 도움이 되는 지식은 사물에 대한 지식인데, 약한 사람일수록 그런 지식보다 부호에 대한 지식이 있는 체하려 한다. 이런 지식은 자랑하고 싶은 마음을 참기가 어렵다. 심지어 사물에 대한 지식도 주님의 멍에로 누르지 않으면 머리를 드는 때가 많다.

예컨대 성경에 "그들이 사는 땅이 좋은지 나쁜지와 사는 성읍이 진영인지 산성인지"라는 말씀을(민 13:19) "Quae est terra in qua isti insidunt super eam, si bona est an nequam; et quae sunt civitates, in quibus ipsi inhabitant in ipsis"라고 번역했다고 해서, 어떻게 우리의 이해를 방해하는가? 이것은 어떤 더 깊은 뜻을 전하려 한, 그 외국어에 특유한 표현법에 지나지 않는다고 생각한다. 사람들의 송영(誦詠)에서 제거할 수 없게 된 저 말씀(시 132:18, 70인역), "그에게는 나의 성결이 빛나리라"를 "Super ipsum autem floriet sanctificatio mea"라고 번역했다. 확실히 이 번역은 뜻을 조금도 상하지 않는다. 또 이 번역을 고치지 못하게 하는 것은 사람들이 그대로 부른다는 사실뿐이다. 이런 종류의 잘못은 이해를 방해하는 것이 아니므로 이런 과오를 아예 피하려고 하는 사람이 아니면, 신경을 쓰지 않고 쉽게 처리할 수 있다.

그러나 사도의 말씀에 있는 "하나님의 어리석음이 사람보다 지혜롭고 하나님의 약하심이 사람보다 강하니라"(고전 1:25)를 "Quod stultum est Dei, sapientius est hominibus, et quod infirmum est Dei, fortius est hominibus'라고 번역한 것을 생각해 보라. 만일 헬라 원어의 표현 방식을 따라서 "Quod stultum est Dei, sapientius est hominum et quod infirmum est Dei fortius est hominum"이라고 번역한다면, 이해력이 빠르고 신중한 사람도 노력해서 바른 뜻을 얻겠지만, 이해력이 더딘 사람은 조금도 이해하지 못하거나 전혀 틀린 해석을 할 것이다. 이런 표현 방식은 라틴어에서는 잘못일 뿐 아니라 뜻도 모호하기 때문이다.

사람의 어리석음이나 약한 것이 하나님의 어리석음이나 약하심보다 더 지혜롭고 더 강하다는 뜻이 될 것이다. 그러나 "sapientius est hominibus"라는 말도 파격법은 아닐지라도 뜻이 모호하다. Hominibus가 여격 복수냐 탈격 복수냐 하는 것은 뜻을 보지 않고는 알 수 없기 때문이다. 그러므로 sapientius est quam보다 homines 라고 하며 fortius est quam homines라고 하는 것이 나을 것이다.

제14장. 모르는 단어와 숙어의 뜻을 찾아내는 방법

21. 모호한 부호에 대해서는 후에 논하기로 하고, 지금 논하고 있는 모르는 부호가 말일 경우에는 두 가지가 있다. 독자는 모르는 단어나 숙어를 만나면, 더 전진하지 못한다. 그 모르는 말이 외국어에서 온 것이면, 그 말을 사용하는 사람들에게 묻든지, 여가가 있으면 직접 그 나라 말을 배우든지, 그렇지 않으면 몇 가지 번역들을 비교해야 한다. 자국어에서 모르는 단어나 숙어를 만날 때에, 우리는 글이나 담화에서 그것들을 자주 만남으로써 점점 뜻을 알게 된다.

우리가 뜻을 모르는 단어와 숙어일수록 기억하는 것이 좋다. 기억하고 있으면, 물어볼 수 있는 박식한 사람이나 전후 관계로 그런 말들의 뜻을 알리는 구절들을 만날 때에, 쉽게 기억의 도움으로 문제에 주의를 돌리며 뜻을 잘 깨달을 수 있다. 그러나 이렇게 배우는 때에도 습관의 영향은 커서, 이를테면 성경 연구를 하고 자란 사람들은 성경에서 배운 표현 방법과 다른 표현을 보면 놀란다. 그리고 성경에만 있고 라틴 작가들에게 없는 표현이 더 순수한 라틴어라고 생각한다. 이 점에서도 성경 번역가들이 많은 것이 아주 큰 도움이 된다. 즉 그들의 번역을 서로 면밀하게 비교하며 검토하며 토론하는 것이다. 다만 분명한 오류는 모두 제거해야 한다. 진심으로 성경을 알고자 하는 사람은 우선 재주껏 번역된 본문을 정정하며, 적어도 같은 번역의 사본들인 경우에는 바로잡아지지 않은 구절은 바로잡은 구절을 따르게 해야 한다.

제15장. 번역 중에는 70인 역과 이탈리아 역이 가장 우수하다

22. 번역 성경 중에는 원문에 충실하고 표현이 분명한 이탈라역이[7] 제일 우수하다. 라틴어 번역을 바로잡을 때에는 헬라어 성경을 써야 하며, 그 중에서 70인역이 구약성경에 관해서는 특별히 권위가 있다. 교회 지식인들 사이에 알려진 이야기로는, 70명 번역가들이 성령의 영감을 받아서 그 많은 사람들이 일치된 번역을 내놓았다는 것이다. 그들은 각각 독방에서 번역 작업을 계속했는데도 불구하고, 그 원고는 사용한 단어들과 단어들의 순서가 일치해서, 한 사람도 달리 번역한 예가 없었다고, 믿을 만한 사람들도 그렇게 주장한다.[8] 그렇다면, 누가 감히 이렇게 권위 있는 번역보다 나은 것은 고사하고 그것과 비교할 만한 것이라도 제공하려고 하겠는가?

가령 그들이 번역한 것을 서로 대조하며 검토해서 모든 사람의 노력과 판단에서 일치한 결과가 나타났다고 하더라도 어느 한 사람이 이 여러 훌륭한 학자들의 일치하는 견해를 시정하겠다고 하는 것은, 그가 아무리 박식한 사람이라도 온당한 일이 아닐 것이다. 그러므로 이 사람들이 사용한 표현과 다른 점이 히브리어 원본에 있는 경우에도, 우리는 하나님의 섭리를 따라야 한다고 나는 생각한다.

유대 민족은 종교적 경외심에서 혹은 시기심에서 타민족에게 성경을 알리려고 하지 않았는데, 하나님은 프톨레마이오스(Ptolemaios) 왕의 권력과 이 사람들을 사용해서, 먼 장래에 하나님을 믿게 될 이방인들에게 성경을 미리 알리신 것이다. 그들의 마음속에 역사하셔서 생각이 일치하게 만드신 성령이 이방인들에게 가장 적합하다고 여기신 표현을 그들에게 주셨을 수 있다.

---

7 "이탈라"(Itala)는 "이탈리아어"라는 뜻이며 고대 라틴어의 구어체(口語體)였다고 함.

8 70인역에 대한 저자의 견해는 그의 『하나님의 도성』 18권 43장을 참조

그러나 이미 말한 바와 같이, 원문에 충실한 번역들도 뜻을 밝히는 데 도움이 되며, 유용한 때가 많다. 그러므로 내가 하고자 하는 말은, 구약성경의 라틴어 번역을 고칠 필요가 있을 때에는 권위있는 헬라어 번역을 사용하며, 특히 70명이라는 사람이 일치되는 번역을 내놓았다는 그 결과를 사용하라는 것이다. 신약성경에 관해서 라틴어 번역들이 서로 다르기 때문에 곤란한 문제가 있을 때에는, 우리는 물론 헬라어 원본을, 특히 학자와 연구가 많은 교회들에 있는 원본을 따라야 한다.

제16장. 비유적인 표현을 이해하기 위해서는 언어와 사물에 대한 지식이 다 필요하다

23. 비유적인 부호들에 관해서도, 그 부호들을 모르기 때문에 앞길이 막힐 때에는 일부는 언어에 대한 지식으로, 일부는 사물에 대한 지식으로 뜻을 밝힐 수 있다. 예컨대, 주님께서 흙에 침을 발라 이겨 맹인의 눈에 바르시고 실로암 못에 가서 씻으라고 하신 이야기에서, 실로암 못이라는 말에는 비유적인 뜻이 있다. 그러나 복음서 기자가 설명하지 않았다면(요 9:7) 우리는 그 중요한 뜻을 모르고 지냈을 것이다.

성경 기자들이 설명하지 않은 히브리어 이름이 많은데, 그것을 설명할 수 있다면, 성경에 있는 수수께끼들을 해결하는 데 큰 도움이 될 것이다. 사실 히브리어에 능한 사람들이 성경에 있는 고유 명사들을 그 출처(出處)와는 상관없이 뜻만을 설명한 것이 후대 사람들에게 적지 않은 혜택을 주었다. 인명으로서는 아담, 하와, 아브라함, 모세 등, 그리고 지명으로서는 예루살렘과 시온, 시내 산, 레바논, 요단, 기타 우리가 모르는 것들의 뜻을 설명했다. 이런 고유명사들을 연구하고 설명하면, 성경에 있는 비유적 표현들의 뜻이 뚜렷하게 되는 때가 많다.

24. 사물에 대한 지식이 없는 것도 비유적 표현의 뜻을 모호하게 만든다. 예컨대 성경이 자주 비유로서 동물이나 광물이나 식물을 언급하는데, 우리가 그 특성을 모르는 때와 같다. 뱀은 공격을 받으면 머리를 보호하기 위해서 몸 전체를 노출시킨다는 것은 세상이 다 안다. 이것은 뱀과 같이 지혜로우라고 하신(마 1:16) 주님의 명령을 해석하는 데 많은 도움이 되지 않는가? 바꿔 말하면, 우리의 머리이신 그리스도를 위해서 우리는 기꺼이 우리 자신을 박해자에게 내어주며, 우리 몸을 구하려고 하나님을 부인해서 몸으로 믿음을 말살하지 말라는 것이다.

혹은 뱀은 묵은 껍질을 벗어 버리고 새 힘을 얻을 때에 아주 좁은 구멍으로 나간다고 하므로, 우리도 새 사람을 입기 위해서 옛 사람을 벗어 버리라는(엡 4:22) 사도의 교훈과 뱀의 지혜를 본받으라는 말씀은 얼마나 잘 일치하는가! 또 주님도 옛사람을 벗기 위해서 좁은 문으로 들어가라고 하셨다(마 7:13). 성경이 뱀을 자주 비유로 쓰기 때문에 뱀의 본성에 대한 지식이 그런 비유들을 해명하는 데 큰 도움이 되는 것과 같이, 비유에 뱀 같이 자주 나오지 않는 다른 동물에 대해서도 지식이 없으면 지장이 많다. 광물과 식물들도 마찬가지다.

예컨대, 홍옥이나 금강석에 대한 지식이 없으면 해석의 길이 막히는 때가 많다. 비둘기가 감람나무 잎을 물고 방주에 돌아왔다는 것은(창 8:11) 영구적인 평화를 의미한다. 이 점을 우리가 금방 이해하는 것은 오직 감람나무의 특성을 알기 때문이다. 감람나무 기름은 다른 액체를 부어도 여전히 부드러우며, 상록수이다. 히솝, 즉 우슬초가 폐를 깨끗하게 하는 약효가 있으며, 그 뿌리는 바위를 뚫고 들어가는 힘이 있다는 것을 모르는 사람은, 이 작고 보잘것없는 풀에 대해서 무슨 까닭에 "우슬초로 나를 정결하게 하소서 내가 정하리이다"(시 51:7) 하는지를 이해할 수 없다.

25. 수(數)에 대한 지식이 없을 때에도 우리는 성경에 비유적으로 신비롭게 표현된 일들을 이해하지 못한다. 예컨대, 모세와 엘리야와 우리 주님께서 40일 동안 단식하셨다는 사실에 대해서(출 24:18; 왕상 19:8; 마 4:2), 솔직한 사람은 그것이 무슨 뜻인지를 확인하고 싶지 않을 수 없다. 참으로 수에 대한 지식과 연구 없이는 이 숫자도 해석할 수 없다.

40은 10과 4를 곱한 것이며, 만물에 대한 지식과 시간에 얽힌 지식을 의미한다. 하루와 한 해가 지나가는 데는 시간적 구분이 넷이다. 하루는 아침, 낮, 저녁, 밤에 걸쳐 있는 시간들이며, 한 해는 봄, 여름, 가을, 겨울에 걸친 여러 달이다. 우리는 유한한 시간을 경멸하고 영원을 구하라는 교훈을 시간 중에서 배우지만, 우리가 원하는 영원을 위해서는 그 시간 중에 사는 동안에 일체의 쾌락을 끊어 버려야 한다. 그뿐 아니라, 10이라는 수는 창조주와 피조물에 대한 지식을 의미한다. 창조주는 삼위일체이시며, 피조물에는 생명과 몸이 있으므로 일곱으로 상징된다. 생명은 세 부분으로 되었고 하나님을 사랑하는 데도 마음과 뜻을 다해야 하며, 몸에 네 요소가 있다는 것은 아주 분명하다. 그러므로 10이 시간, 즉 네 번과 연결되어서 우리 앞에 제시될 때에는 시간 중에서 얻는 쾌락을 더럽히지 않기 위해서 그것을 일체 끊어 버리라는 교훈을 받는 것이다. 이것이 40일 간 단식의 의미이다. 이 일은 모세가 대표하는 율법과 엘리야가 대표하는 예언자들이 우리에게 훈계한다. 그리고 우리 주님께서는 이 두 사람의 증언을 받으시는 듯, 산상에서 나타나서 세 제자들이 보고 놀라게 하였다.

우리는 같은 식으로, 40에서 50이 나오는 이유를 연구해야 한다. 50이라는 수는 우리 종교에서 오순절 때문에 보통 이상으로 거룩하게 여긴다. 이 수는 세 곱이 되었는데, 이 셋은 시간의 세 구분, 율법 이전과 율법 아래와 율법 이후, 또는 성부와 성자와 성령의 이름, 그리고 삼위일체를 모든 것 위에 첨가하기 때문에, 지극히 거룩한 교회라는 신비와 관련되어, 주님의 부활 후에 그물을 오른쪽에 던져서 잡은 물고기 153마리와 같다(요 21:11,6). 이와 같이 성경에는 수와 수의 배열로 여러 가지 신비를 비유적으로 표현한 것이 있으므로, 수에 대한 지식이 없는 사람은 읽어도 뜻을 깨달을 수 없다.

26. 음악에 대한 지식이 없어도 깨달을 수 없는 일이 적지 않다. 어떤 사람은 수금과 열 줄 비파의 차이점으로 어떤 비유적인 구절들을 잘 설명했다. 열 줄 비파에 열 줄이 있는 것은 음악적 법칙 때문인가, 그렇지 않다면 십계명 때문에 열이라는 수가 신성한 것인가 하는 문제를 학자들이 논하는 것은 불합리한 일이 아니다. 열은 창조주와 피조물에 관련이 있다는 것은 이미 설명했다. 성경에(요 2:20) 성전 건축에 46년이 걸렸다는 기사가 있고, 이 말씀은 주님의 몸과 관련해서 나온 것인데, 46이라는 수에는 어떤 음악적인 음향이 있다. 그래서 어떤 이단자들은 성자의 몸은 가짜가 아니라, 참으로 인간의 몸이었다는 것을 인정하지 않을 수 없었다. 참으로 수와 음악에 대해서 은연중에 경의를 표시하는 말씀이 성경에는 많다.

제17장. 아홉 뮤즈에[9] 대한 전설은 어떻게 생겼는가?

27. 우리는 뮤즈에 관한 이교도들의 미신에 속지 말아야 한다. 그들은 아홉 뮤즈를 제우스와 '기억'의 딸이라고 하지만, 바로(Varro)는 이 전설을 부정한다. 이런 문제에 대해서 이 사람보다 더 열심히 연구했거나 더 학식이

---

9 "뮤즈"는 영어음이며, 라틴음은 무사(musa), 헬라음도 무사(mousa). 음악과 문예의 여신 (단수).

깊은 사람이 있으리라고 나는 생각하지 않는다. 이름은 잊었으나, 어떤 나라가 아폴로 신전에 헌납하기 위해서 미술가 세 사람과 계약하기를, 각각 뮤즈의 상 셋을 만들어, 그 중에서 제일 아름다운 것들을 사기로 했다고 바로는 말한다. 그런데 미술가들이 만든 조각이 모두 똑같이 훌륭하고 아름다워서, 결국 아홉 개를 다 사서 아폴로 신전에 봉헌했다는 것이다. 그 후에 시인 헤시오도스(Hesiodos, B.C. 8세기)가 아홉 여신의 이름을 지어 주었다고 한다. 그러므로 제우스가 아홉 뮤즈를 낳은 것이 아니라, 세 미술가들이 창작한 것이다. 처음에 나라에서 셋을 주문한 것은 어느 시민이 환상으로 보았거나 세 여신이 그들의 눈 앞에 나타났기 때문이 아니라, 누구든지 곧 알 수 있는 바와 같이 노래를 부를 수 있는 소리가 세 가지이기 때문이었다. 악기 없이 입으로만 노래를 부를 때의 음성, 나팔이나 피리를 부는 숨, 비파나 북과 같이 손으로 쳐서 내는 소리, 이 세 가지이다.

제18장. 세상 사람들이 가진 지식도, 유익하면 멸시하지 말라

28. 바로가 한 말이 옳든지 그르든지 간에, 성경을 이해하는 데 음악 지식이 조금이라도 유용하다면, 이교도들의 미신 때문에 음악을 배척하는 것은 옳지 않다. 영적인 것을 이해하는데 도움이 되기 때문에 비파와 그 밖의 악기들을 연구한다고 해서, 그들의 경박한 연극을 구경하라는 것은 아니다. 헤르메스(메르쿠리우스)를 문학의 보호신이라고 해서, 문학을 무시해서는 안 된다.

정의(正義)의 신전들을 세우고, 마음에 간직해야 할 정의와 미덕을 기피한다면, 그것도 옳지 않다. 도리어 반대로 진리가 어디 있든지 간에, 진리는 모두 주님의 것임을 모든 진실한 그리스도인이 깨달아야 한다. 이 진리를 고찰하고 식별함으로써 그들은 이교도들의 종교적 문헌에 있는 미신적인 이

야기들까지도 배격할 것이다. 그들은 "하나님을 알되 하나님으로 영화롭게
도 아니하며 감사하지도 아니하는" 사람들을 슬퍼하며 경계할 것이다. 그들
은 "그 생각이 허망하여지며 미련한 마음이 어두워졌나니 스스로 지혜 있다
하나 어리석게 되어 썩어지지 아니하는 하나님의 영광을 썩어질 사람과 새
와 짐승과 기어다니는 동물 모양의 우상으로 바꾸었기" 때문이다(롬 1:21-23).

제19장. 이교도들의 지식에는 두 가지 종류가 있다

29. 이 문제를 빠뜨릴 수 없으므로, 더 자세히 설명하겠다. 이교도들 사이
에 있는 지식은 두 가지로 나눌 수 있다. 하나는 인간이 제정한 일들에 관한
지식이요, 또 하나는 역사적으로 발전한 일이나 하나님이 제정하신 일들에
관한 지식이다. 인간이 제정한 일들에 관한 지식은 일부는 미신적이고, 일부
는 그렇지 않다.

제20장. 인위적인 미신들

30. 우상들을 만들어 경배하기 위해서 사람들이 안출한 것은 모두 미신
이다. 피조물을 전체적 또는 부분적으로 신으로서 경배하는 것이 미신이며,
징조에 관해서 귀신들과 결탁하여 제정한 연락(連絡) 방법들이 미신이다. 예
컨대, 마술에서 하는 짓인데, 이것을 시인들은 보통 가르치지 않고 언급하기
만 한다. 점쟁이들의 문서도 이런 종류에 속하지만, 더 뻔뻔스러운 거짓말이
다. 호부(護符)와 부적도 여기 속하며, 의학의 배척을 받고 있다. 이런 것들에
마력(魔力)이 있으며 특수한 표(characters)가 있다고 해서, 목에 걸어 대롱대

롱 달리게 하며, 신체의 상태와 관계가 있는 것이 아니고, 어떤 분명한 또는 모호한 징조와 관련이 있다는 것이다. 더 듣기 좋은 말로는 "자연물"(physica)이라고 해서, 미신이 아니라, 자연의 힘을 이용한다는 뜻을 풍긴다. 양쪽 귀에 거는 귀걸이, 손가락에 끼는 타조(駝鳥) 뼈로 만든 반지, 딸꾹질하는 사람의 왼쪽 엄지 손가락을 오른손으로 쥐라고 하는 것 등이 이런 예다.

31. 이외에도 어느 지체가 떨리든지, 두 친구가 팔을 끼고 걸을 때에 돌이나 개 또는 아이가 그 사이에 끼면, 어떻게 하라는 아주 어리석은 규칙이 수천 개가 된다. 걸어가는 두 사람 사이에 들어 왔다고 해서 순진한 아이의 따귀를 치는 것에 비하면, 돌이 친구들의 의를 상한 듯이 발로 밟는 관습이 무해한 편이다. 그러나 때때로 개들이 아이들의 원수를 갚는 것은 적당한 조치라고 하겠다.

어떤 사람은 미신이 심해서 두 사람 사이에 들어온 개를 때리지만, 벌을 면하지 못한다. 이런 우스운 관습에 붙잡힌 사람을 개가 곧 진짜 의사에게 보내는 때가 많기 때문이다. 이런 관습의 다른 예를 든다면, 자기집 앞을 지날 때에는 문지방을 밟는 것, 신발을 신을 때에 재채기가 나면 침상으로 돌아가는 것, 길로 가다가 돌에 걸리면 집으로 돌아가는 것, 생쥐가 옷을 물어 뜯으면 목전의 피해보다 미래의 재난을 더 근심하는 것 등이다. 카토(Cato)에게[10] 어떤 사람이 물었을 때에, 카토의 익살맞은 대답은 이러하다. 자기 신발을 쥐들이 갉아먹었으니 어떻게 하면 좋으냐고 물었을 때에, 카토는 그것은 이상한 일이 아니고, 신발이 쥐를 잡아먹었다면 그것이야말로 이상할 것이라고 대답했다.

---

10 Marcus Parcius Cato(234–149 B.C.)를 말하는 듯하다. 근엄한 정치가이며, 산문가로 후세에 큰 영향을 주었다. 그의 De Agri Cultura (農耕法)에는 고대 로마의 농업기술과 관습과 미신들이 기록되어 있다.

제21장. 점성가들의 미신

32. 이런 위험한 미신에서 빠뜨릴 수 없는 것은, 생일에 주목한다고 해서, 종래에 게네틀리아키(genethliaci)라고 하다가 지금은 보통 마테마티키(mathematici)라고 부르는 점성가(占星家)들이다. 이 사람들은 사람이 태어났을 때의 별들의 정확한 위치를 찾아낼 수 있다. 그러나 그것을 근거로 우리의 행동이나 행동의 결과를 예언하려고 할 때에, 그들은 진리에서 멀리 벗어나며, 무식한 사람들을 가련한 노예 상태에 빠뜨린다. 자유인이 이런 점성가의 집에 들어가서는 돈을 주고 화성이나 금성의 종이 되어 나온다.

이런 잘못을 처음에 저지르고 후세에 전한 사람들은 별들에게 이름을 붙였다. 혹은 동물과 비슷하다고 해서 동물의 이름을 붙이고, 혹은 존경하는 사람들의 이름을 붙였다. 이것은 이상한 일이 아니다. 최근에도 로마 사람들은 가이사를 높이기 위해서 금성에 그의 이름을 붙이려고 했다가, 그렇게 되지 않았다. 그 별에는 그의 조상에 베누스라는 여자가 있어서 이미 그 이름이 붙어 있었기 때문이다. 그가 생전에 가지지 않았던 것, 가지고 싶지도 않았던 것을 후손에게 물려 준다는 것은 어떤 법에도 없는 일이다. 그러나 빈 곳이 있으면 보통은 어떤 죽은 조상의 이름을 붙였다. 율리우스 가이사와 아우구스투스 가이사를 높이는 의미에서 5월과 6월에[11] 그들의 이름을 붙여서 율리우스와 아우구스투스라고 고쳤다.[12]

별들은 현재의 이름이 없을 때에도 하늘에서 일정한 궤도를 돌았다는 것을 누구든지 쉽게 이해할 수 있다. 혹은 왕명(王命)에 의해서 혹은 인간적 허영의 영향으로 높여야 할 사람이 죽으면, 사람들은 그 이름을 별에 붙임으

---

11 3월부터 시작해서 5월과 6월이므로, 지금의 7월과 8월.

12 현재 영어에서 7월을 July, 8월을 August라고 하는 것은 그 유래가 여기 있음.

로써 그 자신이 하늘에 오르는 줄로 생각했다. 그러나 사람들이 무엇이라고 부르든 간에, 별들은 하나님이 지으시고 뜻대로 지배하시는 것이며, 일정한 길에서 벗어나지 않고, 그 길이 계절을 구분한다(창 1:14). 사람이 태어났을 때의 별의 이동과 진로를 알아내는 것은 쉬운 일이다. 그 찾는 법을 발명해서 문서로 남긴 사람들이 있다. 이 사람들에 대해서 성경에 비난하는 말씀이 있다: "만일 그들이 세계를 탐지할 수 있는 지식을 쌓을 능력이 있다면, 어찌하여 세계를 만드신 분을 일찍이 찾아내지 못했는가?"(지혜서 1:9)

제22장. 인생에 있을 사건들을 예측하기 위해서 별들을 관측하는 것은 어리석은 짓이다

33. 별들을 관측함으로써 인간의 성격과 행동과 화복을 예언하려고 하는 것은 중대한 과오이며 미련한 사기 행위다. 잊어버려야 할 이런 일들을 배운 바로 그 사람들이 이 미신을 논박한다. 이 가련한 인간들은 자기들보다 더 가련한 사람들이 부탁하는 대로 태어났을 때의 별들의 위치를 ― 그들의 소위 성좌(星座)들을 ― 보아준다. 그런데 쌍둥이들은 속히 연달아 태어나는 때가 있으므로 그들이 태어난 시간에 차이가 없고 성좌의 이동에도 차이가 없을 수 있다. 그러므로 어떤 쌍둥이들은 성좌가 같은 것은 피할 수 없는 일이다. 그러나 그들의 인생 경험은 성공이나 고생이 같지 않고, 도리어 한 사람은 아주 행복한데, 다른 사람은 아주 불행한 예가 많다. 야곱과 에서는 쌍둥이였는데, 뒤에 난 야곱이 에서의 발꿈치를 잡고 나왔을 정도로 태어난 시간이 가까웠다(창 25:26). 참으로 이 두 아이는 같은 성좌를 가졌다고 할 수밖에 없을 정도로 출생 시간이 비슷했다. 그러나 지금 각국어로 알려진 성경이 이 두 사람의 성격과 행적과 수고와 운명이 매우 달랐다는 것을 증언한다.

34. 쌍둥이들의 출생 시간에 지극히 사소한 차이가 있어도 그것은 천체의 신속한 운행과 자연에 큰 영향을 주며 차이를 일으킨다고 말하더라도 여기서는 타당하지 않다. 그런 적은 시간적 차이가 큰 영향을 준다는 것을 나는 인정하지만, 점성가는 성좌에서 그런 영향이나 차이를 발견하지 못하기 때문이다. 그런데 그는 그런 것을 관찰함으로써 사람들의 운명을 예측하노라고 한다. 야곱과 에서의 성좌를 들여다보아도 그는 거기서 아무 차이점을 발견하지 못하는 것이다. 성좌들의 도표를 열심히 보아도 차이가 보이지 않는다면 하늘에 차이가 있다고 하며, 그것을 경솔하게 탓하는 것이 무슨 소용이 있겠는가? 그러므로 어떤 표징들을 대담히 연결해서 얻는 이런 신념들은 마귀와의 결탁이라는 부류에 넣어야 할 것이다.

제23장. 우리가 점복술(占卜術)을 배척하는 이유

35. 따라서 악한 일을 탐내는 자들은 하나님의 비밀한 심판으로 그 악한 욕심에 대한 벌을 받아 속으며 농락을 당하게 된다. 그들을 속이는 것은 타락한 천사들이다. 인간 만사를 지극히 훌륭하게 처리해 주시는 하나님의 섭리로, 하부(下部) 세계는 타락한 천사들에게 예속되었다. 이런 망상과 기만의 결과로 위험한 미신적 점복술이 말하는 과거사와 미래사가 사실로 나타나는 때가 많으며, 이런 미신을 숭상하는 자들이 하는 말이 들어맞는 예가 많다.

이런 성공에 사로잡혀 그들은 심히 위험한 오류에 더욱더 깊이 파고들며 미로(迷路)에 빠진다. 이것은 영혼의 간음이라고 할 것이며, 성경은 우리의 유익을 위해서 침묵을 지키지 않는 동시에, 점쟁이들은 거짓말을 한다는 이유로 따르지 말라고 하는 것도 아니다. 성경 말씀은 "그 말대로 이루어질지라도 청종하지 말라"(신 13:1-3)고 한다. 죽은 사무엘의 유령이 사울 왕에게 사실대로 미래사를 예언해 주었지만, 그렇다고 해서 유령을 불러내는 모독적 행사가 악하지 않게 되는 것이 아니다(삼상 28장). 사도행전에 있는 점치는 귀신 들린 여인은 사도들에 대해서 바른 증언을 했지만, 사도 바울은 그 때문에 악령을 용서한 것이 아니라, 도리어 책망하고 몰아내고 여인을 깨끗하게 만들었다(행 1:16-18).

36. 그러므로 그리스도인은 이런 미신적인 술수를 완전히 배척하며 기피해야 한다. 점복술은 인간과 귀신들의 악한 연합으로 만들어진 것이며, 그들의 우정은 믿지 못할 추악한 것이다. 사도는 "우상은 무엇이냐 무릇 이방인이 제사하는 것은 귀신에게 하는 것이요 하나님께 제사하는 것이 아니니 나는 너희가 귀신과 교제하는 자 되기를 원하지 아니하노라" 했다(고전 10:19-20). 그뿐 아니라, 우상과 우상에게 하는 제사에 대해서 사도가 한 말씀은 모든 상상적인 표징들에 관련시켜서 해석할 수 있다. 이런 표징 때문에 사람들은 우상이나 피조물의 일부를 신으로 숭배하며, 부적을 쓰며 그 밖의 행사를 하게 된다.

이 모든 현상은 하나님과 이웃에 대한 사랑을 권장하기 위해서 하나님이 만천하에 명령하신 것이 아니다. 도리어 이 일들은 가련한 인간들이 일시적인 것에 대해 품은 이기적인 동경을 이용해서 그 심성을 파멸에 빠뜨린다. 그러므로 이 모든 지식에 관해서 우리는 귀신들과 교제하게 되는 것을 무서워하며 피해야 한다. 귀신들은 그 두목인 마귀와 함께 우리가 고향으로 돌아가는 길을 막으려고 노력할 뿐이다. 그래서 사람들은 하나님이 창조하신 별들에서 제멋대로 상상한 거짓된 징조를 발견할 뿐 아니라, 하나님의 섭리 하에 무엇이 출생하거나 발생할 때에 조금이라도 이상한 점이 있으면, 예컨대 노새가 새끼를 낳는다든지, 무엇이 벼락에 맞을 때에, 사람들은 어떤 징조를 상상하며, 거기에 어떤 법칙이 있는 듯이 문서로 기록에 남긴다.

제24장. 귀신들과의 결탁은 미신적 행사로 유지된다

37. 그런데 이 모든 징조는 사람들의 마음속에 마귀들과의 사전 결탁과 양해가 있어야만 통용된다. 그런 양해는 일종의 공통 언어가 되어 조짐들을 성립시키지만, 이 조짐들에는 유해한 호기심과 괴로운 불안과 무서운 노예 심리가 가득하다. 조짐들에 어떤 의미가 있기 때문에 주목하게 된 것이 아니라, 주목하기 때문에 의미가 생긴 것이다. 그래서 사람들의 생각과 선입견이 다름에 따라 징조들의 의미도 달라진다.

마귀들은 사람을 속이는 것이 목적이므로 그들이 이미 품고 있는 추측이나 편견에 맞도록 각 사람에게 조짐을 마련해 준다. 예컨대, X 라는 글자는 모양이 십자가와 같은데 헬라 사람들과 라틴 사람들에 따라 의미가 다르다. 그것은 글자의 본성 때문이 아니라, 사람들 사이의 이해가 다르기 때문이다. 그래서 두 국어를 다 아는 사람이 헬라 사람에게 편지를 할 때와 라틴 사람에게 편지를 할 때에, 이 글자를 다른 의미로 사용한다. "베타"라는 말은 헬라 사람에게는 한 글자를 의미하고, 라틴 사람에게는 어떤 야채를 의미한다. "레게"라는 두 음절도 헬라 사람과 라틴 사람이 생각하는 뜻이 다르다.

이런 부호들은 그 사회의 사전 양해에 따라 뜻이 다르므로 양해 내용이 다르면 사람에 따라 뜻도 달라진다. 또 사람들이 어떤 양해를 하게 된 것은 부호에 이미 뜻이 있었기 때문이 아니라, 뜻은 사람들의 양해에서 생긴 것이다. 그와 같이, 마귀들과의 결탁으로 유지되는 조짐들도 사람들의 관찰에 따라 뜻이 다르다. 이 점은 점술사들의 근무 상태를 보아도 잘 알 수 있다. 그들은 조짐을 관찰하기 전이나 관찰한 후에는 새들이 날아다니는 것을 보거나 우는 소리를 듣지 않도록 노력한다. 이런 조짐은 관찰자의 마음속에 미리 정한 것을 떠나서는 아무 의미도 없기 때문이다.

제25장. 사람이 제정하였으나 미신이 아닌 것 가운데서, 어떤 것은 불필요하고, 어떤 것은 필요하고 편리하다

38. 이런 부호들을 그리스도인의 두뇌에서 모조리 뽑아 버린 다음에 우리는 사람들이 귀신과의 결탁으로 만든 부호들, 즉 미신들이 아니라 사람들끼리의 약속으로 만든 것들을 보아야 한다. 사람들이 서로 약속해서 그들 사이에서 통용하기로 정한 것이 인위적 부호들인데, 그 중에는 없어도 좋은 사치스런 것도 있고, 편리하고 필요한 것도 있다.

만일 춤추는 배우들이 주는 부호들이 자연히 이해되고 사람들 사이의 약속으로 이해되는 것이 아니라면, 카르타고에서도 이전에 무언극 배우가 춤을 출 때에 변사가 관중에게 그 동작의 의미를 설명하지 않았을 것이다. 많은 노인들이 그 일을 기억하고 우리는 여러 번 이야기를 들었다. 우리는 그들의 이야기를 믿을 수 있다. 지금도 이런 어리석은 일들을 모르는 사람이 극장에 들어가서 누가 설명해 주지 않으면 아무리 주의해서 구경하더라도 뜻을 알 수 없을 것이다. 그런데 사람들이 어떤 부호를 선택할 때에는, 의미하려는 것과 될 수 있는 대로 어느 정도로 같아야 한다. 그러나 물건들은 여러 가지 점에서 서로 같을 수 있으므로, 부호들의 의미도 보는 사람들 사이에 사전에 약속이 있는 것이 아니면, 항상 같은 것이 아니다.

39. 그림과 조각과 같이 어떤 물건을 묘사하는 것은 아무도 오인하지 않는다. 특히 유능한 예술가가 만든 것이면 누구든지 이 부호들을 보면 곧 그것과 같은 실물을 알게 된다. 그리고 이런 작품들은 무슨 까닭에, 어디서, 언제, 누구의 권위로 제작되었느냐 하는 것이 중요한 문제가 되는 경우를 제한한다면, 없어도 무방한 것이다. 끝으로, 무수한 우화(寓話)들과 소설들은 거짓말인데도 사람들이 즐기는 것이며, 분명히 인위적인 것이다. 거짓된 물

건이나 말이야말로 특별히 사람이 만들어낸 대표적인 것이다.

사람들 사이의 약속으로 된 것 중에서 편리하고 필요한 것은 예컨대 남녀 성(性)이나 등급을 표시하기 위한 의복과 장식의 차이다. 부호가 없으면 사람들 사이의 접촉이 불가능하거나 심히 곤란한 예가 무수히 많다. 국가와 국민에 따라 서로 다른 도량형과 화폐가 있고 그밖에도 비슷한 예가 많다. 만일 이런 것들이 인위적인 것이 아니라면, 나라에 따라 다르지 않을 것이며 지배자들의 뜻에 따라 변경되는 일도 없을 것이다.

40. 이와 같이 인간들의 합의로 되었으며, 인생에 필요한 상호 관계를 위해서 편리한 부호들은 그리스도인이 결코 무시할 것이 아니라, 그 전부에 충분히 유의하며 기억하고 있어야 한다.

제26장. 우리는 인간의 작품 중에서 어떤 것을 기피할 것인가?

사람들이 만든 것 중에서 어떤 것은 자연물을 표현하거나 모방한 것이다. 이런 것들 가운데 귀신들과 결탁한 것은, 이미 말한 바와 같이, 전적으로 배척하며 타기해야 한다. 그러나 사회생활에 필요한 것, 불필요한 사치품이 아닌 것은 채용해야 한다. 예컨대 독서에 필요한 여러 가지 문자나 언어와 같은 것이다. 여기에 대해서는 이미 말했다.[13]

속기(速記) 문자도 이 종류에 속하며, 속기 문자를 아는 사람을 속기사(士)라고 한다. 이 모든 것은 쓸모가 있으며 배운다고 해서 불법이 아니며, 사치스러워서 우리를 무기력하게 만드는 것도 아니다. 다만 이런 부호들은 더

---

13 제11장을 보라.

중요한 일들을 도와야 하며, 방해받을 정도로 우리의 마음을 점령해서는 안된다.

제27장. 사람이 만들어 낸 것에 불과하지 않은 지식 분야도 있으며, 그런 것은 성경 해석에 도움이 된다

41. 사람들이 과거로부터 우리에게 전해 준 것 중에는 인간이 조작한 것이라고 여길 수 없는 것이 있다. 즉, 과거에 있는 일들과 하나님의 섭리로 된 일들을 연구해서 얻은 기록을 우리에게 전한 것이다. 그 중에서 어떤 것은 우리의 신체적 감각에 관계되고, 어떤 것은 우리의 이성(理性)에 관계된다. 우리는 전자 중의 어떤 것을 그 증언에 따라 믿으며, 어떤 것은 지적하는 대로 인식하며, 어떤 것은 경험에 의해서 추론한다.

제28장. 역사는 어느 정도까지 도움이 되는가?

42. 과거의 연대(年代)에 대해서 우리가 얻는 지식은 어렸을 때에 교회 밖에서 배운 것이라도 성경 이해에 큰 도움이 된다. 우리는 올림픽 연대나 집정관[14]들의 이름을 기준으로 여러 가지 기록을 밝힐 때가 많다. 우리의 주님께서 탄생하시며 수난당하신 때에 어느 집정관들이 재직했는지를 모르기 때문에, 주님은 46세에 수난당하셨다고 하는 오류를 범하게 된 사람들이 있다.

유대인들은 성전을 건축한 연수를 46년이라고 했고, 주님은 성전이 자기

---

14 고대 헬라에서 4년마다 개최한 올림픽 경기의 연대 기록과, 고대 로마 정부의 집정관들의 이름과 임기를 기록한 문서는 역사 연구에 필수적인 사료가 됨.

의 몸을 상징한다고 말씀하셨기 때문이다(요 2:19-21). 그런데 복음서에(눅 3:23) 주님이 세례를 받으신 때에 30세 쯤 되셨다는 권위 있는 기록이 있다. 그 후에 사신 연수는 주님의 행적들을 종합해서 알 수 있지만, 다른 방면에서 조금이라도 의심을 던지는 자료가 나타나는 것을 막기 위해서, 복음서와 세속 역사를 비교하는 것이 확실하다. 그렇더라도 성전 건축에 46년이 걸렸다고 한 것은 무익한 말이 아니었음이 분명히 나타날 것이다. 이 숫자는 주님의 나이에 관한 것이 아니라 주님의 몸에 대한 비밀한 가르침에 관한 것이다. 이 몸은 만물을 지으신 분의 몸(요 1:1-3), 하나님의 독생자의 몸이시요, 우리를 위해서 독생자가 싫다 하시지 않고 입으신 그 몸이었다.

43. 그뿐 아니라 역사적 지식이 유용하다는 데 대해서는 헬라 사람들의 이야기를 하지 않더라도, 우리나라의 암브로시우스가 얼마나 큰 문제를 해결했는가! 플라톤의 글을 읽고 존숭하는 사람들이 우리 주 예수 그리스도의 말씀도 존숭하며 칭찬하지 않을 수 없었기 때문에, 그들은 예수님이 플라톤의 책에서 배운 것이라는 주장을 감히 했던 것이다. 그리고 플라톤의 연대가 주님보다 훨씬 앞섰다는 것은 부인할 수 없는 일이라고 그들은 역설했다. 그러나 저 유명한 감독은 세속 역사를 연구해서, 플라톤이 애굽에 여행했다는 것과, 그때에 선지자 예레미야가 애굽에 있었다는 것을 발견했다.[15]

그리고 예레미야를 통해서 플라톤이 우리의 문헌을 알게 되었으며, 그의 훌륭한 사상을 가르칠 수 있게 되었다고 하는 편이 더 믿을 만한 일이라는 것을 증명했다. 왜 그런고 하니, 플라톤이 신학(神學)을 배운 선생들의 선생이었다고 그들이 주장하는 피타고라스도[16] 일신교(一神敎)를 가르친 히브리

---

15 "그 때에 선지자 예레미야가 애굽에 있었다는 것을 발견했다"고 한 말은, 마치 플라톤과 선지자가 동시대인이었다고 하는 것 같아서, 자기의 기억이 잘못된 것이라고 「재고록」에서 시정했다.

16 문제된 사람들의 연대: 예레미야(B.C. 582-507년경); 플라톤(B.C. 427-347년경); 피타고라스(B.C. 580-

민족의 서적보다 먼저 생존한 것이 아니다. 이와 같이 훌륭한 진리의 말씀을 주장한 철학자들이 우리의 문헌에서 배웠다고 하는 것이 주 예수 그리스도께서 플라톤의 글에서 배웠다는, 너무 어리석은 생각보다 훨씬 더 개연성(蓋然性)이 있다.

44. 또 역사서에 사람들이 이전에 조작한 일들이 기록될 때에도 역사 자체는 인간의 무모한 조작의 일종이라고 할 수 없다. 과거에 사람이 한 일, 말살할 수 없는 일은 하나님이 장악하고 주관하시는 시간에 속한 것이다. 이미 행한 일을 말하는 것과 행해야 할 일을 알리는 것은 문제가 다르다. 역사는 이미 행한 일을 이야기한다. 그러나 점쟁이들의 책과 기타 유사한 문서는 행하며 지켜야 할 일을 가르치려고 한다. 대담하게 지도하려 하고, 충실히 서술하는 것이 아니다.

제29장. 자연과학은 어느 정도로 성경 해석을 돕는가?

45. 과거를 이야기하는 것이 아니라 현재의 상태를 기술해서 모르는 사람들에게 알리는 것이 있다. 지리(地理)와 동식물과 광물, 기타 물체들에 관한 글이 이 부류에 속한다. 나는 이 부류에 대해서 이미 말했고, 이런 지식은 성경의 난해한 점을 해결하는 데 도움이 된다고 했다. 부적이나 어떤 미신적인 도구로서 유용하다는 것이 아니다. 이런 종류의 지식은 여기서 말하는 합법적이며 자유로운 지식과 구별해서 이미 물리쳤다.

"이 풀의 즙을 짜서 마시면 위통이 나을 것입니다"라고 하는 것과 "이 풀

500년경).

을 목에 걸어 두시면 위통이 없어질 것입니다"라고 하는 것은 문제가 다르다. 전자의 경우에는 효과 있는 약품을 추천하는 것이며, 후자의 경우에는 미신적인 주문 같은 것이므로 정죄된다. 주문이나 부적으로서 이용하는 것이 아닐 경우에, 몸에 걸거나 붙이는 것이 그 본성의 효력으로 치료된다고 하는 것인지가 확실하지 않을 때에는, 얼마든지 이용할 수 있다. 그러나 일종의 마력(魔力)으로 듣는다고 할 때에는 철저히 피하는 것이 그리스도인으로서 합당한 태도다. 효과가 크다고 할수록, 더욱 조심해야 한다. 무슨 까닭에 효과가 있는 것인지가 분명하지 않을 경우에는, 그것을 이용하는 의도가 중요하다. 치료하기 위해서 또는 고통을 덜기 위해서 쓸 때, 또는 의약으로나 농약으로 쓸 때에 그 쓰는 의도가 매우 중요하다.

46. 별들에 대한 지식은 과거의 이야기가 아니라, 현상에 대한 묘사다. 그러나 성경에는 별에 대한 말씀이 아주 적다. 달의 운행은 주님의 수난을 기념하기 위해서 매년 사용하며, 거의 모든 사람이 알고 있다. 그러나 다른 천체들이 떴다가 지는 것이나 운행에 대해서 잘 아는 사람은 매우 적다. 이 천문 지식은 그 자체는 미신이 아니지만, 성경 해석에는 거의 아무 도움도 되지 않고, 무익한 일에 주의를 쏠리게 하므로 도리어 해롭다고 하겠다. 또한 별들에 대한 지식은 점쟁이들의 심히 해로운 과오와 밀접한 관련이 있으므로 무시하는 편이 더 유익하고 합당하다. 그뿐 아니라, 이런 지식은 현상을 묘사할 뿐 아니라, 과거의 역사 같은 것을 말한다.

별들의 현재의 위치와 운행을 근거로, 어떤 법칙에 따라, 과거의 운행을 추적할 수 있다. 또 미래에 대해서도 전조(前兆)를 예상하는 것이 아니라 확실한 계산으로 추정할 수 있다. 이것은 이전의 게네틀리아키(genethliaci, 사주쟁이)들의 어리석은 짓과 달라서, 우리의 미래의 행동이나 운명을 예측하려는 것이 아니라, 천체의 운행만을 알려는 것이다. 월령(月齡)을 계산하는 사람이 오늘의 월령을 알면, 몇 해 전 또는 몇 해 후의 월령을 알 수 있는 것과 같이, 이런 계산에 능한 사람은 어떤 천체에 대해서도 비슷한 질문에 대답할 수 있다. 이런 지식들이 어느 정도로 유용한가에 대해서 나는 이미 의견을 말했다.

제30장. 기술(技術)은 성경 해석에 얼마나 이바지하는가?

47. 남은 것은 기술에 대한 지식인데, 이 방면에서는 혹은 사람이 노력한 결과가, 예컨대 집과 의자와 그릇과 같은 것이 남는다. 또는 하나님의 역사를 돕는다. 예컨대 의학과 농업과 항해술 같은 것이다. 또는 무용과 달음질과 씨름과 같이, 행동 자체에 대한 지식이 있다. 이 모든 지식을 가진 사람은 과거를 미루어 미래를 추측한다. 이런 기술이 있는 사람이 몸을 움직일 때에는 과거에 대한 기억과 미래에 대한 기대를 연결한다. 우리는 이런 기술들에 대해서 피상적인 지식이라도 속성(速成)으로 얻어 둘 필요가 있다. 그 기술을 직업으로 삼으려는 것이 아니라(여기에 대해서는 지금 말하지 않는다), 그에 대한 견해를 가지고 있어서, 성경에 이런 기술들에 관련된 비유적인 말씀이 나올 때에, 그 뜻을 전혀 깨닫지 못하는 일이 없도록 하기 위해서다.

제31장. 논리학의 이용 가치와 허위에 대하여

48. 아직 남은 지식 분야는 신체 감각에 관계되지 않고 지성(知性)에 관계된 것이며, 주로 추리(推理)법과 수(數)에 관한 것이다. 추리법은 성경의 각종 난문을 탐구하며 해결하는 데 큰 도움이 된다. 다만 우리는 논쟁을 좋아해

서는 안 되며, 상대편을 함정에 빠뜨리려는 유치한 짓을 해서도 안 된다. 소위 궤변이 많아서, 거짓된 논리이면서도 바른 것 같기 때문에, 둔한 사람뿐 아니라 영리한 사람도 방심하다가는 속게 된다.

예컨대, 상대편에게 "나는 당신이 아니오"라는 전제를 말한다. 이 전제는 부분적으로는 바르기 때문에, 교활한 자가 말한 이 전제에 단순한 상대편이 찬성한다. 그 때에 처음 사람이 첨가하기를 "나는 사람이오"라고 하면 상대편은 여기에도 찬성한다. 그래서 처음 사람이 결론을 말한다: "그러므로 당신은 사람이 아니오." 이렇게 사람을 함정에 빠뜨리는 논법을 성경은 극도로 싫어해서, "말 재주만 부려 미움을 받는다"고 한다(집회서 37:20). 또 남을 속이려는 것이 아닐지라도, 진지한 목적과 양립하지 않을 정도로 말을 장식할 때에도, 그것을 궤변이라고 부른다.

49. 또한 바른 논법으로 그릇된 결론에 도달하는 때가 있다. 토론하는 상대자의 오류를 출발점으로 삼아 논리적으로 그릇된 결론을 얻는 것이다. 선량하고 유식한 사람이 상대편의 오류에서 그릇된 결론을 끌어냄으로써, 상대편이 오류를 버리도록 인도하려고 할 때에, 즉 자기의 오류를 고집하면 그 결과로 자기도 정죄하는 의견을 가지게 되는 것을 수치로 생각해서 그 처음 의견을 버리게 하려고 할 때에, 이 논법을 쓴다. 예컨대 사도가, "그러면 그리스도도 다시 살지 못하셨으리라," "그러면 우리의 전파하는 것도 헛것이요 또 너희 믿음도 헛것이라"(고전 15:13, 14)고 하며, 그 외에도 전혀 그릇된 결론들을 말한다.

왜냐하면, 그리스도는 부활하셨고 이 사실을 전파한 사람들은 허무한 짓을 한 것이 아니며, 그 사실을 믿은 사람들의 믿음도 헛것이 아니기 때문이다. 그러나 이 모든 그릇된 결론은 죽은 자의 부활이 없다고 한 사람들의 의견에서 논리적으로 얻은 것이었다. 이 결론들이 잘못이라고 해서 거부되며,

죽은 자의 부활이 없으면 이 결론들이 옳을 것이므로 죽은 자의 부활이 있을 것이다. 옳은 전제뿐 아니라 그릇된 전제에서도 타당한 결론이 도출되므로 타당한 추리법은 교회 밖의 학교에서도 쉽게 배울 수 있다. 그러나 그 전제들이 옳은가 하는 문제는 교회의 성경에서 연구해야 한다.

제32장. 타당한 추리법은 사람이 안출한 것이 아니라, 사람은 준수할 뿐이다

50. 그러나 타당한 추리법은 사람이 안출한 것이 아니다. 사람은 그것을 관찰하고 연구해서 혹은 배우며 혹은 가르친다. 그것은 만물의 질서 안에 영구히 있는 것이며, 하나님이 제정하신 것이다. 사건을 시간의 전후 관계에 따라 서술하는 사람은 자기 마음대로 배치하는 것이 아니다. 장소의 위치를 알리며, 동물·식물·광물의 속성을 묘사하는 사람은 자기나 어느 다른 사람이 만들어 낸 것을 설명하는 것이 아니다. 그와 같이 "결론이 허위인 때에는 필연적으로 그 전제도 허위다"라고 말하는 사람은 아주 성실하게 말하는 것이다. 그가 그 말을 성실한 것으로 만드는 것이 아니라 그는 그 말이 진실임을 알릴 뿐이다.

내가 인용한 사도 바울의 말씀도 이 법칙에서 유래했다. 죽은 자의 부활은 없다고 하는 전제에서 필연적으로 나오는 결론은 "그리스도도 부활하시지 않았다"는 것이었다. 그러나 그리스도는 부활하셨으므로 이 결론은 허위다. 그러므로 그 전제도 타당하지 않다. 그러나 그 전제는 "죽은 자의 부활은 없다"고 했다. 그러므로 이 삼단논법을 요약하면 다음과 같이 된다: "죽은 자의 부활이 없다면, 그리스도도 부활하지 않으셨다. 그러나 그리스도는 부활하셨다. 그러므로 죽은 자의 부활은 있다." 이 원칙은 사람이 만든 것이 아니고, 사람들은 표현했을 뿐이다. 즉 결론이 타당하지 않을 때에는 필연적으로 그 전제도 부정된다는 것이다. 이 원칙은 추리 과정의 타당성에 관련된 것이요, 개개의 발언의 진리에 관한 것은 아니다.

제33장. 논법이 바르더라도 결론이 허위일 수 있으며, 그 반대일 수도 있다

51. 그런데, 부활을 논하는 이 구절에서 추리법과 결론이 다 타당하다. 그러나 결론이 허위인 경우에도 추리는 타당할 수 있다. 예컨대, "달팽이가 동물이라면 우는 소리가 있을 것이다"라는 말을 인정한 사람이 있다고 할 때에, 달팽이에게 우는 소리가 없다는 것이 증명된다면 달팽이는 동물이 아니라는 결론이 된다. 그런데 이 결론은 허위다. 그러나 그것은 거짓을 인정한 다음에 타당한 추리법에 따라서 도달한 결론이다. 이와 같이, 발언의 진위(眞僞)는 그 자체의 진가에 따라 결정된다. 결론의 타당성은 토론하는 상대자의 발언이나 시인(是認)에 달렸다.

그래서 이미 말한 바와 같이, 어떤 사람의 오류를 우리가 시정하고자 할 때에, 그가 인정한 전자의 논리적인 후자가 전혀 인정할 수 없다는 것을 그가 깨닫고, 그 전자를 인정한 것을 후회하게 만들기 위해서, 타당한 추리 과정을 통해서 그릇된 결론을 내보인다. 그러므로 전제가 잘못인 때에 결론도 허위인 것과 같이, 전제는 바른데 결론이 건전하지 못한 때가 있다는 것도 쉽게 이해할 수 있다. 예컨대, "이 사람이 공정하다면, 그는 선량한 사람이다"라는 말을 하는 사람이 있어서, 우리가 그 말을 시인한다고 하자. 그는 이어서, "그러나 그는 공정하지 않다"고 한다. 우리가 이 말도 인정하면, 그는 결론으로 "그러므로 그는 선량하지 않다"고 한다. 그런데, 이 발언들의 하나

하나가 바르다고 하더라도, 추리법은 건전하지 못하다.

후자가 허위인 것이 증명되면 전자도 허위지만, 전자가 허위인 것이 증명된다고 해서 후자도 허위라고 하는 것은 바르지 않다. 예컨대, "그가 웅변가라면, 그는 사람이다"라는 발언은 옳다. 그러나 "그는 웅변가가 아니다"를 첨가하더라도, "그는 사람이 아니다"라는 결론은 옳지 않다.

제34장. 추리법을 아는 것과 명제의 진리성을 아는 것은 문제가 다르다

52. 그러므로 추리법을 아는 것과 의견들의 진리성을 아는 것은 문제가 다르다. 전자의 경우에 우리는 무엇이 논리적이며, 무엇이 비논리적이며, 무엇이 부합(符合)하지 않는가를 안다. 예컨대, "만일 그가 웅변가라면, 그는 사람이다"라는 발언은 논리적이다. "만일 그가 사람이라면, 그는 웅변가다"라는 것은 비논리적이다. "만일 그가 사람이라면, 그는 네 발 달린 짐승이다"라는 발언은 맞지 않는다.

이런 예들에서 우리는 개념의 연결을 판단한다. 그러나 명제의 진리성 문제에서 우리는 발언들 자체를 고려하며, 그 상호 관계를 보는 것이 아니다. 그러나 우리가 확실히 알 수 없는 발언을, 타당한 추리법으로, 확실하고 바른 발언과 연결할 때에는 확실하지 못하던 발언까지도 확실하게 된다. 그런데 추리법이 타당하다는 것을 확인할 때에, 어떤 사람들은 자기들의 명제까지도 바른 듯이 자랑한다. 또 바른 의견을 가졌으면서도 추리법을 모르기 때문에 공연히 자기를 멸시하는 사람들이 많다. 죽은 자의 부활이 없으면 그리스도도 부활하시지 않았다는 결론을 아는 사람보다, 죽은 자의 부활이 있다는 것을 아는 사람이 확실히 더 낫다.

제35장. 정의(定義)하는 방법은 허위에 적용할 수도 있지만, 그 자체는 허위가 아니다

53. 정의(定義)와 분류(分類)와 구분(區分)의 학문은 각종 허위에 이용되는 때가 많지만, 그 자체는 허위가 아니며, 사람이 안출한 것도 아니다. 그것은 사물의 이치에서 발달한 것이다. 시인들이 그 공상한 것들에 이용하며 거짓 철학자들과 이단자들, 즉 거짓 그리스도 신자들이 그릇된 주장에 이용했지만, 그렇다고 해서 그 방법 자체가 허위는 아니다. 예컨대 정의할 때나 구분할 때나 구별할 때에, 문제된 일에 속하지 않은 것을 포함시키거나, 속한 것을 제외해서는 안 된다고 하는 원칙은 허위가 아니다. 정의하며 구분할 일들이 허위인 때에도, 이 방법 자체는 참되다.

어떤 사태가 우리가 말하는 것과 같지 않다고 할 때에, 이것이 허위에 대한 정의가 되며, 허위 자체는 참말이 될 수 없지만 이 정의는 참되다. 또 우리는 허위를 구분해서, 전혀 참일 수 없는 일들에 관한 허위와, 참되지 않지만 참일 수도 있는 일들에 관한 허위라는, 두 가지를 말할 수 있다. 예컨대, 일곱과 셋을 합하면 열하나가 된다고 말하는 사람은 어떤 경우에도 참일 수 없는 말을 한다. 그러나 정월 초하루에 비가 왔다고 말하는 사람은 그것이 사실이 아닐 듯도 하지만 그럴 수도 있는 말을 한 것이다. 그러므로 거짓된 것에 대한 정의와 구분은 완전히 참일 수 있는데, 거짓된 것 자체는 물론 참일 수 없다.

제36장. 웅변술의 원칙들은 허위를 믿게 만드는 데 이용되는 때가 있지만, 그 자체는 참된 것이다

54. 내용이 풍부한 논법, 즉 웅변술에도 일정한 원칙들이 있으며 거짓된 것을 믿게 만드는 데 이용될 수도 있지만, 이 원칙들 자체는 여전히 참된 것이다. 웅변술은 참된 것을 역설할 수도 있으므로 웅변술 자체는 비난받을 만한 것이 아니라 그것을 악용하는 사람들의 심성이 악한 것이다. 친밀한 감정 표시는 청중의 환심을 산다든지, 간단명료한 이야기가 효과가 있다든지, 말에 변화가 있으면 청중을 피로하게 만들지 않고 주의를 끌 수 있다든지 하는 식의 지시는, 그것을 이용하는 문제가 선하건 악하건 간에, 청중에게 지식이나 신념을 주며, 찬성이나 반대를 하게 만드는 효과가 있는 점에서 참되다. 이 점은 사람이 발견한 것이고, 서로 짜고 조작한 것이 아니다.

제37장. 수사학과 변증법

55. 그러나 이 기술을 배운 사람은 어떤 의미를 확인하는 데 이용하는 것이 아니라, 깨달은 의미를 표현하는 데 이용해야 한다. 앞에서 말한 추리와 정의와 구분에 관한 기술은 의미를 발견하는 데 큰 도움이 된다. 다만 이런 일들을 알았다고 해서 행복한 생활의 비결을 알았노라고 착각해서는 안 된다. 이런 기술을 배워 이용함으로써 얻으려는 목적이 따로 있으며, 이런 기술의 복잡하고 어려운 원칙들을 배우는 것보다 그 목적을 직접 얻는 것이 더 쉬운 경우가 있다. 걷는 법을 가르치려는 사람이 여러 가지 원칙을 말할 것을 상상하라.

앞발을 디디기 전에 뒷발을 들지 말라, 무릎 관절은 어떻게 움직이라는 등, 자세히 경고하며 설명한다. 그가 하는 말은 다 옳고, 그대로 하지 않으면 걸을 수 없다. 그러나 그런 운동을 하면서 일일이 운동에 주의하거나, 운동에 대한 설명을 이해하는 것보다 실지로 움직이며 걷는 편이 더 쉽다는 것을 우리는 경험한다. 걸을 수 없는 사람들은 그런 지시들을 실지로 증명할 수 없으므로 그에 대한 관심이 더욱 희박하다.

그와 같이, 영리한 사람은 추리에 대한 원칙들을 이해하는 것보다 어떤 추리가 건전하지 않다는 것을 더 속히 깨닫는다. 그러나 둔한 사람은 추리가 건전하지 못한 것을 깨닫지 못하며, 원칙들은 더욱 이해하지 못한다. 그 원칙들은 우리의 지력(知力)을 훈련할 수 있지만, 우리의 논쟁이나 의견 형성을 돕기보다 진리를 알려주는 듯하기 때문에 더 매력이 있다. 다만 이 원칙들을 알았기 때문에 악하고 교만한 생각이 들어, 궤변과 번드레한 질문으로 남을 속이거나, 큰 것이나 얻은 듯이 선량하고 순진한 사람들보다 자기가 우월하다고 믿게 되어서는 안 된다.

제38장. 수학은 사람이 창조한 것이 아니라 발견했을 뿐이다

56. 아무리 어리석은 사람이라도, 수학은 사람이 창조한 것이 아니라, 탐구해서 발견했을 뿐이라는 것을 분명히 안다. 이탈리아(Italia)라는 말의 처음 음절을 고대 사람들은 짧게 발음했지만, 베르길리우스는 길게 만들려고 해서, 실지로 그렇게 만들었다. 그러나 셋을 세 번 더하면 아홉이 아니라고 정하고 싶어도 그 원하는 대로 만들 사람은 없다. 또는 셋을 세 번 더한 것은 셋의 제곱이 아니라든지, 셋의 세 곱이 아니라든지, 여섯의 한 배 반이 아니라고 할 수 없다. 또는 셋을 세 번 더한 것은 어떤 수의 두 배가 아니라는 것을 부정할 수도 없다. 기수에는 절반이 없기 때문이다. 수는 그 자체로서만

생각하든지, 도형이나 음향이나 다른 운동에 적용하든지, 일정한 법칙들이 있으며, 그 법칙들은 사람이 만든 것이 아니라 재주 있는 사람들이 밝혀낸 것이다.

57. 그러나 이 모든 일들을 심히 높이 평가하기 때문에 무식한 사람들 사이에서 자기를 자랑한다면, 그리고 참되다고 깨달은 것들의 진리의 근원, 불변하다고 깨달은 것들의 불변성의 근원을 찾으려 하지 않는다면, 사람의 신체적인 외형에서 그 마음으로 전진해서, 마음도 변한다는것, 즉 유식한 때도 있고 무식한 때도 있다는 것을 알며, 그러나 사람의 마음은 위에 변함 없는 진리가 있고 아래에 변하는 것들이 있다는 것, 이 모든 일을 알아서 모든 존재의 근원이신 줄로 아는 유일신에게 찬양과 사랑이 돌아가게 하지 않는다면, 그 사람은 박식한 듯 할는지는 몰라도, 도저히 지혜 있는 사람이라고 여길 수는 없다.

제39장. 위에서 말한 학문들 가운데서 어떤 것에 어떤 정신으로 유의해야 하는가?

58. 그러므로 하나님을 두려워하며 행복한 생활을 구하는 유능하고 열성 있는 청년들에게 경고하는 것이 좋다고 나는 생각한다. 그리스도의 교회 밖에서 유행하는 지식 분야가 많지만, 그것들에 그들이 구하는 행복한 생활을 얻게 하는 듯이 경솔하게 뛰어들지 말고, 냉정하고 조심스럽게 검토하며 식별하라고 나는 경고한다.

어떤 분야는 사람이 만든 것이며, 창시자의 목적이 다름에 따라 내용이 다르며, 그릇된 추측 때문에 알려지지 않은 것일 경우에, 그리고 특히 부호에 대한 결탁으로 마귀들과 연결된 것일 경우에는, 전적으로 배척하며 타기해야 한다. 청년들은 인간이 조작한 불필요한 사치품 같은 지식 분야도 무시해야 한다. 그러나 인생을 살아가는 데 필요하므로, 사람이 만든 것이라도 사회 생활에 유용한 것은 무시할 수 없다. 그래서 이교도들의 학문 가운데서 유익하다고 생각되는 것은 과거와 현재의 사건들을 기록한 역사와, 신체 감각에 관한 학문과 유용한 제조 기술의 경험과 결론, 논리학과 수학이다. 이 모든 지식 분야에 대해서 우리는 "너무 지나치지 말라"는 원칙을 지켜야 하며, 특히 시간과 공간에 제한된 신체 감각에 관한 학문에서 지켜야 한다.

59. 성경에 히브리어와 시리아어와 애굽어와 그밖의 나라에서 온 단어와 이름이 번역되지 않은 채로 있는 것을 어떤 사람들이 따로 수집해서 설명했다. 성경에 있는 어떤 문제는 그 해결을 위해서 역사 지식이 필요하기 때문에, 에우세비우스는 역사를 썼다. 이런 사람들은 그리스도인들이 몇 가지 단편적인 지식을 위해서 많은 문제에 정력을 소비할 필요가 없도록 만들어 준다.

다른 일들에 관해서 형제들을 도우려는 봉사적 정신으로 유능한 사람이 비슷한 일을 할 수 있으리라고 나는 생각한다. 제목별로 분류해서 알려지지 않은 장소와 동물과 풀과 나무와 돌과 금속과 그밖에 성경에 나오는 것들만을 수집해서 설명을 써놓는 것이다. 수에 대해서도 성경에 나오는 수들만을 기록하고 설명한다. 이런 일들의 일부나 전부를 벌써 한 사람들이 있을는지 모른다.

나는 선량하고 유능한 그리스도인들이 이 방면에서 이미 많은 일을 한 것을 모르고 있었다. 무관심한 사람들이 많기 때문이거나 시기하는 사람들 때문에 그런 업적들이 알려지지 못하고 파묻혀 있는지 모른다. 그러나 논리학에 대해서는 같은 일을 할 수 있을는지 확실하지 않다. 논리는 성경 전체에 신경 계통과 같이 퍼져 있기 때문이다. 그래서 논리는 성경의 모르는 부호의 의미를 확인하는 것보다 모호한 구절들을 해명하는 데 더 유용하다. 나는 지금 부호 문제를 논하고, 모호한 구절들의 문제는 다음에 논하겠다.

제40장. 이교도들이 한 바른 말은 우리가 모두 이용해야 한다

60. 그뿐 아니라 소위 "지혜를 사랑하는 자'(철학자)들, 특히 플라톤파가 한 말이 바르고 우리의 신앙과 일치한다면, 우리는 그것을 무서워하지 않을 뿐 아니라 채택해서 이용해야 한다. 그것은 그들보다 우리가 당연히 가져야 할 것으로 인정하는 것이다. 애굽 사람들은 우상을 숭배했고, 이스라엘 사람들에게 무거운 짐을 지워서, 이스라엘 사람들은 그것이 싫어 도망하게 되었는데, 그들에게는 금과 은으로 만든 그릇과 패물 그리고 옷이 있었기 때문에, 이스라엘 백성이 애굽에서 나갈 때에 그것들을 얻어가지고 갔다. 이러한 것들은 이스라엘 사람들이 더 잘 이용하려는 것이었고, 자기들 생각만으로 한 것이 아니라 하나님의 명령이 있었기 때문이다. 애굽 사람들은 무슨 일인지도 모르고 자기들이 잘 이용하지 못하는 금은과 의복을 이스라엘 백성에게 제공한 것이다(출 3:21, 22; 12:35, 36).

그와 같이 이교도들의 학문에는 그릇되고 미신적인 공상, 그리고 불필요한 노고의 무거운 짐이 붙어 있으므로, 우리가 그리스도의 지도하에 그들과 결별할 때에, 마땅히 그것들을 기피해야 한다. 그러나 그들의 학문에는 진리 탐구에 유용한 교양도 포함되었고, 훌륭한 도덕적 훈계도 있다. 심지어 유일신 경배에 관한 진리도 있다. 이런 것들은 이를테면 그들의 금과 은이며, 그들이 창조한 것이 아니라 그들은 파냈을 뿐이다. 하나님의 섭리의 광산은 도처에 있기 때문이다. 그들은 그 파낸 금과 은을 부당하게 귀신 숭배에 악용했다. 그러므로 그리스도인들은 그들과의 불행한 관련을 정신적으로 끊고

떠날 때에, 그들의 금은을 취해서 복음 전파 사업에 이용해야 한다. 또 그들의 의복, 즉 금생에서 필수적인 사회 생활에 적합하게 만든 각종 문화도 기독교적으로 이용해야 한다.

61. 우리 형제들 가운데서 여러 훌륭하고 충성스러운 사람들이 한 일이 이것이 아니고 무엇이었는가? 저 가장 설득력이 있는 선생이요 순교자였던 키프리아누스(Cyprianus)는 애굽을 떠날 때에, 얼마나 많은 금은과 의복을 가지고 나왔던가! 락탄티우스(Lactantius), 빅토리누스(Victorinus), 옵타투스(Optatus), 힐라리우스(Hilarius)는 얼마나 많이 가지고 나왔던가![17]

현재 살아 있는 사람들과 헬라인 중의 선생들에 대해서는 더 말하지 않는다. 하나님의 가장 충실한 종이었던 모세는 이들의 선배로서 같은 행동을 했다. 그는 애굽 사람들의 학술을 다 배웠다고 성경에 기록되었다(행 7:22). 더군다나 그리스도의 멍에를 배척하며 그리스도인들을 핍박하는 때에, 그들이 이교도들의 지식을 유일신 숭배에 이용해서 허망한 우상 숭배를 전복시키리라는 것을 이교도들이 알았다면, 그들은 그 지식의 어떤 분야도 그리스도인들에게 알리지 않았을 것이다. 그러나 그들은 자기의 금은과 의복을 하나님의 백성에게 주어 애굽을 떠나게 했다. 그것이 그리스도를 섬기는 데 이용될 줄 모른 까닭이다. 출애굽 때에 있었던 일은 확실히 지금 있는 일의 예표였다. 나는 이 해석을 좋은 것으로 생각하지만, 이와 비슷하거나 더 훌륭한 해석이 없다고는 생각하지 않는다.

---

17 키프리아누스(258년 순교) ; 락탄티우스(240-320년경); 빅토리누스(304년경 별세); 옵타투스(370년경 전성); 힐라리우스 (315-367년경).

제41장. 성경을 연구하는 사람이 가져야 하는 태도

62. 위에서 말한 바와 같은 준비를 한 사람이 성경을 연구하기 시작할 때에, 끊임없이 명상해야 할 말씀이 있다. "지식은 교만하게 하며 사랑은 덕을 세운다"고 사도는 말했다(고전 8:10). 애굽에서 나올 때에 아무리 많은 보물을 가지고 왔을지라도, 유월절을 지키지 않은 사람이 있다면, 그는 안전할 수 없기 때문이다. 그런데 우리를 위해서 유월절 제물이 된 분은 그리스도시며 (고전 5:7), 그리스도의 희생이 우리에게 가장 분명히 가르치는 말씀이 있다. 애굽의 바로 밑에서 수고하는 사람들을 향해서 그리스도께서 친히 하신 말씀은 다음과 같다: "수고하고 무거운 짐 진 자들아, 다 내게로 오라. 내가 너희를 쉬게 하리라. 나는 마음이 온유하고 겸손하니 나의 멍에를 메고 내게 배우라. 그러면 너희 마음이 쉼을 얻으리니 이는 내 멍에는 쉽고 내 짐은 가벼움이라"(마 11:28-30).

멍에가 가볍다는 것은 마음이 온유하고 겸손한 사람이며, 지식이 교만하게 만들지 않고 사랑이 덕을 세우는 사람이 아닌가? 한 예표와 그림자로서 유월절을 지킨 사람들이 우슬초로 문설주에 어린 양의 피를 발라 표시하라는 명령을 받았던 일을 회상하라(출 12:21-22). 그런데 이 우슬초는 온유하고 겸손하다고 할 만한 풀이지만, 가장 강하고 그 뿌리도 가장 깊이 땅 속으로 들어간다. 이것은 우리가 사랑 가운데서 뿌리가 박히고 터가 굳어져서 능히 모든 성도와 함께 지식에 넘치는 그리스도의 사랑을 알아 그 넓이와 길이와 높이와 깊이가 어떠함을 깨달아(엡 3:17-19), 우리 주님의 십자가를 이해하게 되려는 것이다.

십자가의 넓이는 주님이 두 손으로 달리셨던 가로대가 표시하며, 길이는 머리 아래의 몸이 달린 가로대까지의 높이가 표시하며, 높이는 머리를 기댔던 나무가 표시하며, 깊이는 땅 속에 묻힌 부분이 표시한다. 이 십자가는 그리스도인의 모든 행동을 상징한다. 즉, 그리스도인은 그리스도 안에서 선을 행해야 하며, 그리스도에게 항상 밀착해 있어야 하며, 하늘에 소망을 두어야 하며, 성례를 더럽히지 않아야 한다. 이 그리스도인다운 행동으로 깨끗이 된 우리는 "지식에 넘치는 그리스도의 사랑"(엡 3:18)까지도 알 수 있을 것이다.

만물을 지으신 성부와 동등하신 그리스도의 사랑을 앎으로써 우리는 하나님의 모든 충만하신 것으로 충만하게 되려는 것이다(엡 3:19). 또 우슬초에는 정화하는 힘이 있어서, 교만하게 만드는 지식 때문에 가슴이 부풀지 않게 하며, 애굽에서 가지고 나온 보화 때문에 자랑하지 않게 한다. "우슬초로 나를 정결하게 하소서. 내가 정하리이다. 나의 죄를 씻어 주소서. 내가 눈보다 희리이다. 내게 즐겁고 기쁜 소리를 듣게 하소서"(시 51:7-8)라고 시인은 말한다. 시인은 즉시 첨가해서, 우슬초는 교만을 씻어 버리는 상징임을 알린다. "주께서 꺾으신 뼈들도 즐거워하게 하소서"(시 51:8).

제42장. 세속 저술가들과 성경을 비교함

63. 이스라엘 백성이 애굽을 탈출할 때에 가지고 온 금은 보화와 의복이 많았다 하더라도 그들이 그 후에 예루살렘에서 얻은 재물, 특히 솔로몬 왕 때의 전성기에 도달했던 것과 비교하면 빈약한 것이었다. 그와 같이, 이교도들의 서적에서 수집하는 유용한 지식을 종합해도, 성경에서 얻는 지식에 비하면 빈약하다. 다른 데서 얻은 지식이 유해한 것일 때에는 성경이 정죄하며, 유용한 때에는 성경에 이미 있다. 다른 데서 배운 유용한 것은 모두 성경에서 발견할 수 있는 동시에, 다른 데서는 결코 얻을 수 없는 일들을 성경에서 훨씬 더 풍부하게 발견한다. 그뿐 아니라, 놀랍게 숭고하고 놀랍게 단순한 성경에서만 배울 수 있다.

여기서 지적한 예비 지식을 얻어 모르는 부호로 지장을 받지 않는 사람, 이 온유하고 겸손하며 그리스도의 쉬운 멍에를 메고 가벼운 짐을 지며, 믿음에 뿌리를 내리며 터가 굳고 믿음이 장성해서 지식이 교만하게 만들지 못하게 된 사람은, 더 나아가서 성경의 모호한 부호들을 고찰하며 토론하는 일에 착수하는 것이 좋다. 나는 이제부터 제3권에서 이런 문제에 대해서 주님이 주시는 것을 말하도록 힘쓰겠다.

DE DOCTRINA CHRISTIANA

제 3 권

&

〔개요. 저자는 모르는 부호들을 처리하는 방법을 2권에서 논했으므로, 이 권에서는 모호한 부호들을 논한다. 모호한 부호는 직접적이거나 비유적이다. 직접적인 부호인 경우에는 모호한 원인이 구두법이나 발음이나 명확하지 않은 단어에 있으며, 해결 방법은 문맥에 주목하거나, 번역들을 비교하거나, 원어를 참조하는 것이다. 비유적인 부호에 대해서는, 두 가지 잘못을 경계해야 한다: (1) 문자적인 표현을 비유적으로 해석하는 것, (2) 비유적인 표현을 문자적으로 해석하는 것이다. 저자는 어떤 표현이 문자적인가, 또는 비유적인가를 판단하는 원칙들을 정한다. 우선 가장 일반적인 원칙은, 문자적으로 해석하면 순결한 생활이나 올바른 교리와 부합하지 않게 될 때에는, 그 표현은 비유적인 것으로 보라는 것이다. 다음에, 저자는 비유적인 것임이 증명된 표현들을 해석하는 원칙들을 정한다. 여기서 가장 일반적인 원칙은, 하나님과 이웃에 대한 사랑을 장려하지 않는 해석은 올바를 수 없다는 것이다. 다음에, 저자는 도나투스파의 티코니우스 (Tichonius)가 말한 원칙들을 예를 들어 설명하면서, 성경을 공부하는 사람들에게 추천한다.〕

제1장. 전권(前卷)들의 요약과 이 권의 범위

1. 하나님을 두려워하는 사람은 성경에서 하나님의 뜻을 열심히 찾는다. 온유하고 경건하여 언쟁을 싫어하며, 언어에 대한 지식이 확실하므로 모르는 단어나 숙어 때문에 곤란을 느끼는 일이 없으며, 필요한 것들에 대한 지식이 있으므로 그것들이 비유에 나올 때에 그 힘과 성격을 모르지 않으며, 유능하고 면밀하게 교정된 본문의 도움을 받을 수 있는, 이 모든 준비가 된 사람은 더 나아가서 성경의 모호한 점들을 검토하며 해결하는 것이 좋다. 부호들이 모호해서 오해에 빠지지 않도록, 내가 가르칠 수 있는 것은 혹은 재질이 탁월하고 두뇌가 매우 명석해서 내가 말하려는 방법들을 유치하다고 웃을는지 모른다. 하지만 내가 말하려고 한 것은, 내게서 배울 수 있는 태도를 가진 사람이라면 성경의 모호한 점들은 고유한(문자적인) 말과 비유적인 말 때문이라는 것을 알아야 한다. 나는 이 구별을 제2권에서 설명했다.[1]

제2장. 구두법에 주목해서 모호한 점을 제거하는 법

2. 문자적인 말이 성경의 뜻을 모호하게 만들 때에는, 우선 구두법이나 발음에 잘못이 없는가를 보아야 한다. 따라서 어떤 구절을 읽을 때에 구두점이나 발음이 확실하지 않으면, 다른 분명한 구절들과 교회의 권위에서 얻은 신앙 규범에 비추어 보아야 한다. 신앙 규범에 대해서는 내가 제1권에서 사물을 말할 때에 충분히 논했다. 읽는 법이 두 가지 이상이며 신앙과 조화되는 때에는 전후 문맥을 참고해서 어느 구두법이 문맥과 일치하는지를 결정

---

1 제2권 10장.

한다.

3. 예컨대, 이단자들의 구두법은 다음과 같다: "In principio erat verbum, et verbum erat apud Deum, et Deus erat."(요 1:1; 태초에 말씀이 계시니라 이 말씀이 하나님과 함께 계셨으니, 하나님이 계시니라). 그 다음 문장은, "Verbum hoc erat in principio apud Deum"(요 1:2; 이 말씀이 태초에 하나님과 함께 계셨고)라고 한다. 이것은 말씀이 하나님이시라는 것을 인정하지 않기 위해서 만든 구두 법이다. 그러나 신앙규범은 이런 구두법을 배척하며, 삼위일체 하나님의 동 등성에 관련해서 다음과 같이 읽으라고 지시한다: "et Deus erat verbum"(이 말씀은 곧 하나님이었느니라). 그리고 첨가해서 "hoc erat in principio apud Deum"(그가 태초에 하나님과 함께 계셨고)라고 한다.

4. 그러나 다음 예에서는 어느 쪽으로 읽어도 신앙과 상치되지 않으므로 문맥에 따라서 결정해야 한다. 사도는 "무엇을 택해야 할는지 나는 알지 못 하노라. 내가 그 둘 사이에 끼었으니 차라리 세상을 떠나서 그리스도와 함 께 있는 것이 훨씬 좋은 일이라 그렇게 하고 싶으나 내가 육신으로 있는 것 이 너희를 위하여 더 유익하리라'(빌 1: 22-24; "et quid eligam ignoro, compellor autem ex duobus: concupiscentiam habens dissolvi, et esse cum Christo, multo enim magis optimum: manere in carne necessarium propter vos"). 그런데 "ex duobus concupiscentiam habens (두 가지 욕망을 가졌으니)라고 읽을 것인지, 또는 "compellor autem ex duobus"(그러나 두 사이에 끼었으니")라고 읽고, 이어서 "concupiscentiam habens dissolvi, et esse cum Christo"("떠나서 그리스도와 함께 있을 욕망을 가졌 노라")고 할 것인지 확실하지 않다. 그러나 그 다음에 있는 "multo enim magis optimum"("이것이 훨씬 더 좋기 때문이니라")를 보면, 그가 더 좋은 편을 원한다고 하는 것이 분명하다.

즉, 그는 두 사이에 끼었지만, 그 중 한 쪽을 원하고 다른 쪽은 필요하다("유익하다")고 보는 것이다. 바꿔 말하면, 그리스도와 함께 있기를 원하며, 육신에 거하는 것을 필요하다고 본다. 그런데 이 모호한 점을 해결하는 단어가 하나 있다. 그것은 "enim"(때문)이라는 말이다. 이 단어를 생략한 번역가들은, 사도가 두 사이에 끼어 있지만, 두 가지를 다 원한다는 해석을 한 것이다. 그러므로 우리는 이 문장을 다음과 같이 끊어야 한다. : "et quid eligam ignoro: compellor autem ex duobus ("무엇을 택해야 할는지 나는 알지 못하노라 내가 그 둘 사이에 끼었으니"); 다음에 이 점을 말한다: "concupiscentiam habens dissolvi, et esse cum Christo"("떠나서 그리스도와 함께 있을 욕망을 가졌으니"). 여기서 무슨 까닭에 그런 욕망을 가졌느냐는 질문을 받은 듯이, "multo enim magis optimum"("훨씬 더 좋기 때문")이라고 대답한다. 그러면 무슨 까닭에 두 사이에 끼었다고 하는가? 그가 아직 살아 있어야 할 필요가 있기 때문이라고 해서 첨가한다: "manere in carne necessarium propter vos"("육신으로 거하는 것이 너희를 위하여 더 유익하리라").

5. 그러나 신앙규범이나 문맥으로 해석되지 않는 모호한 점에 대해서는, 어느 해석을 따라서 구두점을 찍어도 무방하다. 고린도서에 있는 말씀의 경우가 그렇다. "Has igitur habentes promissiones, carissimi, mundemus nos ab omni coinquinatione carnis et spiritus, perficientes sanctifica-tionem in timore Dei, capite nos: neminem laesimus"(고후 7:1-2. "그런즉 사랑하는 자들아, 이 약속을 가진 우리는 하나님을 두려워하는 가운데서 거룩함을 온전히 이루어 육과 영의 온갖 더러운 것에서 자신을 깨끗하게 하자. 마음으로 우리를 영접하라. 우리는 아무에게도 불의를 행하지 않았노라"). 사실, "ut sit sancta et corpore, et spritu"(고전 7:34. "몸과 영을 다 거룩하게 하려 하되")라 한 것과 같이 "mundemus nos ab omni coinquinatione carnis et spiritus"("육과 영의 온갖 더러운 것에서 자신을 깨

끗하게 하자")라고 읽을 것인지, "mundemus nos ab omni coinquinatione carnis"("육의 온갖 더러운 것에서 자신을 깨끗하게 하자")고 할 것인지 확실하지 않다. 이 후자의 경우에는 다음 문장이 "Et spiritus perficientes sanctificationem in timore Dei, capite nos("그리고 하나님을 두려워하는 가운데서 영의 거룩함을 온전히 이루어 우리를 영접하라")가 될 것이다. 이렇게 애매한 구두법은 독자의 판단에 일임한다.

제3장. 발음에 따라 모호한 점이 해결된다. 두 가지 질문 방법

6. 확실하지 않은 구두법에 대해서 내가 말한 원칙은 확실하지 않은 발음에도 적용해야 한다. 즉, 무관심하지 않은 독자라면, 신앙규범이나 전후 문맥에 따라 시정할 수 있다. 만일 이 두 가지 방법으로도 시정되지 않고 여전히 확실하지 않다면, 독자는 어떻게 발음하더라도 잘못이 아닐 것이다. 예컨대 우리의 믿음에 의하면, 하나님은 그 택하신 자들을 고발하시지 않을 것이며 (롬 8:33-34), 그리스도도 선택된 자들을 정죄하시지 않을 것이다. 만일 이 믿음이 막지 않는다면, "누가 능히 하나님의 택하신 자를 고발하리요"라는 말씀 다음에 있는 말씀, 즉 "의롭다 하시는 이는 하나님이시라"를 그에 대한 대답인 것 같이 발음할 것이다. 또 둘째 질문인 "누가 정죄하리요"에 대해서 "죽으신 그리스도 예수시라"고 대답할 것이다.

그러나 이런 대답들을 믿는 것은 더할 나위 없는 미친 짓이므로 이 구절은 처음 부분을 알아보려는 질문으로 하고, 둘째 부분을 수사적 질문, 즉 알면서 하는 질문으로 발음해야 한다. 옛날 사람들은 이 두 가지 질문의 차이를 설명해서, 알려는 질문에는 여러 가지 대답이 있을 수 있고, 알면서 하는 질문에는 "아니라"고 하든지 "그렇다"는 대답밖에 없다고 했다. 그러므로 이 구절은, 처음 질문인 "누가 능히 하나님의 택하신 자들을 고발하리요"에 대해서 다음 말씀은 수사적 질문으로 여겨서, "의롭다 하시는 이는 하나님 이시냐"라고 발음하고, 무언중에 "그렇지 않다"는 대답을 포함시킨다. 같은 식으로 그 다음 말씀, "누가 정죄하리요"에 대해서도 대답은 수사적 질문으로 "죽으실 뿐 아니라 다시 살아나신 그리스도 예수시냐 그는 하나님 우편에 계신 자요 우리를 위하여 간구하시는 자가 아니냐"가 되며, 무언중에 "그렇지 않다"는 대답을 기대한다.

그러나 사도의 다른 말씀 "그런즉 우리가 무슨 말 하리요. 의를 따르지 아니한 이방인들이 의를 얻었으니"(롬 9:30)에서, "그런즉 우리가 무슨 말 하리요"라는 몰라서 하는 질문 다음에, "의를 따르지 아니한 이방인들이 의를 얻었으니"라는 대답을 하지 않는다면, 그 다음에 있는 문맥과 조화되지 않을 것이다. 그러나 나다나엘이 "나사렛에서 무슨 선한 것이 날 수 있느냐"(요 1:46)고 한 질문은, 무엇을 주장하려는 사람의 질문으로 본다면, 이 수사적 요점은 "나사렛에서"에 있을 것이고, 그렇지 않으면 질문 전체가 몰라서 하는 것이 될 것이다. 나는 어떻게 구별해야 할지 알 수 없다. 그러나 어느 쪽으로 발음하더라도 신앙에 배치되지 않는다.

7. 또 어떤 음절의 발음이 확실하지 않기 때문에 뜻이 모호한 때가 있다. 예컨대(시 139:15, 70인역), "주께서 은밀한 곳에서 지으셨을 때 나의 뼈가 주의 앞에 숨겨지지 아니하였나이다"에서, "나의 뼈"("os meum")의 "os"를 길게 발음할 것인지 짧게 발음할 것인지 분명하지 않다. 짧게 발음하면 "ossa"의 단수(즉, 뼈)가 되고, 길게 발음하면 "ora"의 단수(즉, 입)가 된다. 그런데 이런 문제는 원어를 봄으로써 해결할 수 있다. 헬라 원문에는 stoma(입)가 아니라, osteon(뼈)이라고 했다. 그렇기 때문에, 세련된 문어체보다 구어체가 뜻을 전하는 데 더 유용한 때가 많다.

나는 훌륭한 라틴어를 써서 뜻이 덜 분명하기보다는, 속되더라도 "non est absconditum a te ossum meum" ("내 뼈가 주 앞에 숨겨지지 않나이다") 하고 싶다. 그러나 음절의 발음이 불분명한 때에, 같은 문장에 가까이 있는 다른 말을 보아서 결정할 수도 있다. 예컨대(갈 5:21), "전에 너희에게 경계한 것 같이 경계하노니 이런 일을 하는 자들은 하나님의 나라를 유업으로 받지 못할 것이라"는 사도의 말씀에서 "quae praedico vobis"("이에 대하여 내가 경고하노니")라고만 말했다면, 문맥을 보지 않고서는 praedico의 가운데 음절을 길게 발음할 것인지(di) 또는 짧게 발음할 것인지를 알 수 없을 것이다. 그러나 사도는 sicut praedicavi(내가 발표한 것 같이)라고 하지 않고, sicut praedixi(내가 경고한 것 같이)라고 첨가하기 때문에, 길게 발음하라는 것이 분명하다.[2]

제4장. 모호한 점을 어떻게 해결할 것인가?

8. 위에서 말한 것과 같은 점들뿐 아니라, 구두법이나 발음과 관계 없이 모호한 점들도 있지만, 다루는 방법은 같다. 데살로니가서에(살전 3:7) "Propterea consolati sumus fratres in vobis" 라는 말씀이 있다. 이 문장의 "fratres"가 호격(呼格)인지 또는 목적격인지 분명하지 않다. 어느 격으로 보아도 신앙에 배치되지 않는다. 그러나 헬라어에서 이 두 격의 형태가 같지 않기 때문에 헬라어 본문을 보면, "fratres"는 호격으로 되어 있다. 그러나 만일 번역자가 "Propterea consolationem habuimus(우리는 위로를 받았다), fratres, in vobis"라고 했다면, 뜻이 덜 모호했을 것이다. 또는 "nostri"("우리의")를 첨가해서 "Propterea consolati sumus, fratres nostri, in vobis"라고 했다면,

---

2 Praedicaui와 Praedici는 모두 Praedico의 현재완료형.

아무도 이 말을 들을 때에 호격인 것을 의심하지 않을 것이다.

그러나 이렇게 하는 것은 위험한 자유로운 번역이다. 고린도서에 있는 말씀을 이렇게 처리한 예가 있다. "Qutidie morior, per vestram gloriam, fratres, quam habeo in Christo Jesu"("형제들아 내가 그리스도 예수 안에서 가진 바 너희에게 대한 나의 자랑을 두고 단언하노니 나는 날마다 죽노라")에서 (고전 15:31), 어떤 번역가는 "Quotidie morior, per vestram juro gloriam"("너희에게 대한 자랑을 두고 맹세하노니 나는 날마다 죽노라")이라고 했다. 헬라 원문에 분명히 맹세하노라는 말이 있기 때문이다. 그러므로 적어도 성경에서는 문자적으로 사용된 단어로서, 저자의 의도를 알리는 문맥을 보거나, 번역들을 비교하거나, 원어를 검토함으로써, 충분히 해결하지 못할 것은 찾아보기가 매우 드물고 매우 어렵다.

제5장. 성경의 비유적인 표현들을 문자적으로 해석하는 것은 가련한 노예 상태다

9. 다음에 나는 비유적인 말들 때문에 뜻이 모호하게 된 예들을 논하려 하는데, 이 점에 대해서는 특히 항상 주의해야 한다. 우선 우리는 비유적인 표현을 문자적으로 해석해서는 안 된다. "율법 조문은("문자는") 죽이는 것이요 영은 살리는 것이라"(고후 3:6)는 사도의 말씀이 이런 예다. 비유적인 표현을 문자적인 것 같이 해석하면, 그것은 육적인 해석이 된다. 영혼의 속성으로서 영혼을 동물보다 우수하게 만드는 것은 지성(知性, intelligentia)인데, 문자적인 의미를 맹목적으로 고집함으로써 그 지성을 육에 예속시킨다는 것은 영혼을 죽이는 짓이라고 하는 것이 가장 적합한 말일 것이다(롬 8:5-6).

문자를 따르는 사람은 비유적인 말을 문자적인 말로 인정해서, 그 말이 가리키는 것을 따라 2차적인 뜻에 도달하지 못한다. 예컨대, 안식일이라는 말을 들으면, 이레에 한 번씩 계속적으로 돌아오는 날을 생각할 뿐이며, 제물이라는 말을 들으면, 관습적으로 바치는 동물이나 땅의 열매를 생각할 뿐이고, 그 이상을 생각하지 못한다. 참으로 부호로 만족하고 사실 자체를 생각하지 못하며, 감각적인 피조물을 초월한 것을 마음의 눈으로 보면서 영원한 빛을 흡수할 줄 모른다는 것은, 영혼이 가련한 노예 상태에 빠졌기 때문이다.

제6장. 유대인들의 노예 상태에 있었던 이용 가치

10. 그러나 이런 노예 상태는 유대인들의 경우와 다른 민족들의 경우가 달랐다. 유대인들이 현세적인 일에 매여 있었던 것은 사실이지만, 그들은 그런 일들을 통해서 유일신을 공경했다. 그들은 영적인 일 자체보다 그 상징을 존중하며, 그 상징들의 의미를 몰랐지만, 이렇게 섬김으로써 만유의 유일신을, 눈에 보이지 않는 하나님을 기쁘시게 하는 것이라고 굳게 믿었다. 사도는 이런 예속상태를 초등교사 밑에 있는 어린이들과 같다고 했다(갈 3:24-25; 4:1). 완강하게 이런 상징들에 집착하는 사람들은 상징들의 뜻이 계시된 시대가 되어 우리 주께서 상징들을 경시하시는 것을 관대히 인정할 수 없었다. 그래서 그들의 지도자들은 주께서 안식일에 병을 고치신 데 대해서 악의에 찬 선동을 하며, 실재보다 부호에 예속되어 있었던 민중은 그들과 같이 부호들을 지키거나 존중하시지 않는 주님이 하나님이라는 것이나 하나님에게서 오셨다는 것을 믿지 않았다.

그러나 이 일을 믿은 사람들은 예루살렘에서 처음 교회를 조직했고, 순종하는 마음으로 부호들을 존중한 것이 매우 유익했다는 것을 분명히 나타냈다. 즉 그들은 초등교사의 지도 아래 임시로 부과된 부호들을 존중하면서 천지를 지으신 하나님을 생각하는 것을 배웠다. 그들은 영적인 뜻을 잘 이해하지 못하면서도, 세상적이며 육적인 예물과 예표들을 바침으로써 유일하며 영원하신 하나님을 경모할 줄 알게 되었다. 이렇게 영적인 일들에 가까웠기 때문에, 그들은 성령으로 충만하게 되어 모든 소유를 팔아 사도들 앞에 바쳐서 궁핍한 사람들에게 나눠주게 했으며(행 4:34-35), 자신을 새 성전으로서 하나님에게 전적으로 바칠 수 있었다. 그들이 섬긴 옛 성전은 그 새 성전의 지상적 예표에 불과했다.

11. 이교 민족의 교회가 이런 일을 했다는 기록은 없다. 손으로 만든 우상들을 신으로 섬긴 사람들은 유대인들만큼 진리에 가깝지 못했기 때문이다.

제7장. 이방인들의 노예 상태에는 쓸모가 없었다

또 이방인들이 우상은 상징일 뿐이라고 설명하려고 했더라도, 그들은 그 상징들을 통해서 여전히 피조물을 숭배했다. 예컨대, 넵투누스의 형상은 그 자체를 신으로 인정할 것이 아니라 저 넓은 바다와 샘들에서 솟아나는 모든 물까지 상징한다고 하더라도 그런 설명이 내게 어떤 유익을 주는가? 나의 기억이 잘못이 아니라면 그들의 어떤 시인은 넵투누스의 상을 다음과 같이 묘사했다; "넵투누스 아버지여, 당신의 흰 관자놀이는 우렁찬 대양이 둘렀으며, 당신의 수염은 쉴 새 없이 흐르는 바닷물이며, 당신의 머리털은 굴곡 많은 강들입니다." 이 꼬투리를 흔들면 속에서 콩알이 달랑거리지만, 그것은 사람이 먹을 수 없고 돼지들의 먹이밖에 되지 않는다.

복음서를 아는 사람은 내가 말하는 뜻을 알 것이다(눅 15:16). 넵투누스의 형상을 이런 뜻으로 설명하더라도, 내가 그 어느 쪽도 경배하지 않는다면, 그런 설명이 무슨 소용이 있는가? 어떤 우상을 설명하더라도 그것은 넓은 바다보다 나은 신이 되지 않는다. 하나님이 지으신 것을 신이라고 여기는 사람들보다 사람이 만든 것을 신으로 여기는 사람들은 더욱 깊이 하락했다는 것을 나는 인정한다. 그러나 우리가 받은 계명은 만물의 창조주이신 유일신을 사랑하며 섬기라는 것이다. 이교도들은 피조물의 형상을 혹은 신으로 혹은 신의 형상이나 상징으로 숭배한다. 어떤 사물 자체보다 그것을 의미하기 위해서 안출하며 제정한 상징을 이용가치가 있는 대상으로 여기는 것이 육에게 노예가 되는 짓이라면, 쓸모없는 것들을 대표하는 상징들을 사물 자체로 여기는 것은 얼마나 더 심한 노예 상태겠는가 ! 상징들이 의미하는 사물 자체로 돌아가서 그것을 숭배한다고 하더라도, 육에 대해서 노예가 되어 있는 그 짐과 옷을 벗지 못하는 신세인 것은 마찬 가지다.

제8장. 유대인들과 이방인들은 노예 상태에서 해방되는 방법이 달랐다

12. 이용 가치가 있는 부호들에 예속된 사람들은 이를테면 진리에 가까웠는데, 그들에게 그 부호들의 의미를 해석해 주어 부호들이 상징한 실재 자체를 보도록 향상시킴으로써 그들을 해방한 것이 그리스도가 주신 자유였다. 이런 사람들이 구성한 것이 이스라엘 신자들의 교회였다. 그러나 쓸모없는 부호들에 예속된 사람들에 대해서는, 그 부호 밑에서 눌려 지내는 부끄러운 노예 상태에서 해방했을 뿐 아니라, 그 부호들까지도 없애 버렸다. 성경은 거짓 신들을 숭배하는 것을 자주 음행이라고 공정한 비난을 했는데(대하 21:11; 겔 16:26, 29; 계 2:14, 21 등), 그런 이방인들을 추악한 우상 숭배로부터 돌이켜 유일신을 경배하게 만들었다. 이방인들은 이용 가치가 있는 상징들에

예속하게 된 것이 아니라, 그 지성을 훈련해서 상징들을 영적으로 이해할 수 있게 되었다.

제9장. 상징들에 예속된 사람과 예속되지 않은 사람

13. 부호를 이용하거나 숭배하면서 그 부호의 뜻을 모르는 사람은 부호의 노예가 되었다. 그와 반대로 하나님이 제정하신 부호의 효력과 뜻을 알고 이용하며 존중하는 사람은 그 눈에 보이는 무상한 부호를 경배하는 것이 아니라, 이런 부호들이 모두 가리키는 실재를 경배한다. 이런 사람은 영적이며, 그 노예 기간에도 자유롭다(육적인 마음은 그 노예 기간에 완전히 부호들에 예속됨으로써 정복되어야 하며, 그에게 멍에가 되는 부호들을 밝히는 것은 아직 바람직하지 않다). 이런 의미의 영적인 사람들은 족장들과 예언자들, 그리고 이스라엘 백성 중의 일부 사람들이었다. 그들을 통해서 성령은 우리에게 성경에 있는 도움과 위로를 주었다.

지금은 주님의 부활로 우리의 자유에 대한 증거가 분명히 나타났으므로 우리가 그 의미를 이해하는 부호들까지도 우리에게 무거운 짐이나 노고가 되지 않는다. 주님 자신과 사도들이 남긴 의식은 많지 않고 몇 개뿐이며, 이 의식들은 준수하기가 매우 쉽고, 의미가 심히 숭엄하고 실천이 지극히 거룩하다. 예를 들면, 세례식과, 주님의 몸과 피를 기념하는 의식이다. 이 의식들을 보는 사람은 그 의미를 이해하며, 따라서 육적으로 존중하는 것이 아니라, 영적인 자유로 존중한다. 그런데 문자에 집착하여 부호가 대표하는 실재를 제쳐놓고 상징으로 만족하는 것이 노예적 약점인 것과 같이, 부호를 쓸모없이 해석하는 것은 가련한 망상이다. 그러나 부호가 의미하는 실재를 이해하지 못하면서도 그것이 부호임을 아는 사람은 노예 같은 억압을 받지 않는다. 알지 못하면서도 이용가치가 있는 부호에 예속되는 것이, 부호를 잘못 해석하기 때문에 노예의 멍에를 벗고나서 곧 오류의 함정에 빠지는 것보다 낫다고 하겠다.

제10장. 비유적 표현을 식별하는 방법

14. 앞에서 말한 원칙은 비유적인 표현을 문자적인 것 같이 해석하지 않도록 우리를 보호한다. 그러나 우리가 유의해야 할 다른 원칙도 있다. 즉 문자적인 표현을 비유적인 것 같이 해석하지 말라는 것이다. 그러므로 우선 어떤 표현이 문자적이냐 또는 비유적이냐 하는 것을 판단하는 방법을 알아야 한다. 그것은 확실히 다음과 같다: 하나님 말씀에 있는 것으로서, 문자적으로 해석하면 생활의 순수성이나 교리의 건전성과 일치할 수 없을 때에는 그것을 비유적 표현이라고 결정할 수 있다. 생활의 순수성은 하나님과 이웃에 대한 사랑을 의미한다. 교리의 건전성은 하나님과 이웃에 대한 지식을 의미한다. 그뿐 아니라 누구든지 하나님과 이웃에 대한 사랑과 지식을 지닌 것을 깨닫게 되면 양심에 소망이 있다. 이런 문제는 제1권에서 모두 논했다.

15. 세상 사람들은 각종 죄에 대해서 그 고유한 죄성에 비추어 생각하지 않고, 자기들의 관습에 비추어 생각하기 때문에, 자기 나라나 자기 시대 사람들이 습관적으로 비난하는 것이 아니면 죄에 아무 비난할 것이 없다고 여기며, 동료들의 관습이 인정하는 것이 아니면 아무것도 칭찬하거나 인정할 가치가 없다고 하는 때가 많다. 그래서 성경이 청중의 습관에 반대되는 일을 명령하거나, 거기에 반대되지 않는 일을 비난하면, 그러나 그들이 동시에 성경의 권위를 인정하면 그 말씀을 비유적인 것이라고 생각하게 된다. 그런

데 성경이 명령하는 것은 사랑뿐이며 비난하는 것은 정욕뿐이다. 성경은 이런 방법으로 사람의 생활을 인도한다. 그래서 그릇된 견해가 사람의 마음을 차지하면, 그 견해와 반대되는 성경 말씀은 비유적인 것이라고 그들은 단정한다. 그런데 성경은 과거와 미래와 현재에 대해서 정통 신앙을 주장할 뿐이다. 과거를 서술하며 미래를 예언하며 현재를 묘사한다. 이런 일은 모두 사랑에 영양을 주어 강화하며, 정욕을 정복해서 근멸하는데 이바지한다.

16. 내가 사랑이라고 하는 것은 하나님을 하나님 자신을 위해서 즐기며, 하나님의 뜻에 따라 자기와 이웃을 즐기려고 하는 마음의 태도를 의미한다. 또 정욕이라고 하는 것은 하나님과 관계 없이 자기와 이웃과 물체들을 즐기려고 하는 심적 태도를 의미한다. 정욕이 억제되지 않고 자기의 영혼과 몸을 부패시키게 될 때에 그것을 죄과, 즉 도덕적 결함이라고 부르며, 다른 사람을 해할 때에는 범죄라고 부른다. 모든 죄는 이 두 가지로 구분할 수 있다. 그러나 먼저 있는 것은 죄과다. 죄과에 대한 장애물을 제거하거나 죄과에 대한 도움을 얻기 위해서, 범죄로 넘어가기 때문이다. 그와 같이 사랑이 자체의 유익을 도모할 때에 사려심이 되며, 이웃의 유익을 도모할 때에 인애가 된다. 여기서도 사려가 먼저 있다. 아무도 자기에게 없는 것을 타인에게 줄 수 없기 때문이다. 그런데 정욕의 지배력이 약화하는 데 비례해서 사랑의 지배력이 강화된다.

제11장. 하나님과 성도들에게 가혹 행위를 돌리는 듯한 어구의 해석

17. 그러므로 성경에서 하나님이나 성도들에게 가혹한 또는 잔인한 듯한 말씀과 행위를 돌리는 것은 정욕의 지배력을 약하게 만드는 데 유익하다. 그

성경의 뜻이 분명할 때에, 우리는 그것을 비유적 말씀인 듯이 이차적인 의미로 해석해서는 안된다. 예컨대, 사도의 말씀에 다음과 같은 것이 있다: "다만 네 고집과 회개하지 아니한 마음을 따라 진노의 날 곧 하나님의 의로 우신 심판이 나타나는 그 날에 임할 진노를 네게 쌓는도다. 하나님께서 각 사람에게 그 행한 대로 보응하시되 참고 선을 행하여 영광과 존귀와 썩지 아니함을 구하는 자에게는 영생으로 하시고 오직 당을 지어 진리를 따르지 아니하고 불의를 따르는 자에게는 진노와 분노로 하시리라. 악을 행하는 각 사람의 영에는 환난과 곤고가 있으리니 먼저는 유대인에게요 그리고 헬라인에게니라"(롬 2:5-9).

그러나 이것은 정욕을 억제하려 하지 않고 도리어 정욕 때문에 멸망되어 가는 사람들을 향해서 한 말씀이다. 그리고 정욕에 지배되었다가도 그 지배력을 꺾어 버린 사람을 향해서는, "그리스도 예수의 사람들은 육체와 함께 그 정욕과 탐심을 십자가에 못 박았느니라"(갈 5:24)고 하는 분명한 말씀이 있다. 다만 이런 예들에서도 어떤 단어는 비유적으로 사용되었다. 예컨대, "하나님의 진노"와 "십자가에 못 박았다"고 한다. 그러나 이런 단어들은 수효가 많지 않고, 문장의 뜻을 모호하게 만들지도 않는다. 따라서 비유적 표현의 특색인 은유나 수수께끼 같지 않다. 그러나 예레미야에게 하신 말씀, "보라 내가 오늘 너를 여러 나라와 여러 왕국 위에 세워 네가 그것들을 뽑고 파괴하며 파멸하고 넘어뜨리게 하였느니라"(렘 1:10)고 하신 말씀은 전체가 비유임에 틀림없고, 내가 설명한 대로 해석해야 할 것이다.

제12장. 하나님과 성도들에게 성경이 돌리는 언행을 미숙한 사람들이 사악하다고 여기는 때가 있지만, 그런 말씀을 해석하는 원칙은 어떤 것인가?

18. 경험이 부족한 사람들이 죄라고 생각하는 말씀이나 행위를 하나님이나 모범적인 성인들에게 돌릴 때에는 전적으로 비유적으로 해석해야 하며, 그렇게 해석함으로써 거기에 포함된 뜻을 캐내어 사랑을 키우는 양식으로 삼아야 한다. 부패하기 쉬운 물건을 주위 사람들의 관습보다 덜 이용하는 사람은 절제하거나 그렇지 않으면 미신이 있기 때문이다. 그러나 주위의 착한 사람들의 관습을 무시하고 마음대로 이용하는 사람은 그 행동에 다른 의미가 있든지 그렇지 않으면 죄를 짓는 것이다. 이런 경우들에서 비난 받을 것은 그 물건들을 이용하는 행위가 아니라, 이용하는 사람의 정욕이다. 예컨대, 우리 주님의 발에 어떤 여인이 귀한 향유를 부은 것을 보고(요 12:3), 올바른 정신을 가진 사람이라면 우리가 타기하는 주연에서 허랑방탕한 사람들이 습관적으로 발에 향내를 바르는 것과 같이 해석하지 않을 것이다.

향유의 좋은 냄새는 선한 생활로 얻는 좋은 소문을 의미하며, 주님의 발자취를 따르는 사람이 이런 명성을 얻는 것은 이를테면 주님의 발에 가장 귀한 향유를 붓는 것이기 때문이다. 그래서 다른 사람들의 경우에는 죄악이 되는 때가 많은 일이 하나님이나 선지자의 행위라고 할 때에는 어떤 위대한 진리의 표적이 된다. 예컨대, 창기와 교제하는 것은, 방탕 생활의 결과인 때와 호세아 선지자가 예언 활동으로 한 것과 같은 때는(호 1:2) 의미가 서로 다르다. 연회석에서 음탕한 취객들 앞에서 벌거벗는 것이 부끄러운 악행이라고 해서, 목욕탕에서 옷을 벗는 것을 죄라고 단정할 수는 없다.

19. 그러므로 우리는 무엇이 때와 처소와 사람에 적합한가를 주의 깊게

고려하며, 경솔하게 사람들을 죄악시해서는 안 된다. 현인이 맛난 음식을 먹어도 향락주의나 탐식의 죄가 되지 않을 수 있고, 어리석은 사람이 아주 나쁜 음식을 게걸스럽게 먹을 수 있다. 정신이 바른 사람이면, 생선을 잡수시던 주님을 따르고, 에서가 팥죽을 거의 소같이 먹던 것을 버릴 것이다. 질이 낮은 것을 먹는 동물들이 우리보다 더 절제한다고 할 수 없다. 이런 문제에서는 이용되는 물건의 품질보다 이용하려는 우리의 생각이 칭찬이나 비난을 받게 만드는 것이다.

20. 고대의 성도들은 지상 왕국에서 살면서 하늘 나라를 예표하며 예언했다. 후손이 많아야 했기 때문에 일부다처가 그 때에는 비난을 받지 않았고, 한 여자에게 남편이 많은 것이 허락되지 않았다. 남편이 여럿이라고 해서 여자가 자식을 더 많이 낳는 것이 아니며, 도리어 그런 난잡한 성행위는 비열한 매음이었기 때문이다. 이 문제에서 당시의 거룩한 사람들이 정욕을 떠나서 한 일을 성경은 비난하지 않고 묵과한다. 다만 지금은 정욕 때문이 아니면 이런 일을 할 수 없다.

그리고 성경에 기록된 이런 일들을 우리는 모두 역사적 · 문자적 의미로 해석할 뿐 아니라, 비유적 · 예언적 의미로도 해석해야 한다. 그리고 결국은 하나님이나 이웃에 대한 사랑과 관련시켜야 한다. 고대 로마 사람들 사이에서는 소매가 달리고 뒤꿈치까지 내려가는 상의(上衣)는 수치로 여겼는데, 지금은 점잖은 사람이 그런 옷을 입지 않는 것이 수치로 되었다. 그러므로 우리는 다른 일들에 대해서도 무엇을 이용할 때에 정욕이 섞이지 않도록 조심해야 한다. 정욕은 사회 관습을 악용할 뿐 아니라, 관습의 한도를 무시하고 유행 밑에 감추어 있는 추악한 면까지 드러내는 때가 많다.

제13장. 같은 제목의 계속

21. 우리가 의무를 수행하기 위해서 또는 피할 수 없어서 사회생활을 할 때에, 그 사회의 관습에 합치하는 일이면, 선하고 위대한 사람들은 그것을 선용해서 사려와 인애(친절)에 이바지하게 만들어야 한다. 이 일을 문자적으로 하는 것이 우리의 의무요, 비유적으로 하는 것은 예언자들에게 허락된다.

제14장. 절대적으로 바른 것과 그른 것은 없다고 생각하는 사람들의 오류

22. 자기들의 생활 방식밖에 모르는 사람들이 이런 행위에 대한 기록을 볼 때에 권위의 제재를 받지 않는다면, 그 행위들을 죄라고 생각하며, 그들 자신이 혼인이나 연회나 의복이나 그 밖에 인간 생활을 장식하는 관습이 다른 나라나 다른 시대 사람들에게 죄로 비칠 것은 고려하지 않는다. 이런 관습들이 무한히 다양한 것에 현혹되어서 그들은 선잠을 깬 사람 같이 ─ 즉 아주 우매의 잠에 빠진 것도 아니고 지혜의 광명으로 깬 것도 아닌 사람들은 ─ 절대적으로 바른 것은 없다고 생각했다.

민족마다 자기네의 풍습을 바르다고 생각하며 바른 것은 변하지 않아야할 터인데, 나라마다 다른 풍습을 가지고 있으니 바른 것은 없다고 한다. 그러나 이런 사람들은 바른 교훈이 있다는 것을 모르는 것이다. 한 가지 예만 들더라도 "무엇이든지 남에게 대접을 받고자 하는 대로 너희도 남을 대접하라"는 말씀이 있다(마 7:12). 민족적 관습이 아무리 다양하더라도 이 교훈은 바뀔 수 없다. 이 교훈을 하나님께 대한 사랑에 응용하면 모든 죄과를 없애버리며 이웃에 대한 사랑에 응용하면 모든 범죄를 일소한다. 자기 집을 불결하게 만들고 싶은 사람은 없으므로 하나님의 집, 즉 자기 자신도 더럽히지 않을 것이다. 다른 사람에게 해를 받기를 원하는 사람은 없다. 그러므로 그 자신도 남을 해하지 않아야 한다.

제15장. 비유적 표현을 해석하는 원칙

23. 이와 같이 정욕의 폭압(暴壓)이 전복될 때에, 사랑이 가장 공정한 법으로 지배하게 된다. 즉, 하나님 자신을 위해서 하나님을 사랑하며, 하나님을 위해서 자기와 이웃을 사랑하라는 법으로 지배한다. 따라서 비유적인 표현들에 관해서는 다음에 있는 것과 같은 원칙에 따라, 우리가 읽은 것을 마음속에서 이모저모로 생각하며 명상해서, 사랑이 확고히 지배하게 하는 해석이 발견되도록 한다. 그런데, 어떤 표현을 문자대로 해석할 때에, 곧 이런 종류의 뜻이 나타난다면, 그 표현은 비유적인 것이라고 생각해서는 안 된다.

제16장. 명령과 금지를 해석하기 위한 원칙

24. 어떤 문장이 명령인 때에는, 즉 범죄나 죄과를 금지하거나, 조심스러운 또는 친절한 행동을 명령할 때에는 그 문장은 비유적인 것이 아니다. 그러나 범죄나 죄과를 명령하는 것 같을 때, 또는 조심스럽거나 친절한 행동을 금지하는 것 같을 때에는 그 문장은 비유적인 것이다. "너희가 인자의 살을 먹지 아니하고 인자의 피를 마시지 아니하면 너희 속에 생명이 없느니라"(요 6:53)고 하신 주님의 말씀은 범죄나 죄과를 명령하는 것 같이 보인다. 그러므로 이 말씀은 한 비유다. 그 뜻은 주님의 고난에 참여하며 우리를 위

해서 그의 육신이 십자가에 달려 피를 흘리셨다는 사실을 감사히 기억하라고 명령하는 것이다.

성경에 "네 원수가 주리거든 먹이고 목마르거든 마시게 하라"는 것은 친절한 행위를 명령하는 것이 틀림없다. 그러나 그 다음에 있는 "그리함으로 네가 숯불을 그 머리에 쌓아 놓으리라" 한 말씀은(롬 12:20; 잠 25:21, 22) 악의에 찬 행동을 명령하는 것같이 생각될 것이다. 그러므로 이 표현이 비유적인 것이라는 것을 조금도 의심하지 말아야 한다. 이것을 두 가지로 해석해서, 하나는 해를 주라고 하며, 또 하나는 우월성을 나타내라고 한다고 할 수도 있겠지만, 사랑의 원칙에 따라 친절로 해석하며 숯불은 통회라고 해석하는 것이 옳다. 즉, 자기가 어려울 때에 도와준 사람의 원수가 되었던 자기를 슬퍼하는 그의 통회가 그의 교만한 마음을 고치는 것이다.

마찬가지로서 "자기 생명을 사랑하는 자는 잃어버릴 것이라"(요 12:25) 하신 주님의 말씀은, 우리가 조심스럽게 생명을 돌보는 것이 의무인 것을 부정하고 금지하시는 것이라고 생각해서는 안 된다. 그런 것이 아니라 주님은 비유적으로는 "자기 생명을 잃어버리라"고 하신다. 바꿔 말하면, 현재 그 생명을 악하고 부자연스럽게 쓰고 있어서 무상한 것들에 집착하며 영원한 것들을 무시하고 있으니, 그런 생활 방식을 철저히 깨뜨리고 버리라는 뜻이다. "하나님을 공경하는 사람만을 도와 주고 죄인은 도와 주지 말라"는 말씀이 있다(집회서 12:4). 이 문장의 후반은 "죄인은 도와주지 말라" 하므로 친절을 금하는 것 같다. "죄인"은 비유적으로 "죄"를 의미하며, 우리가 도와서 안되는 것은 그의 죄이다.

제17장. 어떤 명령은 모든 사람을 전반적으로 상대로 하며, 어떤 명령은 특수한 계급의 사람들을 상대로 한다

25. 영적 생활의 높은 수준에 도달한 사람, 또는 도달했노라고 생각하는 사람은 아직도 낮은 수준에 있는 사람들에게 준 명령을 비유적인 것이라고 보는 예가 많다. 예컨대, 독신 생활을 하며 하늘 나라를 위하여 스스로 고자가 된 사람은(마 19:12), 성경에서 자기 아내를 사랑하며 지배하라고 한 명령을 문자적으로 해석할 것이 아니라 비유적으로 해석해야 한다고 주장한다. 또 처녀인 딸을 처녀로 두기로 결정했으면, "딸을 시집보내고 나면 짐을 벗게 된다"(집회서 7:25)고 한 말씀을 비유적으로 해석하려고 한다. 따라서 성경 해석의 다른 원칙은 다음과 같다: 즉, 어떤 명령은 모든 사람을 전반적으로 상대하고, 어떤 명령은 특수한 종류의 사람들을 상대한 것이어서, 치료제가 전반적인 보건 상태에 영향을 줄 뿐 아니라, 각 사람의 특수한 병에도 작용하게 한다는 것이다. 높은 수준으로 들어올릴 수 없는 것은 낮은 수준에서 처리해야 되기 때문이다.

제18장. 어떤 일을 즐기거나 묵인한 그 시대를 염두에 두어야 한다

26. 우리가 경계해야 할 점이 또 있다. 구약 시대에 있었던 일을 문자적으로 해석하더라도, 그 세대의 사정을 고려할 때에는 범죄나 죄과가 되지 않는 것이 있다. 그러나 그것을 현대에 옮겨다가 한 생활 습관으로 삼을 수 있다고 생각해서는 안 된다. 이것은 정욕에 굴복한 사람이 아니면 하지 않을 짓이며, 성경의 지지를 받으려고 하지만, 바로 그 성경이 정욕을 타도하려고 한다. 이런 생각을 하는 가련한 사람들은 성경이 옛 일을 기록한 유익한 의

도를 이해하지 못한다. 사람들이 멸시하는 풍습도 사랑이 동반될 때에는 선용될 수 있으며, 그들이 중시하는 풍습도 정욕이 동반될 때에는 정죄를 받는다는 건전한 교훈을, 선한 소망을 가진 사람들에게 주려는 것이 성경의 의도다.

27. 여러 아내를 가졌어도 정조를 지킬 수 있는 사람과, 한 사람을 아내로 삼았어도 정욕에 빠진 사람이 있을 수 있다. 자식을 많이 얻기 위해서 자식을 낳을 아내들을 가진 사람이 한 사람의 몸을 향락하는 사람보다 낫다고 나는 생각한다. 전자는 그 시대의 형편에 맞는 유용한 목적을 추구했고, 후자는 일시적 향락을 위해서 정욕에 빠진 것이다. 절제할 수 없는 사람들에게 사도는 아내 한 사람을 취하는 것을 허락했지만, 이런 사람들에 비하면 오직 후손을 얻기 위해서 결혼한 사람들이 하나님께 더 가까웠다. 후자는 여러 아내를 거느렸지만, 지혜 있는 사람이 몸의 건강을 위해서 음식을 취하는 것과 같이, 그들은 후손을 얻기 위해서 결혼을 이용했을 뿐이다. 만일 그들이 주님이 오셨을 때에 살아 있었다면, 즉 돌을 던져 버릴 때가 아니라 돌을 거둘 때에(전 3:5) 살아 있었다면, 그들은 즉시 천국을 위해서 스스로 고자가 되었을 것이다.

향락을 구하는 정욕이 없으면 절제가 어렵지 않기 때문이다. 내가 말하는 사람들은 자기 아내에 대해서도 방탕은 능욕이며 무절제라는 것을 확실히 알고 있었다. 이 점은 토비아가 결혼했을 때에 드린 기도가 증명한다: "우리 조상의 하나님, 찬양을 받으소서. 주님의 이름으로 하여금 영세무궁토록 찬미 받게 하소서. 주님이 창조하신 하늘과 만물로 하여금 영원토록 찬양하게 하소서. 주님은 아담을 창조하셨고, 그를 돕고 받들어 줄 아내로서 하와도 창조하셨습니다. … 내가 지금 이 여자를 아내로 맞는 것은 음욕 때문이 아니라, 하나님의 뜻을 참되게 이루기 위해서입니다. 나와 내 아내에게 자비를 베푸시옵소서"(토비트 8:5-7).

제19장. 악인들은 자기를 기준으로 다른 사람들을 판단한다

28. 어떤 사람들은 정욕에 끌려 온갖 방탕한 짓을 하면서 돌아다니며, 아내 한 사람을 거느리면서도 자녀 생산에 필요한 한계를 넘어, 이를테면 노예적인 자유로 파렴치한 방종에 묻혀 짐승보다도 더 추악하다. 이런 사람들은 시대적 환경에 따른 사람들이 여러 사람을 아내로 삼았으면서도, 후손을 얻겠다는 의무만을 생각할 수 있었다는 것을 믿지 않는다. 정욕의 그물에 걸린 그들 자신이 아내 한 사람을 데리고도 실행하지 못하는 일을, 많은 아내를 취한 고대인들이 할 수 있었다는 것을 전혀 생각하지 못한다.

29. 그러나 이런 사람들은 선하고 거룩한 사람들을 공경하며 칭찬하는 것도 옳지 않다고 말할는지 모른다. 그들 자신이 공경과 칭찬을 받을 때에 교만으로 부풀며, 아첨하는 사람들의 혀 위에서 자주 또 널리 불려 다닐수록 지극히 허망한 명성을 더욱더 갈망한다. 그 결과로, 그들은 경망한 자가 되어 사소한 소문이라도 있으면, 그것이 유리하든 또는 불리하든 간에, 혹은 죄악의 소용돌이에 빠지며 혹은 범죄의 바위에 부딪친다. 그러므로 그들 자신의 경우에 칭찬의 미끼에 걸리거나 모욕의 가시에 찔리지 않는 것이 심히 힘들다는 것을 그들은 깨달아야 한다. 그러나 그들은 자기를 기준으로 삼아서 다른 사람들을 헤아리지 말아야 한다.

제20장. 선인들은 어떤 환경에서도 시종 여일하다

그러나 우리의 믿음을 가르친 사도들은 사람들의 칭찬을 받아도 자만하지 않고, 멸시를 받아도 낙심하지 않았다. 위대한 사람들에게 이 두 가지 유혹이 없었던 것은 아니다. 신자들은 그들을 높이 칭찬했고, 박해자들은 중상과 훼방으로 그들을 깎아내렸다. 그러나 사도들은 그 모든 것을 때에 따라 이용했고, 그 때문에 타락하는 일이 없었다. 마찬가지로 고대의 성도들은 그 시대의 요청에 따라 아내들을 선용했고, 이런 일을 믿지 않는 자들과 같이 정욕의 노예가 되는 일이 없었다.

30. 만일 그들이 어떤 감정에 흔들렸다면, 그들은 자기 아들들을 미워하고 결코 용서할 수 없었을 것이다. 어떤 아들들은 그들의 처첩을 범했기 때문이다.

제21장. 다윗은 간음죄를 범했으나, 정욕의 종이 되지 않았다

다윗이 그의 불효하고 괴상한 아들 때문에 이런 피해자가 되었을 때에, 그는 미친 아들을 참아 줬을 뿐 아니라 아들이 죽었을 때에 슬퍼했다. 그는 자기가 받은 손상보다 아들의 죄를 슬퍼했고 육적인 질투심에 좌우된 것이 아니다. 그래서 이들이 전투에 지더라도 죽이지 말라고 명령했고 굴복된 후에 회개할 여지를 주었다. 이 계획이 좌절되었을 때에 아들을 잃은 슬픔뿐 아니라, 그렇게 악한 간음자일 뿐 아니라 자기 아버지를 죽이려 한 자가 받을 엄벌을 생각해서 통곡한 것이다(삼하 16:22; 18:5; 19:1). 이 일이 있기 전에 다른 무죄한 아들이 앓았을 때에는 다윗이 몹시 고통스러워했지만, 아들이 죽은 후에는 곧 기운을 회복했다(삼하 12:19-23).

31. 고대인들이 일부다처였으면서도 얼마나 절제와 자제의 생활을 했느냐 하는 것을 우리는 한 가지 사실로 알 수 있다. 다윗 왕이 젊은 정열과 세속적 번영에 정신이 현혹되어 한 여인을 불법적으로 취하고 그 남편을 죽이

도록 명령했을 때에 한 선지자가 그의 죄를 책망했다. 선지자는 한 비유로서, 어떤 가난한 사람이 재산이라곤 어린 암양 새끼 한 마리밖에 없었는데, 양을 많이 가진 이웃이 자기의 손님을 대접하기 위해 가난한 사람의 암양 새끼를 잡아 먹었다고 했다. 그 말을 들은 다윗이 노해서, 그 놈을 죽이고 가난한 사람에게는 양을 네 배나 갚으라고 명령했다. 이와 같이 왕은 자기가 알면서 저지른 죄를 부지중에 정죄했다(삼하 12:1-6). 이 사실을 그에게 알려 주고 그에 대한 하나님의 벌을 전했을 때에 다윗은 깊이 회개함으로써 그 죄를 씻을 수 있었다.

그러나 그 비유에서는 가난한 사람의 암양 새끼로 그의 간음죄를 의미했을 뿐이고, 여인의 남편을 죽인 문제, 즉 그 가난한 사람 자신을 죽인 문제는 언급이 없다. 즉 다윗에 대한 정죄는 간음죄에 관한 것뿐이었다. 그러므로 그가 한 여인에 관해서 자기를 정죄하지 않을 수 없었던 것을 보면, 그가 많은 아내들에 대해서 절제를 지켰다는 것으로 해석할 수 있다. 그의 경우에, 방탕한 생각은 그와 함께 영주한 것이 아니라 한때의 손님에 불과했다. 그래서 그를 책망한 선지자도 그의 불법적인 욕망을 손님이라고 부른 것이다. 가난한 사람의 암양 새끼를 잡아서 왕에게 대접했다고 하지 않고 손님을 대접했다고 했다. 그러나 다윗의 아들 솔로몬의 경우에는, 이 정욕이 손님같이 잠깐 왔다가 지나가 버린 것이 아니라, 왕으로서 그를 지배했다.

성경은 솔로몬에 대해서 잠잠하지 않고, 여러 외국 여인들을 사랑했다고 비난한다. 그는 왕이 된 처음에는 열정적으로 지혜를 구했는데, 열정적인 사랑으로 지혜를 얻은 후에는, 육적인 정욕으로 그 지혜를 잃어버린 것이다.

제22장. 선한 사람들이 비난하는 행동을 성경에서 시인하는 구절들은 어떤 원칙으로 해석할 것인가?

32. 구약성경에 기록된 행동들의 전부 또는 거의 전부는 문자적으로 해석할 뿐 아니라 비유적으로도 해석해야 하지만, 독자가 문자적으로 해석했고 또 행동한 사람들이 칭찬을 받은 경우일지라도 주님 강림 이후에 하나님의 명령들을 전승한 선한 사람들의 습관이 배척하는 행동이 그 가운데에 있다. 이런 행동들의 경우에는 그 일을 해석에 붙이는 것은 좋지만, 독자의 습관으로 만드는 것은 옳지 않다. 고대에는 의무였던 일이 지금은 정욕이 아니면 행할 수 없는 것이 많기 때문이다.

제23장. 위인들의 죄에 대한 기록을 읽을 때에 대처하는 원칙

33. 위인들의 죄에 대한 이야기를 읽을 때에, 거기서 장래에 대한 어떤 비유를 찾아볼 수도 있겠지만, 또한 문자적으로 해석해서 배움이 있어야 한다. 즉, 감히 자기의 선행을 자랑하지 말며, 자기의 의로움과 비교해서 다른 사람들을 죄인이라고 멸시하는 일이(눅 18:11) 없도록 해야 한다. 훌륭한 사람들의 경우에 피해야 할 폭풍에 휩쓸리며, 통곡해야 할 파선이 있는 것을 보기 때문이다. 그들의 죄악을 기록한 목적은, 모든 시대와 모든 나라 사람들이 사도의 말씀을 듣고 떨게 하려는 것이다. 사도는 "그런즉 선 줄로 생각하는 자는 넘어질까 조심하라"(고전 10:12) 했다. 성경의 어느 면을 보아도, 하나님은 교만한 자를 대적하고 겸손한 자에게 은혜를 주신다는 말씀이 분명히 기록되었다(약 4:6; 벧전 5:5; 잠 3:34).

제24장. 무엇보다도 표현의 성격을 중시하라

34. 그러므로 우리는 이해하려는 표현이 문자적인 것인가 또는 비유적인 것인가를 규명하는 것이 가장 중요하다. 비유적인 것임이 확인되면, 우리가 제1권에서 논한 사물들의 법칙을 응용해서 이모저모로 고찰함으로써, 쉽게 바른 해석에 도달할 수 있다. 경건 생활의 경험에서 도움을 얻을 때에 특히 쉽다. 우리는 위에서 지적한 일들을 숙고함으로써 어떤 표현이 문자적인가 또는 비유적인가 하는 것을 알 수 있다.

제25장. 같은 단어라고 해서 항상 같은 뜻은 아니다

비유적인 표현인 경우에, 그 표현에 사용된 단어들은 같은 물건이나 관련이 있는 물건에서 유래한 것이다.

35. 사물이 서로 같다고 할 때에는 여러 가지 점을 보는 것이므로, 한 곳에서 같다고 해서 어디서든지 같다는 원칙은 없다. 주께서 "바리새인들의 누룩을 주의하라"(마 16:6; 눅 12:1)고 하신 말씀에서는 누룩이라는 단어가 나쁜 의미로 사용되었고, "천국은 마치 여자가 가루 서 말 속에 갖다 넣어 전부 부풀게 한 누룩과 같다"(마 13:33; 눅 13:20-21)고 하신 말씀에서는 좋은 의미로 사용되었다.

36. 그런데 이런 차이에 관한 원칙은 두 가지 형태를 취한다. 즉 의미하는 물건이 다를 때에 한 가지 형태는 서로 반대되는 것들을 의미하고, 다른 형태는 그저 다를 뿐인 것들을 의미한다. 위에서 든 예와 같이, 비유적으로 나

뻔 의미와 좋은 의미로 사용된 때에는 서로 반대되는 사용법이다.

　이런 예를 하나 더 든다면, "유대 지파의 사자가 이겼다"(계 5:5)고 할 때에, 사자는 그리스도를 의미하는데, "너희 대적 마귀가 우는 사자와 같이 두루 다니며 삼킬 자는 찾는다"(벧전 5:8)고 할 때에는 마귀를 의미한다. 마찬가지로, "뱀 같이 지혜로우라"(마 10:16)는 뱀을 좋은 뜻으로 사용하였고, "뱀이 그 간계로 하와를 미혹하였다"(고후 11:3)는 나쁜 의미로 썼다. "나는 하늘에서 내려온 산 떡이라"(요 6:51)는 떡을 좋은 의미로 사용하였고, "몰래 먹는 떡이 맛이 있다"(잠 9:17)고 한 데서는 나쁜 의미로 사용되었다. 이런 예는 많다.

　내가 든 예들은 그 뜻을 의심할 여지가 없다. 예를 들 때에는 분명한 것만을 써야 하기 때문이다. 그러나 어떻게 해석할 것인지가 확실하지 않은 구절도 있다. 예컨대, "주의 손에 잔이 있어 술이 붉고, 속에 섞은 것이 가득하도다"(시 75:8, 70인역)라는 구절은 하나님의 진노를 의미하는지가 확실하지 않다. 진노를 의미하더라도 극도에 달하는 벌, 즉 "그 찌끼까지도"(시 75:8) 의미하는 것인지, 또는 "하나를 내려놓고 다른 것을 일으켰다"는 말씀으로, 성경의 은혜가 유대인들에게서 이방인들에게 옮겨간 것을 의미하는지 분명하지 않다. 그러나 "그 찌끼는 아직 쏟지 아니하셨도다"는 말씀은 유대인들이 아직도 어떤 규례들을 비록 육적으로 해석하면서도 여전히 지키고 있다는 뜻인 듯하다. 다음 예는 같은 것을 반대되는 의미로 쓴 것이 아니라 단순히 다른 의미로 썼을 뿐이다. 계시록에서 물은 사람들을 의미하고(17:15), "그 배에서 생수의 강이 흘러나리라"(요 7: 38)는 말씀에서 물은 성령을 의미한다. 이 밖에도 그 사용된 처소에 따라 해석해야 할 것들이 많다.

　37. 마찬가지로, 어떤 물건은 한 가지 뜻으로만 사용되지 않고 두 가지 뜻뿐 아니라, 다른 것과의 관련으로 여러 가지 뜻으로 사용되었다.

제26장. 모호한 구절들은 더 분명한 구절들로 해석하라

우리는 분명한 뜻으로 사용된 구절에서 그 뜻을 취해서 다른 모호한 구절을 해석해야 한다. "방패와 손 방패를 잡으시고 일어나 나를 도우소서"(시 35:2)라는 구절에서 하나님에게 드리는 말씀을 해석하는 데는 "주여 주는 의인에게 복을 주시고 방패로 함 같이 은혜로 그를 호위하시리이다"(시 5:12)라는 구절을 참고하는 것이 제일 좋다. 그러나 방패가 하나님의 보호를 의미한다고 해서, 방패는 하나님의 은혜만을 의도한다고 생각해서는 안된다. 믿음의 방패라는 말씀도 있기 때문이다. 사도는 "믿음의 방패를 가지고 이로써 능히 악한 자의 모든 불화살을 소멸"한다고 한다(엡 6:16). 그러나 우리는 이런 영적 무장에 관해서 믿음을 방패라고만 하지 않는다. 다른 데는 "믿음의 호심경"이라는 말씀이 있다. 사도의 말씀에 "믿음과 사랑의 호심경을 붙이고"라는 것이 있기 때문이다(살전 5:8).

제27장. 여러 가지로 해석할 수 있는 구절

38. 만일 어떤 성경 말씀이 한 가지 해석뿐 아니라, 두 가지 또는 그 이상으로 해석될 때에는, 원저자의 뜻은 발견되지 않더라도, 성경의 다른 구절들에 비추어서 그 해석들이 모두 진리와 일치한다면, 조금도 위험을 느낄 필요가 없다. 성경을 연구하는 사람이 원저자의, 즉 성령이 시키는 대로 말씀한 원저자의 의도를 발견하려고 할 때에, 그 노력이 성공하든지 또는 그 말씀에서 다른 뜻을 끌어내든지 간에, 그 다른 뜻이 건전한 교리와 배치되지 않고 다른 성경 구절의 지지를 받는다면 그는 비난을 받지 않는다. 원저자도 바로 그런 뜻이 그 말씀에 있다는 것을 알았을 수 있으며, 확실히 성령께

서는 그 말씀을 시켰을 때에 독자가 그런 뜻으로 생각하리라는 것을 예견하셨다. 아니, 그런 해석도 진리 위에 선 것이므로 그 해석을 사람들이 생각하도록 마련하신 것이다. 참으로 같은 말씀이 여러 가지 뜻으로 해석되며, 그 모든 뜻이 하나님의 다른 말씀들의 증언에 의해서도 시인되도록 하시는 것보다 하나님이 어떤 더 풍성하고 충실한 은혜를 준비하실 수 있었겠는가?

제28장. 의심스러운 구절은 이성으로 해석하는 것보다 다른 성경 구절로 해석하는 것이 더 안전하다

39. 그러나 어떤 뜻을 캐내기는 했어도, 그 뜻에 의심스러운 점이 있고, 성경의 확실한 증언으로 밝힐 수도 없을 때에는, 이성의 증거에 비추어서 해명하는 길이 남아 있다. 그러나 이것은 위험한 방법이다. 역시 성경에 비추어서 걷는 것이 훨씬 더 안전하다. 비유적인 표현 때문에 한 구절을 검토할 때에는, 같은 성경의 각 부분에서 증언을 얻음으로써 논쟁의 여지가 없는 뜻을 얻든지, 또는 논쟁이 생기더라도 그 증언들을 이용해서 해결할 수 있을 것이다.

제29장. 비유에 대한 지식이 필요하다

40. 성경에는 문법학자들이 헬라어로 트로포스(tropos), 즉 비유라고 부르는 표현이 많다는 것을 학식이 있는 사람들은 알아 두라. 다른 데서 비유들을 배운 사람들이 상상하거나 믿을 수 없을 만큼 성경에는 비유의 수효와 종류가 많다. 비유를 아는 사람들은 성경에서 곧 그것들을 알아보며, 그들의

예비 지식이 성경 이해에 큰 도움이 된다. 나는 여기서 문법을 가르치려는 것이 아니므로, 비유도 가르치지 않겠다. 나는 이미 제2권에서 필요한 언어 지식을 논할 때에 말한 것과 같이, 비유에 대해서도 성경 이외에서 배우라고 권한다. 우리의 문법("grammatica")이라는 말은 헬라어의 문자("γραμματα")라는 말에서 왔지만, 문자는 우리가 말할 때에 내는 음성에 대한 부호다. 그런데 성경에는 어떤 종류의 비유의 예들이 있을 뿐 아니라, 비유들의 이름까지도 그대로 있다.

예컨대, "알레고리"(풍유, 諷諭)와 아이니그마(aenigma, 수수께끼)와 파라볼라(parabola, 비유)와 같은 것이다. 그러나 교양 교육에서 배운다는 이 모든 비유들은 문법(또는 언어학)을 배운 일이 없고 구어체로 만족하는 사람들의 일상 용어에도 나온다. "번창하십시오"(직역은 "꽃이 피십시오")라고 말하지 않는 사람이 있는가? 이것은 메타포(metaphor, 은유)라는 비유다. 물고기가 없어도 목욕탕을 "피스키나"(piscina, 養魚池)라고 하는 것은 원래 물고기와 인연이 있었기 때문이다. 이런 표현은 카타크레시스(catachresis), 즉 "잘못 쓴 비유" 또는 "오용법"(誤用法; 본 뜻과 관련없이 쓰임)이라고 한다.

41. 이런 식으로 다른 종류의 비유들을 모두 이야기하려면, 너무 지루할 것이다. 일반 사람들의 일상 대화에도 그런 비유들이 모두 나오며, 예컨대 정반대되는 뜻을 표시하는 이로니아(ironia, 반어법, 反語法)와 안티프라시스(antiphrasis, 反用) 같은 기이한 것도 있다. 그런데 이로니아에서는 전하려는 뜻을 어조로 알린다. 행동이 나쁜 사람에게 "당신 착합니다"라고 하는 것과 같다.

안티프라시스에서는 말의 뜻과 반대되는 뜻을 어조로 표시하는 것이 아니라, 어원적인 의미와 반대되는 말을 쓴다. 예컨대, "루쿠스"(lucus), 즉 "거룩한 숲"은 어두침침하기 때문에 '빛나다'(luceo)라는 말에서 온 반대어이다. "그렇다" 또는 "아니다"라는 반대어를 쓰는 대신에 어떤 일정한 표현을 쓰는 경우도 있다. 예컨대, 어떤 곳에 가서 거기에 없는 것을 청구했을 때에, "그것 많습니다"라는 대답을 듣는다. 또는 반대되는 말을 한다는 것을 알리는 말을 첨가한다. 예컨대, "조심하시오, 그 사람 착하니까요"라고 한다. 아무리 무식한 사람이라도, 이런 비유적인 표현의 성격이나 이름을 모르면서도 실지로 쓰고 있다. 그러나 성경에서 어려운 점들을 밝히려면 비유들을 알고 있어야 한다. 어떤 단어들을 문자적으로 해석하면 불합리한 뜻이 될 때에, 우리는 곧 어떤 비유적인 용법이 아닌가를 탐구해야 한다. 이런 방법으로 모호한 구절들이 밝혀진 예가 많다.

제30장. 도나투스(Donatus)파인 티코니우스(Tichonius)의 원칙론을 검토함

42. 도나투스파[3]인 티코니우스[4]라는 사람은 도나투스파에 반대해서 아주 설득력이 있는 글을 썼으면서도 그 파를 완전히 버리지 않았으니, 이 점에서 그의 마음은 논리적이 아니었다. 그러나 그는 「원칙론」이라는 제목을 붙인 책을 써서 일곱 가지 원칙을 설명하고, 그 원칙들은 열쇠와 같이 성경의 모호한 점들을 열어 줄 수 있으리라고 했다. 첫째 원칙은 주님과 그의 몸에 관한 것이며, 둘째는 주님의 몸의 두 부분에 관한 것이며, 셋째는 약속과 율법에 관한 것이며, 넷째는 종(種)과 유(類)에 관한 것이며, 다섯째는 때에 관

---

3 로마 제국의 콘스탄티누스 대제가 기독교를 공인한 313년 직전까지 심한 기독교 박해가 약 10년 동안 계속되었는데, 그 박해에 조금도 굴하지 않았노라고 하는 일파가 따로 떨어져 보편 교회와 항쟁했다. 특히 북부 아프리카의 누미디아라고 하는 미개인 지방의 감독들이 그 파를 형성했고, 심지어 농민 폭도들과 합세하기까지 했다. 소위 이 도나투스파는 411년에 정통 교회 감독들과의 토론회에서 회의를 주재한 황제의 특사로부터 그 입장이 잘못이라는 결론을 받았고, 그 후에 정부의 억압을 받아 기세가 꺾였다. 아우구스티누스는 도나투스파를 반박하는 글을 많이 썼다.

4 티코니우스는 400년경에 죽은 평신도 신학자. 그의 「원칙론」(*Liber Regularum*)은 380년 경의 저술.

한 것이며, 여섯째는 소급(遡及)에 관한 것이며, 일곱째는 마귀와 그 몸에 관한 것이다.

참으로 그가 설명한 대로 이 원칙들을 주의깊게 검토하면, 성경의 숨은 뜻을 캐내는 데 큰 도움이 된다. 그러나 이해하기 어렵게 되어 있는 성경 말씀들을 이 원칙들로 전부 깨닫는다는 것은 불가능한 일이다. 우리는 다른 방법들도 이용해야 한다. 그는 다른 방법들은 일곱 원칙에 포함시키지 않았고, 그 자신이 여러 가지 모호한 점을 설명할 때에 그의 원칙들은 하나도 이용하지 않았다. 거기서는 필요하지 않기 때문이었다. 그 원칙들이 해당되는 문제가 거기는 없었다.

예컨대, 요한계시록에서 사도가 편지를 보내라는 명령을 받은 교회들의 일곱 천사를(계 1:20 이하) 설명할 때에, 여러 가지 방법으로 논한 다음에, 그 천사들은 곧 그 교회들로 해석해야 한다는 결론에 도달한다. 사실 거기서 검토한 문제는 아주 모호한 것인데도, 그는 이 장황한 고찰을 하면서 자신의 원칙들은 하나도 적용하지 않았다. 이만하면 나는 실례를 충분히 말했다. 그 일곱 원칙들이 전혀 필요하지 않은 모호한 성경 말씀들을 전부 수집한다는 것은 너무 지루하고 어려운 일이겠기 때문이다.

43. 그러나 티코니우스는 이 원칙들을 추천하면서, 그것만 잘 알고 응용하면 율법, 즉 성경에 있는 비유적인 표현들은 전부 이해할 수 있을 것처럼 중요시했다. 그 책의 서두에 다음과 같은 말이 있다: "나는 눈에 띄는 모든 것 가운데서 원칙들에 관한 소책자를 쓰는 것을 가장 중요한 일로 여긴다. 여기에 율법의 비밀한 곳들을 열어 보이는 신비한 원칙들이 있으며, 이 원칙들은 많은 사람이 볼 수 없는 진리의 보화들을 보이게 만든다. 온갖 시기심을 버리고 이 원칙의 체계를 내가 설명하는 대로 받아들인다면, 닫힌 것이 열릴 것이며 모호한 것이 밝혀질 것이며, 광대한 예언의 숲 속을 통과하

는 사람이 이 원칙들을 광명의 길로 삼아 따라간다면 길을 잃지 않고 안전할 것이다."

만일 그가 "율법의 일부 비밀을 열어 보이는 신비한 원칙들이 있다"고 말했다면, 또는 심지어 "율법의 위대한 비밀들을 열어 보이는 열쇠를 가진 원칙들"이라고 하고, "율법 전체의 깊고 숨겨진 곳들"이라고 하지 않았다면, "닫힌 것이 열릴 것이라"고 하지 않고, "닫힌 것이 많이 열리리라"고 했다면 그의 말은 진실이었을 것이며, 그의 심히 세밀하고 유익한 책자를 사실 이상으로 평가함으로써 독자들에게 허무한 기대를 불어넣지 않았을 것이다. 내가 이렇게 말하는 것은 성경 이해에 아주 큰 도움이 되는 이 책을 연구가들이 읽도록 하는 동시에, 거기에 없는 것을 기대하지 않도록 하려는 생각이다. 참으로 이 책은 저자의 인간적인 오류가 있을 뿐 아니라, 그가 도나투스파로서 주장하는 이단 사상이 있기 때문에 독자의 주의가 필요하다. 그러면 이제부터 이 일곱 원칙들이 가르치는, 또는 권고하는 것을 간단히 알리겠다.

제31장. 티코니우스의 첫째 원칙

44. 첫째 원칙은 주님과 그의 몸에 대한 것이다. 우리는 머리와 몸, 즉 그리스도와 교회를 때로는 한 사람으로 알리는 것을 안다. "그러면 너희는 아브라함의 씨라"(갈 3:29)는 헛된 말씀이 아니다. 아브라함의 씨는 한 사람이며, 곧 그리스도이시기 때문이다. 우리는 이 점을 알므로 말씀이 머리에서 몸으로 옮기고 또 몸에서 머리로 옮기면서도 사람은 변함이 없는 것을 볼 때에, 어려움을 느낄 필요가 없다. "내게 더하심이 신랑이 사모를 쓰며 신부가 자기 보석으로 단장함 같게 하셨음이라"(사 61:10) 할 때에, 이것은 한 사람에

대해서 하는 말이다. 이 둘 중의 어느 것이 머리를 의미하며, 어느 것이 몸을 의미하는지, 바꿔 말하면, 어느 것이 그리스도를, 그리고 어느 것이 교회를 의미하는지는 물론 해석해야 할 문제다.

제32장. 티코니우스의 둘째 원칙

45. 둘째 원칙은 주님의 몸의 이분법(二分法)에 대한 것이다. 그러나 이 이름은 부적당하다. 그리스도의 몸에는 그와 함께 영원히 있지 않을 부분은 없기 때문이다. 그러므로 우리는 주님의 참 몸과 섞인 몸, 또는 참 몸과 가짜 몸, 또는 이와 비슷한 것에 대한 원칙이라고 해야 한다. 영원은 말할 것 없이, 지금이라도 외식하는 자들은 교회 안에 있는 것 같을지라도, 그리스도 안에 있다고는 할 수 없기 때문이다.

그러므로 이 원칙은 섞인 교회에 관한 것이라고 부를 수 있다. 그런데 이 원칙은 성경에서 다른 사람들을 상대로 말하게 되었으면서 여전히 같은 사람들을 상대로 하는 것 같이 말할 때에 독자는 조심하라고 경고한다. 두 가지 사람들이 성례식들에 함께 참여해서 일시적으로 하나가 되기 때문에, 그들을 한 몸인 것 같이 말하기 때문이다. 예컨대, 아가에, "내가 비록 검으나 아름다우니 게달의 장막 같을지라도 솔로몬의 휘장과도 같구나"(아 1:5)라는 말씀이 있다. 내가 비록 게달의 장막 같이 검었으나, 지금은 솔로몬의 휘장 같이 아름다우니라고 하지 않는다. 교회는 지금 양쪽이라고 한다. 그물에 좋은 고기와 나쁜 고기가 일시 섞여 있기 때문이다(마 13:47, 48). 게달의 장막은 이스마엘에 속하며, 이스마엘은 "자유 있는 여자의 아들과 더불어 유업을 얻지 못하리라"(갈 4:30) 하였다.

마찬가지로, 교회의 좋은 부분에 관해서는 하나님께서 "내가 맹인들을 그들이 알지 못하는 길로 이끌며 그들이 알지 못하는 지름길로 인도하며 암흑으로 그 앞에서 광명이 되게 하며 굽은 데를 곧게 할 것이라. 내가 이 일을 행하여 그들을 버리지 아니하리라" 하신다(사 42:16). 그리고 즉시 다른 부분, 즉 선한 부분과 섞여 있는 나쁜 부분에 대해서 그들은 "물리침을 받으리라"고 첨가하신다. 이 말씀은 전자와 전혀 다른 종류의 사람들에 관한 것인데, 두 종류의 사람들이 현재 한 무리로 통일되었기 때문에, 하나님은 문장의 주제에 변화가 없는 것 같이 말씀하신다. 그러나 그들은 한 몸으로 있지 않을 것이다. 그 중의 하나는 저 악한 종과 같기 때문이다. 악한 종에 대해서 복음서에는, 주인이 와서 "엄히 때리고 외식하는 자의 받는 벌에 처하리라"고 했다(마 24:50, 51).

제33장. 티코니우스의 셋째 원칙

46. 셋째 원칙은 약속들과 율법에 관한 것이라고 했는데, 영과 문자에 관한 것이라고 바꿔 말할 수 있을 것이다. 나는 이 "영과 문자"라는 제목으로 글을 쓴 일이 있다.[5] 이 원칙은 은혜와 율법에 관한 것이라고 부를 수도 있다. 그러나 이것은 다른 문제들을 해결하는데 쓸 원칙이라기보다 그 자체가 중대한 문제다. 이 문제에 대한 명확한 견해가 없었기 때문에 펠라기우스(Pelagius)의 이단설이 생긴 것이고, 적어도 그 이단설을 아주 나쁘게 만든 것이다. 그리고 이 점을 밝히려고 한 티코니우스의 노력은 좋았지만, 완전하지 못했다.

그는 믿음과 행위의 문제를 논하면서, 행위는 믿음에 대한 상으로서 하

---

5 이 "영과 문자"라는 논문은 412년에 쓴 것이다.

나님이 우리에게 주시는 것이며, 믿음 자체는 우리 자신의 것이기 때문에 하나님에게서 오는 것이 아니라고 했다. 그는 "아버지 하나님과 주 예수 그리스도께로부터 평안과 믿음을 겸한 사랑이 형제들에게 있을지어다"(엡 6:23)라고 한 사도의 말씀을 생각하지 않은 것이다. 그러나 티코니우스는 펠라기우스의 이단설을 몰랐다. 그것은 우리 시대에 나타났고, 그에 반대해서 우리 주 예수 그리스도를 통하여 주시는 하나님의 은혜를 옹호하느라고 우리가 많이 수고하게 만들었다. "너희 중에 파당(이단)이 있어야 너희 중에 옳다 인정함을 받은 자들이 나타나게 되리라"(고전 11:19)고 사도는 말한다.

그래서 우리는 티코니우스가 빠뜨린 것을 성경에서 발견하도록 더욱 조심하며 부지런하게 되었다. 티코니우스는 경계할 원수가 없었기 때문에 이 점에 대해서, 즉 믿음까지도 하나님의 선물이라는 점에 대해서, 신경을 그다지 쓰지 않은 것이다. 하나님께서 각 사람에게 믿음의 분량을 나눠 주시며(롬 12:3), 따라서 어떤 신자들을 향해서 "너희에게 은혜를 주신 것은 다만 그를 믿을 뿐 아니라 또한 그를 위하여 고난도 받게 하심이라"(빌 1:29)고 했다. 그러면 이 구절에서 이 일들의 하나하나가 받은 것이라는 것을 배우고 믿는 사람이라면, 누가 이 일들이 모두 하나님의 선물임을 의심할 수 있겠는가? 이 점을 증명하는 증언이 달리도 많다. 그러나 나는 지금 이 교리를 논하는 것이 아니고, 이미 여러 곳에서 자주 거론했다.

제34장. 티코니우스의 넷째 원칙

47. 티코니우스의 넷째 원칙은 종(種)과 유(類)에 관한 것이다. 그 자신이 이런 이름을 붙이고, 유는 전체, 종은 일부분이라고 한다. 예컨대 한 도시는 여러 나라로 구성된 큰 사회의 한 부분이므로 도시는 종이요, 국제 사회는

유라고 부른다. 논리학자들은 부분과 종을 세밀하게 구별하지만 여기서는 그런 자세한 구별을 사용할 필요가 없다. 이런 일에 관한 말씀이 성경에 있을 때에는, 한 도시가 아니라 한 지방이나 종족이나 왕국이 문제가 될 때에도 물론 응용되는 원칙은 같다. 예컨대, 예루살렘이나 두로와 바벨론 같은 이방 도시에 대해서만, 그 도시의 한계를 넘어서 모든 나라에 더 잘 해당하는 말씀이 성경에 있는 것이 아니다.

유대나 애굽이나 앗수르나 그밖의 어느 나라든지 도시가 많더라도 세계 전체는 아니고 세계의 일부에 불과한 나라에 대해서, 성경이 하는 말씀이 그 나라의 경계를 넘어 전세계에 더 적합한 때가 있다. 저자는 이런 것을 부분인 종보다 전체인 유에 더 해당한다고 말한다. 그래서 이 용어(用語)들은 널리 알려졌고, 교육을 받지 못한 사람들까지도 황제의 칙령에서 어떤 것이 특수한 명령이며 어떤 것이 전반적인 명령인가를 이해한다. 사람들의 경우에도 마찬가지다. 예컨대, 솔로몬에 대해서 하는 말씀이 솔로몬 개인을 넘어서 더 광범한 의미를 내포했으며, 솔로몬이 그 한 부분이 되어 있는 교회, 곧 그리스도와 그의 교회에 관련시킬 때에 비로소 바르게 이해된다(삼하 7:14-16).

48. 그런데 항상 종의 범위를 넘는 것이 아니다. 분명히 종에 대해서도, 또는 종에 대해서만 해당되는 말씀인 때가 많다. 그러나 성경이 어느 점까지 종에 대해서 말씀하다가, 그 점에서부터 유로 말씀이 넘어갈 때에 독자는 조심해서 유에서 더 확실히 얻을 수 있는 것을 종에서 찾지 않도록 경계해야 한다. 예컨대, 에스겔 선지자의 말씀에 다음과 같은 것이 있다: "이스라엘 족속이 그들의 고국 땅에 거주할 때에 그 행위로 그 땅을 더럽혔나니 나 보기에 그 행위가 월경 중에 있는 여인의 부정함과 같았느니라. 그들이 땅 위에 피를 쏟았으며 그 우상들로 말미암아 더럽혔으므로 내가 분노를 그들 위에 쏟아 그들을 그 행위대로 심판하여 각국에 흩으며 여러 나라에 헤쳤더니"(겔 36:17-19).

이 말씀은 사도가 "육신을 따라 난 이스라엘을 보라"(고전 10:18)고 한 그 육신의 이스라엘 민족에 해당한다고 해석하는 것은 쉽고, 그들은 여기서 언급된 일들을 모두 행했고 또 당했기 때문이다. 바로 그 다음에 있는 말씀도 그들에게 해당한다고 이해할 수 있다. 그러나 선지자는 다음과 같이 말하기 시작한다: "여러 나라 가운데에서 더럽혀진 이름 곧 너희가 그들 중에서 더럽힌 나의 큰 이름을 내가 거룩하게 할지라 … 내가 여호와인 줄 여러 나라 사람이 알리라"(겔 36:23).

여기서 독자는 종의 한계를 넘어 계속하기[6] 때문이다: "내가 그들의 눈 앞에서 너희로 말미암아 나의 거룩함을 나타내리니 … 내가 너희를 여러 나라 가운데 취하여 내고 여러 민족 가운데 모아 데리고 고국 땅에 들어가서 맑은 물을 너희에게 뿌려서 너희로 정결하게 하되 곧 너희 모든 더러운 것에서와 모든 우상 숭배에서 너희를 정결하게 할 것이며 또 새 영을 너희 속에 두고 새 마음을 너희에게 주되 너희 육신에서 굳은(돌) 마음을 제하고 부드러운(고기) 마음을 줄 것이며 또 내 영을 너희 속에 두어 너희로 내 율례를 행하게 하리니 너희가 내 규례를 지켜 행할지라. 내가 너희 조상들에게 준 땅에 너희가 거하여 내 백성이 되고 나는 너희 하나님이 되리라. 내가 너희를 모든 더러운데에서 구원하리라"(겔 36:23-29).

그런데 이것은 신약에 대한 예언임을 의심할 수 없다. "이스라엘 백성이 바다의 모래 같을지라도 남은 자만 구원을 받으리라"(사 10:22). 그 백성의 남은 자들만이 신약에 속한 것이 아니라, 그들의 조상과 우리의 조상들에게 약속된 이방 사람들도 속해 있으며, 여기 이 예언에는, 우리가 지금 보는 바와 같이 모든 민족에게 주신 중생(重生)의 씻음이 약속되어 있다는 것을, 문제를 들여다보는 사람이라면 아무도 의심할 수 없다.

---

6 문절의 순서가 개역성경과 다름.

사도가 신약의 은혜를 찬양하며, 구약보다 신약이 우월하다는 것을 말했을 때에, "너희는 우리의 편지라 … 먹으로 쓴 것이 아니요 오직 육의 마음판에 쓴 것이라"(고후 3:2,3)고 한 말씀은, 여기서 선지자가 하는 말씀과 분명히 관련이 있다: "새 영을 너희 속에 두고 새 마음을 너희에게 주되 너희 육신에서 굳은 마음을 제거하고 부드러운 마음을 줄 것이라"(겔 36:26). 그런데 사도가 말하는 "육의 마음판"이라는 표현은 선지자의 부드러운 마음(고기 마음)에서 온 것이며, 선지자는 굳은 마음(돌 마음)과 구별한 것이다. 그 부드러운 마음은 감각 있는 생명을 가진 것이 특색이며, 감각이 있다는 것은 이해력이 있는 생명을 의미한다. 이와 같이 영적 이스라엘은 한 민족으로 된 것이 아니라 모든 민족으로 구성되며, 이 여러 민족이 참가할 것은 조상들에게 그 후손, 즉 그리스도 안에서 약속되었다.

49. 그러므로 한 민족으로 구성된 육적 이스라엘과 영적 이스라엘을 구별하는 것은 혈통이 고귀한 데 있지 않고 은혜가 새로운 데 있으며, 민족에 있지 않고 그 정서(情緖)에 있다. 그러나 선지자는 깊은 뜻에 잠겨, 육적 이스라엘에 대해서 말하면서, 논점이 변하는 것을 알리지 않은 채로, 영적 이스라엘에 대해서 말한다. 그래서 영적 이스라엘에 대한 말씀인데도 여전히 육적 이스라엘에 대한 것인 것 같이 여겨진다.

우리를 원수인 듯이 성경 말씀을 분명히 깨닫지 못하게 하려는 것이 아니라, 의사와 같이 우리의 정신에 유익한 훈련을 시키는 것이다. 그러므로 "내가 너희를 … 데리고 고국 땅에 들어가서"라고 하며, 조금 뒤에 반복하듯이, "내가 너희 열조에게 준 땅에 너희가 거주하면서"라는 말씀은, 육적 이스라엘에 관한 말씀인 듯이 문자적으로 해석할 것이 아니라, 영적 이스라엘에 관한 것으로 영적으로 해석해야 한다. 모든 백성 사이에서 모은 교회, 점도 없고 주름도 없는 교회, 그리스도와 함께 영원히 다스릴 운명인 교회는 그 자체가 축복받은 자들의 나라이며, 산 자들의 나라이기 때문이다. 하나님께서 그 확고부동한 목적으로 이 나라를 조상들에게 약속하셨을 때에 이미 그들에게 주셨다고 우리는 해석해야 한다.

하나님의 약속과 목적은 변하지 않기 때문에, 때가 오면 주시리라고 조상들이 믿은 것은 그들의 입장에서 보면 이미 받은 것이나 다름이 없었다. 성도들에게 주신 은혜에 대해서 사도가 디모데에게 써 보낸 말씀과 같다: "우리의 행위대로 하심이 아니요 오직 자기의 뜻과 영원한 때 전부터 그리스도 예수 안에서 우리에게 주신 은혜대로 하심이라. 이제는 우리 구주 그리스도 예수의 나타나심으로 말미암아 나타났느니라"(딤후 1:9-10).

은혜를 받을 사람들이 아직 있지 않았을 때에 은혜를 주셨다는 말씀이다. 장차 때가 오면 주실 은혜를 하나님이 그 뜻과 결정에 의해서 이미 그 때에 주신 것이라고 보는 것이다. 그리고 지금 나타났다고 한다. 그러나 이 말씀은 장차 올 시대의 나라, 새 하늘과 새 땅이 있을 시대에 대한 것일 수도 있다. 그 나라에 불의한 자들은 살 수 없을 것이다. 그러므로 의인들을 향해서 그 나라가 그들의 것이 되며, 불의한 자들이 설 곳은 없으리라는 것은 옳은 말이다. 그 나라를 주실 것이 확정되었으므로 그것은 이미 주신 것과 같기 때문이다.

제35장. 티코니우스의 다섯째 원칙

50. 티코니우스는 그의 다섯째 원칙을 시간에 관한 것이라고 부른다. 이 원칙에 의해서 성경에 분명히 표현되지 않은 시간의 길이를 추측하거나 발견한다는 것이다. 이 원칙은 두 가지 방법으로 적용한다. 즉 제유(提喻, synecdoche)라는 어법(語法)과 올바른 숫자로 나타내는 것이다. 제유는 부분

을 전체로 보기도 하고 전체를 부분으로 보기도 한다. 예컨대, 우리 주님께서 산상에서 세 제자 앞에서 얼굴이 해와 같이 빛나며 옷이 눈같이 희어진 사건에 대해서, 한 복음서에는 엿새 후에 있었다고 하며(마 17:1), 다른 복음서는 8일 후라고(눅 9:28) 했다.

이 두 가지 숫자는 이대로는 다 옳을 수 없고, 8일 후라고 한 사람은 주님이 예언하신 날의 나중 부분과 예언이 성취된 날의 앞의 부분을 온전한 이틀로 계산해야 하며, 엿새 후라고 한 사람은 이 이틀 사이에 있었던 온전한 날들만을 계산했다고 해야만 그들의 말이 맞을 것이다. 부분을 전체로 보는 이 어법은 그리스도의 부활에 관한 큰 문제도 설명한다. 그가 수난당하신 날의 전날 밤을 합해서 온전한 하루로 계산하며, 그가 부활하신 밤 다음에 동이 튼 주일을 합해서 또 온전한 하루를 만들지 않으면, 땅 속에 밤낮 사흘 계시리라고 예언하신 그 3 주야를 얻을 수 없다(마 12:40).

51. 티코니우스가 올바른 숫자라고 하는 것은 성경이 존중하는 숫자들을 의미한다. 즉 일곱, 열, 열둘, 그 밖에 성경을 숙독하는 사람이 곧 알게 되는 숫자들이다. 그런데 이런 숫자들은 항상이라는 뜻으로 사용되는 때가 많다. 예컨대, "내가 하루 일곱 번씩 주를 찬양하나이다"(시 119:164)라고 하는 것은 "내 입술로 항상 주를 찬양하리이다"(시 34:1)라는 것과 같은 뜻이다. 70이나 700과 같이 열 배를 할 때에도 뜻이 똑같다. 그래서 예레미야가 말한 70년은(렘 25:11) 영적으로 해석할 때에, 교회가 외인(外人)들 사이에 나그네로 있는 기간 전체를 의미할 수 있다. 또는 제곱수를 만들어 열에서 백, 열둘에서 백마흔넷을 만들 때에도 전체를 의미한다. 예컨대, 계시록에서는(7:4) 백마흔넷을 사용해서 성도 전체를 의미한다. 그러므로 이런 숫자로 결정할 것은 시간뿐만 아니라, 여러 가지 뜻과 여러 가지 문제에 응용할 수 있다. 위에서 말한 계시록의 예는 시간이 아니라 사람들을 의미하는 것과 같다.

제36장. 티코니우스의 여섯째 원칙

52. 여섯째 원칙을 티코니우스는 소급(遡及) 반복이라고 부른다. 이것은 잘 주의하면 성경의 난해한 부분에서 발견할 수 있다. 성경 기록이 사건이 발생한 순서를 따른 것 같거나, 사건이 계속된 것 같을 때에, 사실은 이야기가 무언중에 이전으로 돌아가서, 빠뜨린 것을 순서대로 이야기하는 것을 의미한다. 이 점을 이해하고 이 원칙을 응용하지 않으면 우리는 잘못 해석하게 된다. 예컨대, 창세기에 "주 하나님이 동방의 에덴에 동산을 창설하시고 그 지으신 사람을 거기 두시고 주 하나님이 그 땅에서 보기에 아름답고 먹기에 좋은 나무가 나게 하시니"라는 말씀이 있다(창 2:8-9).

여기서 뒤에 이야기한 일들이 있기 전에 하나님이 사람을 만들어 동산에 두신 것 같이 생각된다. 그러나 두 가지 사실, 즉 하나님이 동산을 만드시고 거기에 자기가 지으신 사람을 두셨다는 사실들을 간단히 말한 다음에, 이야기가 과거로 돌아가서(즉, 소급 반복해서) 빠뜨린 것, 곧 동산을 창설하신 이야기, 보기에 아름답고 먹기에 좋은 각종 나무들을 심었다고 한다. 그리고 계속해서, "동산 가운데에는 생명 나무와 선악을 알게 하는 나무도 있더라"(창 2:15)고 한다.

그 다음에 동산에 물을 댄 강에 대해 언급하면서, 그 강이 네 갈래로 갈라져서 흘렀다고 한다. 이 모든 것은 동산이 창설된 이야기다. 이야기가 끝난 후에, 이미 말한 사실을 반복하고, 사건들의 엄격한 순서를 따른다: "주 하나님이 그 사람을 이끌어 에덴 동산에 두어"(창 2:15). 이 모든 일을 이루어놓은 후에 사람을 동산에 두셨기 때문이다. 이 점은 지금 와서 이야기 자체의 순서에 나타났다. 즉 다른 일들을 하기 전에 사람을 동산에 넣은 것이 아니다. 앞에서 빠뜨린 일들로 이야기가 돌아간다는 이 소급과 반복을 우리가 정확히 인정하고 이해하지 않는다면 우리는 오해할 수 있다.

53. 같은 책에서 노아의 아들들의 세대를 이야기할 때에, "이들은 함의 자손이라. 각기 족속과 언어와 지방과 나라대로였더라"(창 10:20)고 한다. 셈의 자손들에 대해서도, "이들은 셈의 자손이니 그 족속과 언어와 지방과 나라대로였더라"(창 10:31)고 한다. 그리고 이 모든 사람들에 대해서 첨가한다: "이들은 노아 자손의 족속들이요 홍수 후에 이들에게서 그 땅의 백성이 나뉘었더라. 온 땅의 언어가 하나요 말이 하나였더라"(창 10:32; 11:1). 그런데 "온 땅의 언어가 하나요 말이 하나였더라"고 첨가된 것은[7] 여러 족속들이 땅에 흩어져 있었을 때에 그들이 모두 한 언어를 공유한 것으로 생각된다.

그러나 이것은 분명히 그 앞에 있는 "족속과 언어대로" 나뉘었더라는 말과 모순된다. 모든 족속이나 나라가 한 공통된 언어를 사용했다면, 각각 자체의 언어를 가지고 있었다고 할 수 없을 것이다. 그렇기 때문에 "온 땅의 언어가 하나요 말이 하나였더라"는 것은 소급해서 첨가한 것이다. 이야기가 달라지는 것을 알리지 않으면서, 그 이전으로 돌아가서 그 때의 사정을, 즉 공통되는 언어를 쓰다가 여러 가지 말로 분열된 이야기를 하는 것이다. 따라서 곧 탑을 쌓았다는 것과, 그들의 교만을 하나님이 처벌하셨다는 말씀이 있다. 그리고 이 일이 있은 후에 그들은 각각 그 언어대로 흩어졌다고 한다.

54. 이 소급 반복은 더 모호한 형태로 나타난다. 예컨대, 복음서에 주님의 이런 말씀이 있다: "롯이 소돔에게서 나가던 날에 하늘로부터 불과 유황이 비오듯 하여 그들을 멸망시켰느니라. 인자의 나타나는 날에도 이러하리라. 그 날에 만일 사람이 지붕 위에 있고 그 세간이 그 집 안에 있으면 그것을 가지러 내려가지 말 것이요 밭에 있는 자도 그와 같이 뒤로 돌이키지 말 것이니라. 롯의 처를 기억하라"(눅 17:22-32).

---

7 여기서 "첨가"되었다고 하는데, 지금은 성경 본문의 장절(章節)로 구분되어 있지만, 아우구스티누스 시대에는 그런 구분이 없었으므로, 이 창 11:1을 읽는 사람들은 더욱 심한 혼란을 느꼈을 것이다.

사람들이 이 말씀들에 유의해서 뒤를 돌아다보지 않아야 하는 것은, 즉 과거의 생활을 동경하지 말아야 하는 것은, 주님이 나타나실 그 때인가? 이 말씀들에 유의해야 하는 것은 오히려 지금이 아닌가? 그래서 주님이 나타나실 때에 모든 사람이 그 유의한 일과 멸시한 일에 따라 보응을 받게 될 것이 아닌가? 그러나 성경에 "그 날에"라고 하기 때문에, 주님이 나타나시는 때가 이런 말씀들에 유의할 때라고 생각하게 될 수 있다. 즉 성경을 읽는 사람이 정신을 차리며 뜻을 잘 이해해서 소급 반복의 원칙을 생각하지 않으면 오해할 수 있다. 다른 성경 구절에, 사도 시대에 대해서까지 "아이들아 지금이 마지막 때라"(요일 2:18)고 한 말씀의 도움을 받아서 소급법을 이해해야 한다. 복음이 전파되는 때와 주님이 나타나실 때까지가 곧 우리가 이 말씀들에 유의해야 할 날이다. 여기서 말씀하는 주님의 나타나심은 심판의 날로 끝날 그 날과 같은 날에 속하기 때문이다(롬 2:5).

제37장. 티코니우스의 일곱째 원칙

55. 티코니우스의 일곱째며 마지막인 원칙은 마귀와 그 몸에 관한 것이라고 한다. 마귀는 악인들의 머리이며, 악인들은 이를테면 그의 몸으로서, 그와 함께 벌을 받아 영원한 불로 갈 운명이다. 마치 그리스도가 교회의 머리이시며 교회는 그의 몸이 되어 그와 함께 영원한 나라와 영광을 받을 운명인 것과 같다. 따라서 주와 그의 몸에 관한 처음 원칙에 따라 우리는 성경이 같은 한 주격에 대해서 하는 말씀을 어떻게 해석할 것인가를, 즉 어느 부분은 머리에 대한 것이며 어느 부분은 몸에 대한 것인가를 결정하는 것과 같이, 이 마지막 원칙도 마귀에 대한 말씀이 어떤 때에는 그 자신에 관해서 그의 몸에 관한 것 같이 분명하지 않다는 것을 우리에게 알려준다.

그의 몸을 구성하는 것은 명백히 길에서 떠난 자들뿐 아니라, 실제는 그에 속하면서도 일시적으로 교회 안에 섞여 있으면서, 세상을 떠나든지 또는 최후의 키질로 겨와 낟알을 가를 때까지 간다. 예컨대, "아침에 일찍이 떠오르는 계명성이 어찌 그리 하늘에서 떨어졌는고"(사 14:12, 70인역)와, 계속해서 바벨론 왕을 들어 하는 말씀도 같은 주격(主格)에 대한 것이며, 물론 마귀에 대한 것으로 해석해야 한다. 그러나 같은 곳에(사 14:12) 있는 말씀, "열국에 보내는 자가 어찌 그리 땅에 찍혔는고"는 머리에 잘 해당하지 않는다. 마귀는 그 악한 천사들을 각국에 보내지만, 땅에 찍혀지는 것은 그의 몸이요 그 자신은 아니다. 다만 그는 그 몸 안에 있고, 몸은 먼지 같이 작게 빻아져서 바람에 불려 지면에서 사라진다.

56. 그런데, 이 모든 원칙은 약속과 율법에 관한 것을 제외하고는 표현된 것과 다른 의미로 해석하게 한다. 이것은 비유적 어법의 특색이다. 이 어법은 너무 널리 사용되기 때문에, 아무도 그 범위를 완전히 파악할 수 없는 것 같다. 언급된 말과 다른 의미로 해석하려는 것이 비유적 표현인데, 트로포스(비유)라는 이름도 수사학에는 없다. 보통 이런 표현을 만나는 곳에 비유가 나타날 때에는 이해하기가 어렵지 않지만, 관례가 아닌 곳에 있는 비유를 이해하려면 노력이 필요하다. 하나님에게서 받은 총명의 정도에 따라서, 또는 외부로부터 얻는 도움의 다소에 따라서 수고해야 하는 정도도 다르다.

위에서 논한 문자적인 단어들의 경우, 즉 표현된 대로 해석할 사물의 경우와 같이, 표현된 것과 해석된 뜻이 다른 비유적인 단어들의 경우에도, 즉 내가 방금 논술을 마친 것들의 경우에도 성경을 공부하는 사람들은 성경에서 보통 사용되는 표현 형식을 알며 자세히 관찰하며 정확히 기억할 뿐 아니라, 그 표현들을 이해할 수 있도록 기도하는 것이 무엇보다도 특별히 필요하다. 그들이 열심히 연구하려는 성경 자체에 "여호와는 지혜를 주시며 지식과 명철을 그 입에서 내신다"(잠 2:6). 지식을 원하는 마음이 경건과 결합된 때에는 그 소원도 주께로부터 받은 것이다. 그러나 말과 관련된 부호들에 대해서는 이미 충분히 말했다. 다음 권에서는, 하나님이 빛을 주시는 대로, 우리의 생각을 다른 사람들에게 전달하는 방법에 대해서 논하겠다.

DE DOCTRINA CHRISTIANA

제4권

&

〔개요. 이 저서의 제2부(제4권)에서 표현을 논하기 전에, 저자는 우선 여기서 수사학의 원칙들을 논할 의도가 없다는 것을 말한다. 수사학은 다른 데서 배워야 하며 소홀히 여길 것도 아니라고 했다. 특히 기독교의 교사는 말에 능력이 있어야 하므로 수사학에 대한 지식이 필요하다. 웅변가의 여러 가지 특성을 신중하고 자세하게 설명한 다음에, 웅변술의 모범으로서 성경의 저자들을 추천한다. 그들은 웅변과 지혜를 겸비한 점에서 어느 누구보다도 탁월하다고 한다.

듣는 사람들을 즐겁게 하며 설득하기 위해서 필요한 특성들도 있지만, 우선 가르치기 위해서 가장 필요한 것은 문체나 말씨가 명석(明晳)한 것이다. 그러므로 기독교 교사는 명석한 말씨를 배양하는 데 특별히 유의해야 한다. 우리는 열심히 연구에 힘을 다하는 동시에, 이런 능력들을 하나님께 간절히 기도해야 한다.

말씨에는 세 가지가 있다고 한다. 즉 부드러운 것, 기품(氣品)이 있는 것, 위엄이 있는 것이다. 처음 것은 가르치는 데 적합하고, 둘째 것은 칭찬하는 데, 그리고 셋째 것은 권고하는 데 적합하다. 각각 실례로서 성경과 초대 교회 교사인 키프리아누스와 암브로시우스를 든다. 그리고 이 세 가지 말씨는 섞을 수 있으며, 그 섞을 때의 목적을 알린다. 궁극적 목적은 듣는 사람들이 진리를 깨닫게 하려는 것이며, 기쁘게 듣고 생활에서 실행하게 만드는 것이라고 한다. 끝으로, 교사 자신을 향해서, 그의 직책의 존엄성과 책임을 지적하면서, 자기가 가르치는 것과 생활이 일치하며 모든 사람에게 좋은 모범을 보이라고 권고한다.〕

제1장. 이 글은 수사학에 대한 논문이 아니다

1.「기독교 교양」이라고 제목을 붙인 이 저서의 처음에서, 이 책을 두 부분으로 나누었다. 나는 서론에서 이 책에 반대할 사람들을 예상하고 그들에게 대답했다. 그리고 다음과 같이 말했다: "모든 성경 해석의 기초는 두 가지다. 하나는 올바른 뜻을 확인하는 방법이며, 또 하나는 그 확인한 뜻을 알리는 방법이다. 나는 먼저 확인 방법을 논하고, 그 다음에 알리는 방법을 논하겠다."[1] 나는 이미 의미를 확인하는 방법에 대해서 말을 많이 했고, 이 제1부에 세 권을 배당했으므로, 뜻을 알리는 방법에 대해서 몇 가지 말만 해서, 될 수 있는 대로 한 권에 넣고, 책 전체를 네 권으로 마치려 한다.

2. 우선 나는 이 머리말로써 독자들이 나에게서 수사학을 기대하지 않게 만들려고 한다. 나는 수사학을 배웠고 세속 학교에서 가르친 사람이지만, 이 저서에서는 수사학의 원칙을 말할 생각이 없고 독자들은 그런 것을 내게서 기대하지 말라고 경고한다. 그런 원칙들이 무용하다는 뜻이 아니라, 필요하면 다른 곳에서 배우라고 권고한다. 어떤 착한 사람이 수사학을 배울 여가가 있더라도, 내가 쓰는 이 책이나 다른 책에서 내게 그것을 가르치라고 요구하지 말기를 바란다.

---

1 제1권 1장.

제2장. 기독교의 교사가 수사 기술(修辭技術)을 이용하는 것은 합당한 일이다

3. 그런데 수사 기술은 진리나 거짓을 주장하는데 효과가 있으므로 진리를 옹호하는 사람이 대표하는 진리가 아무 무장도 없이 거짓과 대립하라고 누가 감히 말할 수 있는가? 예컨대, 거짓을 사람들에게 믿게 만들려고 하는 사람들은 듣는 사람의 마음을 호의적인 것으로 만들며, 귀를 기울여 배우게 만들도록 문제를 제시하는 방법을 알고, 진리를 옹호하는 사람들은 그런 기술을 모르라는 것인가? 전자는 그 거짓을 간단 명료하고 그럴 듯하게 말하는데, 후자는 듣기에 지루하고 알아듣기 어렵고 믿기에 쉽지 않은 모양으로 말하라는 것인가? 전자는 진리에 반대하기 위해서 궤변적인 논법을 동원하는데, 후자는 진리를 옹호할 줄도 모르고 거짓을 논박할 줄 몰라도 좋은가?

전자는 그 그릇된 의견을 청중에게 불어넣으면서, 그 힘찬 언변으로 그들의 마음을 흔들며 녹이며 활기를 주며 흥분하게 만드는데, 진리를 옹호하는 후자는 느리고 무뚝뚝하고 졸리게 해도 좋은가? 어떤 미련한 사람이 이것을 지혜라고 생각하는가? 그러면 언변은 양쪽으로 유효하며, 그른 것과 바른 것을 모두 주장하는 데 큰 도움이 되는 것이므로, 무슨 까닭에 진리 편에 선 착한 사람들이 그것을 이용하지 않는가? 한 쪽에서 악한 자들은 웅변술을 이용해서 악하고 무가치한 주장이 이기게 하며, 불법과 오류를 퍼뜨리고 있다.

제3장. 웅변술을 배우기에 적당한 나이와 올바른 방법

4. 웅변술의 이론과 원칙들을 알고, 겸해서 연습과 습관으로 어휘와 장식

이 풍부한 구변이 능하게 되면, 그것이 곧 웅변이다. 이런 이론과 원칙들은 내가 쓴 이 글에서 배울 것이 아니라 다른 데서 배울 수 있다. 그러기 위해서는 적당한 나이에 적당한 시간을 들여야 한다. 다만 속히 배울 수 있는 사람이라야 성공할 수 있다. 로마의 웅변가들도 웅변술을 속히 배울 수 없는 사람은 결코 철저히 깨닫지 못한다고 단언했다. 이 말의 옳고 그른 것을 캘 필요가 있는가?

노둔한 사람이 결국 깨닫는 경우가 있더라도, 어른이 되어서 시간을 들일 만큼 웅변술이 중요한 일이라고 나는 생각하지 않는다. 소년들이 배우면 충분하며, 소년들도 모두가 교회를 섬기기에 적합한 것은 아니다. 긴급히 필요한 직업이나 분명히 먼저 해야 할 일에 시간을 빼앗기지 않는 소년들만이 배울 것이다. 총명하고 열성이 있는 사람들은 웅변술의 원칙을 따르기보다 웅변가들의 연설을 읽거나 듣는 편이 더 쉽게 웅변술을 배운다는 것을 경험한다.

확고한 권위가 인정된 성경이 있을 뿐 아니라, 교회 지도자들이 쓴 글도 많아서, 소질이 있는 사람이 그 글들을 읽으면, 거기 논의된 내용에만 유의하면서도, 그 표현 방법의 웅변술에 부지중에 감염된다. 물론 그 자신이 자기의 경건한 신앙 생활에서 얻은 의견을 글로 쓰거나 구술하거나 또는 말로 표현해서 연습한다면 웅변술을 체득하게 된다. 그러나 이런 재질이 없으면 수사학의 원칙들을 이해하지 못하며, 많이 노력해서 배우더라도 체득하는 것이 적어서 실용 가치가 없다. 원칙들을 배워서 유창하고 아담하게 말할 수 있게 된 사람들도 그 원칙 자체를 논할 때가 아니면 자기가 따라야 되는 원칙을 항상 생각할 수 있는 것이 아니다.

참으로, 말도 잘하고, 또 말을 잘하기 위해서 따라야 할 웅변술의 원칙도 생각한다는, 이 두 가지를 동시에 할 수 있는 사람은 거의 없을 것이라고 생각한다. 웅변술의 원칙을 생각하다가, 우리가 참으로 논해야 할 문제를 잊어

버리지 않도록 주의해야 하기 때문이다. 그러나 웅변가들의 연설을 보면, 말하는 당사자는 웅변에 도움이 되는 원칙들을 생각한 것이 아니지만 그들은 그 원칙들을 배운 일이 있을 수도 있고 전혀 알지 못했을 수도 있다. 원칙들이 실천되어 있는 것은 그것이 웅변이기 때문이며, 웅변이 되기 위해서 원칙들을 이용하는 것이 아니다.

5. 그러므로 어른들이 말하는 단어와 숙어를 듣지 않고는 유아들이 말을 배울 수 없는 것과 같이, 어른들도 연설법을 배울 것이 아니라 웅변가들의 연설을 읽거나 배우고, 될 수 있는 대로 모방함으로써 웅변술을 체득해야 하지 않겠는가? 웅변가들의 예를 보라. 웅변술을 모르면서도 그것을 배운 사람들보다 더 훌륭한 웅변가인 사람들을 우리는 많이 안다. 그러나 웅변가들의 연설과 토론을 듣거나 배운 일이 없이 웅변가가 된 사람은 하나도 없다. 똑바로 말을 하는 어른들 사이에서 자란 소년들은 바른 어법을 배울 필요가 없는 것과 같다. 표준말을 항상 들은 소년들은 틀린 어법의 명칭을 모르더라도 들으면 곧 알 수 있으며 그것을 피할 수 있다. 도시에서 자라난 사람은 무식하더라도 촌사람의 사투리를 곧 집어낼 수 있는 것과 같다.

제4장. 기독교 교사의 의무

6. 성경을 해석하며 가르치는 사람, 진정한 믿음을 옹호하며 오류에 반대하는 사람은 바른 것을 가르치는 동시에 그른 것을 논박하는 것이 그가 해야 할 의무다. 그리고 이 과업을 수행함으로써 적대적인 사람의 마음을 달래며, 무관심한 사람의 열성을 일으키며, 무식한 사람들에게 현재 있는 일과 장차 있을 일을 알려줘야 한다. 그러나 청중이 일단 우호적이며 주의하게 되

며 배울 용의가 있게 되면, 그들이 이미 그런 상태든지 또는 자기가 그렇게 유도했든지, 다음에 할 일을 때에 따라 적합하게 수행해야 한다. 청중이 배울 필요가 있을 때에는 문제의 내용을 충분히 이야기해 들려줘야 한다. 그러나 어떤 의심스러운 점을 밝히려면 추리와 증명이 필요하다. 만일 청중이, 배우는 것보다 격려를 받을 필요가 있으면, 그래서 이미 아는 일을 열심히 실천하며 그 인정하는 진리를 달갑게 받아들이게 하려면 말에 힘을 더 주어야 한다. 호소와 비난, 권고와 책망, 그 밖에 감정을 격동시키는 방법이 필요하다.

7. 언변을 통해서 해석과 교훈을 할 때에는 내가 말한 방법들을 거의 모든 사람이 끊임없이 사용한다.

제5장. 기독교 교사에게는 웅변보다 지혜가 더 중요하다

그러나 이런 방법들을 어떤 사람은 거칠고 쑥스럽고 무뚝뚝하게 쓰며, 어떤 사람은 날카롭고 단아하고 활기있게 쓰므로, 성경을 해석하며 가르치는 사람은 토론하며 주장할 때에 언변보다 지혜가 있어야 한다. 언변도 좋으면 청중에게 더 많은 유익을 줄 수 있겠지만, 우리는 유창한 언변으로 무의미한 말을 하는 사람을 경계해야 한다. 더군다나 들을 가치 없는 말을 청중이 기뻐하며, 언변이 좋은 사람이 하는 말은 옳을 것이라고 생각한다면 더욱 경계해야 한다. 웅변술을 가르칠 수 있다고 생각하는 사람들도 이런 의견을 말한다. "웅변이 없는 지혜는 국가에 큰 도움이 되지 않지만, 지혜가 없는 웅변은 전적으로 해를 주며 도움을 주는 일은 절대로 없다."
웅변술을 가르친 사람들은 빛의 아버지로부터 내려오는(약 1:17) 참 진리,

즉 하늘 지혜를 알지 못했으면서도 사실을 관찰하고 웅변술에 관한 그 저서에서 이와 같이 인정하지 않을 수 없었으므로 이 더 높은 지혜를 받아 섬기는 우리는 더욱 그렇게 느껴야 할 것이 아닌가! 그런데 성경에 대한 지혜가 얼마나 전진했느냐 하는 데 따라 그 사람이 말하는 지혜의 정도도 달라진다. 성경을 많이 읽고 많이 기억하라는 뜻이 아니라 바르게 이해하며 뜻을 주의 깊게 탐구하라는 것이다. 성경을 읽어도 무시하는 사람들이 있기 때문이다. 말씀을 읽고 기억도 하지만, 뜻을 알려는 성의가 없다. 말씀을 기억한 것은 비교적 적을지라도 마음의 눈으로 성경의 마음을 들여다보는 사람들을 훨씬 더 높이 평가해야 할 것은 분명하다. 그러나 이 두 가지 사람들보다 더 좋은 사람이 있다. 그는 성경 말씀을 언제든지 암송할 수 있으며, 동시에 그 뜻도 바르게 깨닫고 있다.

8. 그런데 언변이 없으면서도 지혜롭게 말해야 할 사람은 특히 성경 말씀들을 기억할 필요가 있다. 자기가 하는 말이 빈약한 줄을 알수록 풍부한 성경에서 말씀을 얻어와야 하며 자기가 한 말을 성경 말씀으로 증명해야 한다. 자기 말을 할 때에는 작고 약한 그가 위인들이 확인해 주는 증언으로 강한 힘을 얻을 수 있다. 그의 말솜씨로 청중을 기쁘게 하지 못하더라도, 그가 하는 증명은 기쁘게 한다. 지혜와 언변을 겸하면 더 도움을 줄 것이므로 지혜를 말할 뿐 아니라 언변도 좋기를 원하는 사람이 있다면, 나는 그가 수사학 교사들에게 시간을 보내는 것보다 웅변가들의 연설을 읽거나 들으며 또 모방해서 연습하라고 권하겠다. 특히 웅변일 뿐 아니라 지혜 있게 말했다고 알려진 사람들에게 가라고 나는 권고한다.

웅변가의 말은 듣기에 즐겁고, 지혜 있는 사람의 말은 유익하다. 성경에도 많은 웅변가라고 하지 않고 "많은 현자(賢者)는 세상의 구원"이라고 했다 (지혜서 6:24). 맛이 쓰더라도 유익한 것이면 삼켜야 할 때가 많은 것과 같이,

달더라도 해로운 것은 언제든지 피해야 한다. 그러나 달고도 유익한 것과 유익하고도 단 것보다 더 좋은 것은 무엇인가? 달게 만들수록 그것은 유익한 도움을 더욱 많이 줄 수 있다. 그래서 교회의 저술가들 중에는 성경을 지혜롭게 설명할 뿐 아니라, 웅변적으로 해설한 사람들이 있다. 이런 사람들의 글을 읽을 열성과 여가가 있는 사람들은 시간이 오히려 부족할 것이다.

제6장. 성경 기자들은 웅변과 지혜를 겸비했다

9. 하나님의 영감을 받은 저자들이 쓴 글이 우리의 정경이 되었고 이 정경에는 지극히 유익한 권위가 있지만, 혹은 이 저자들에 대해서, 그들은 현명하다고만 할 것인가 또는 웅변도 겸했다고 할 것이냐고 묻는 사람이 있을 것이다. 이 질문은 나의 동료들에게는 대답하기 어렵지 않다. 내가 그들을 이해하는 범위 내에서 본다면, 그들의 글은 비할 데 없이 지혜가 있을 뿐 아니라, 언변도 비할 데 없다고 생각한다. 또 나는 감히 말한다: 이 저자들이 하는 말을 참으로 이해한 사람들은 동시에 그들이 사용한 것보다 더 적합한 표현 방법이 없었다는 것도 모두 잘 안다.

웅변에도 여러 가지가 있어서, 청년들에게 더 적합한 것과 노년에 더 적합한 것이 서로 달라서, 말하는 사람의 처지에 맞지 않는 것은 웅변이라고 할 수 없다. 그와 같이 최고의 권위를 가졌노라고 주장하는 것이 부당하지 않은 사람들이며, 분명히 하나님의 영감을 받은 사람들에게 적합한 웅변이 따로 있다. 성경 기자들은 이런 웅변으로 말했고, 다른 종류의 웅변은 그들에게 맞지 않았을 것이다. 그들의 성격은 다른 모든 사람들보다 훨씬 위에 있어서 헛되이 부푼 것이 아니라 공고한 장점이 있었으며, 그들의 웅변은 그들의 성격에 적합한 것이었으므로 다른 사람들에게는 적합하지 않았을 것이다. 다른 사람들의 성격이 그들보다 떨어진 것으로 보이기 때문이다.

그러나 내가 이해하지 못할 때에는 그들의 웅변이 나에게 그다지 분명히 나타나지 않지만, 내가 이해하는 때와 같은 수준이리라고 믿는다. 그뿐 아니라 성경의 구원의 말씀에 있는 모호한 점은 우리의 지성(知性)을 단련하기 위한 웅변술의 한 구성 요소였을 것이다. 즉, 지성으로 진리를 발견할 뿐 아니라, 지성을 활용하기 위한 것이었을 것이다.

10. 우리의 성경 기자들보다 자기들의 말솜씨가 우수하다고 자찬하는 사람들이 있다. 어법이 장엄해서가 아니라 과장되어 있기 때문이다. 나는 그런 사람들에게 그들이 자랑하는 웅변적인 힘과 미(美)는 성경에서도 찾아볼 수 있다는 것을 시간이 있으면 보여주고 싶다. 고마우신 하나님께서는 이런 장점들을 성경에 준비하셔서 우리의 성격을 형성하며, 우리를 이 악한 세상으로부터 위에 있는 축복된 세계로 인도하려 하신다.

그러나 이교도인 웅변가나 시인들과 성경 저서들의 웅변에 공통점이 있기 때문에 내가 형언할 수 없는 기쁨을 얻는 것이 아니다. 나는 성경 저자들이 그 독특한 웅변술을 이용하는 방법에 더 경탄한다. 즉, 그들의 웅변술은 있거나 없거나 간에 현저하지 않다. 웅변술을 비난하거나 과시하는 것은 어느 쪽도 그들답지 않았기 때문이다. 웅변술을 피했다면 비난하는 것이 되었을 것이요, 그것을 두드러지게 만들었다면 과시하는 것 같았을 것이다. 학자들이 웅변술을 발견하지 못하는 성경 구절들에서는 논의된 문제의 성격상, 그것을 표현하는 말은 일부러 선택한 것이 아니라 자발적으로 떠오른 것같이 생각된다. 마치 지혜가 집에서, 즉 지혜 있는 사람의 가슴에서 걸어나오고 웅변은 떨어질 수 없는 수행원과 같이 부르지 않아도 따라나선 것과 같다.

제7장. 바울 서간과 아모스의 예언에서 진정한 웅변의 실례를 얻어 온다

11. 다음에 인용하는 구절에서 사도가 무엇을 말하려고 했는가, 또 얼마나 현명하게 말했는가를 누가 모르겠는가? "우리가 환난 중에도 즐거워하나니 이는 환난은 인내를, 인내는 연단을, 연단은 소망을 이루는 줄 앎이로다. 소망이 부끄럽게 하지 아니함은 우리에게 주신 성령으로 말미암아 하나님의 사랑이 우리 마음에 부은 바 됨이라"(롬 5:3-5).

만일 누가 말하기를, 사도는 여기서 수사학의 원칙들을 따른 것이라고, 이를테면 무식한 지식이 필요했다면, 기독교인들은 유무식을 물론하고 웃지 않겠는가? 그러나 우리는 여기서 어떤 사람들이 헬라어로 클리막스(κλιμαξ, 점층법), 라틴어로 그라다티오(Gradatio)라고 부르는 것을 발견한다. 말이나 생각이 서로 연결되지만, 하나에서 다른 것이 나오기 때문에 스칼라(scala, 사닥다리)라고는 부르지 않는다. 예컨대, 여기서는 환난에서 인내가 나오고, 인내에서 연단이 나오고, 연단에서 소망이 나온다. 또 여기는 문체의 다른 장식이 있다. 한 어조(語調)로 라틴어로 멤브라(membra)[2]와 카이사(caesa)라는 것, 즉 문절(文節)과 구(句)를 — 헬라어로 콜라(kola)와 콤마타(kommata) — 말한 다음에, 한 완전한 문장을 말한다. 그 문장을 헬라어로 페리오도스(periodos)라고 부르며, 그 구성 분자는 멤브라(문절)들이다. 이 문절들도 맨 마지막 것에 이르기까지 한 어조로 말한다.

페리오도스의 앞에 있는 첫째 멤브룸(멤브라의 단수)은 "환난은 인내를"이며, 둘째는 "인내는 연단을", 셋째는 "연단은 소망을 이루는 줄 앎이로다"이

---

2 "멤브라"는 "멤브룸"(문절)의 복수. "카이사"는 "카이숨"(문절의 일부인 문구)의 복수. 여기서 말하는 문구와 문절은 라틴어와 헬라어의 원문에 대해서 하는 말이고, 한역 성경에서는 원문의 문구도 문절로 된 것이 대부분임.

다. 그 다음에 새 멤브라로 구성된 페리오도스 자체가 따른다. 처음 것은 "소망이 부끄럽게 하지 아니함"이며, 둘째는 "하나님의 사랑이 우리 마음에 부어진 바 되나니"[3]요, 셋째는 "우리에게 주신 바 성령으로 말미암아"이다. 이런 점들과 그 밖의 비슷한 일들을 수사학이 가르친다. 그러므로 나는 사도가 웅변술의 원칙들을 따른 것이라고 주장하지 않는 동시에 웅변술이 그의 지혜를 따랐다는 것을 부정하지 않는다.

12. 고린도후서에서 그는 어떤 거짓 사도들을 논박한다. 그들은 유대인으로서 사도를 훼방했기 때문에 그는 부득이 자기에 대해서 말했다. 그는 자기가 하는 말을 어리석은 짓이라고 하지만, 그 말은 얼마나 지혜로우며 얼마나 웅변적인가? 그는 지혜가 그의 인도자요 웅변이 수행원이다. 그는 지혜를 따르며, 웅변이 따라오는 것을 멸시하지 않는다. 그는 말한다:

"내가 다시 말하노니 누구든지 나를 어리석은 자로 여기지 말라. 만일 그러하더라도 내가 조금 자랑할 수 있도록 어리석은 자로 받으라. 내가 말하는 것은 주를 따라 하는 말이 아니요 오직 어리석은 자와 같이 기탄 없이 자랑하노라. 여러 사람이 육신을 따라 자랑하니 나도 자랑하겠노라. 너희는 지혜로운 자로서 어리석은 자들을 기쁘게 용납하는구나. 누가 너희를 종으로 삼거나 잡아먹거나 빼앗거나 스스로 높이거나 뺨을 칠지라도 너희가 용납하는도다. 나는 우리가 약한 것 같이 욕되게 말하노라. 그러나 누가 무슨 일에 담대하면 어리석은 말이나마 나도 담대하리라. 그들이 히브리인이냐? 나도 그러하며, 그들이 이스라엘인이냐? 나도 그러하며, 그들이 아브라함의 후손이냐? 나도 그러하며, 그들이 그리스도의 일꾼이냐? 정신 없는 말을 하거니와 나도 더욱 그러하도다. 내가 수고를 넘치도록 하고 옥에 갇히기도 더

---

3 둘째와 셋째 "멤브룸"의 순서는 원문에서의 순서를 말함.

많이 하고 매도 수없이 맞고 여러 번 죽을 뻔하였으니 유대인들에게 40에 하나 감한 매를 다섯 번 맞았으며 세 번 태장으로 맞고 한 번 돌로 맞고 세 번 파선하고 일 주야를 깊은 바다에서 지냈으며, 여러 번 여행에 강의 위험과 강도의 위험과 동족의 위험과 이방인의 위험과 시내의 위험과 광야의 위험과 바다의 위험과 거짓 형제 중의 위험을 당하고 또 수고하며 애쓰고 여러 번 자지 못하고 주리며 목마르고 여러 번 굶고 춥고 헐벗었노라. 이 외의 일은 고사하고 아직도 날마다 내 속에 눌리는 일이 있으니 곧 모든 교회를 위하여 염려하는 것이라. 누가 약하면 내가 약하지 아니하며 누가 실족하게 되면 내가 애타지 아니하더냐? 내가 부득불 자랑할진대 내가 약한 것을 자랑하리라"(고후 11:16-30).

심사숙고하는 사람이라면 이런 말씀에 얼마나 많은 지혜가 들어 있는지를 안다. 그리고 깊이 잠든 사람이라도 여기에 흐르는 웅변을 느끼지 않을 수 없을 것이다.

13. 공부한 사람들은 사도의 이 말씀에는, 내가 조금 전에 말한 어구(語句) 즉 라틴어의 caesa, 헬라어의 콤마타(κόμματα), 그리고 라틴어의 멤브라(문절), 또 헬라어의 페리오도스(문장) 등이 적당하고 아름답게 섞여 있어서 이를테면 그 문체의 용모에서 무식한 사람까지도 매력과 감동을 느낀다는 것을 안다. 내가 인용한 구절의 처음에는 문장들이 있다. 맨 처음 문장은 가장 짧은 것이어서 문절이 둘이다. 문장은 문절이 둘 이상일 수는 있어도 둘 이하일 수는 없다. "내가 다시 말하노니, 누구든지 나를 어리석은 자로 여기지 말라"고 한다.

다음 문장은 문절이 셋이다: "만일 그러하더라도, 내가 조금 자랑할 수 있도록 어리석은 자로 받으라:" 셋째 문장에는 문절 넷이 있다: "내가 말하는 것은, 주를 따라 말하는 것이 아니요, 오직 어리석은 자와 같이, 기탄 없이 자랑하노라." 넷째 문장은 문절이 둘이다: "여러 사람이 육신을 따라 자랑하니, 나도 자랑하겠노라." 다섯째는 둘이다: "너희는 지혜로운 자로서, 어리석은 자들을 기쁘게 용납하는구나." 여섯째도 문절이 둘이다: "누가 너희를 종으로 삼아도 너희는 용납하는도다." 그 다음에 어구(caesa) 셋이 있다: "잡아먹거나, 빼앗거나, 스스로 높이거나." 다음에 문절(membra) 셋이 있다: "뺨을 칠지라도, 나는 우리가 약한 것 같이 욕되게 말하노라."

다음에 있는 것은 세 문절로 된 문장이다: "그러나 누가 무슨 일에 담대하면, 어리석은 말이나마, 나도 담대하리라." 이 뒤에 어구 셋을 의문형으로 말하고 각각 어구로 대답한다: "그들이 히브리인이냐? 나도 그러하며 ; 그들이 이스라엘인이냐? 나도 그러하며 ; 그들이 아브라함의 후손이냐? 나도 그러하며." 그러나 넷째 어구도 의문형이면서, 대답은 어구가 아니라 문절로 되어 있다: "그들이 그리스도의 일꾼이냐? 정신 없는 말을 하거니와 나도 더욱 그러하도다."

다음에 어구 넷이 계속하는데, 의문형을 억제해서 말씨가 매우 단아하다: "내가 수고를 넘치도록 하고, 옥에 갇히기도 더 많이 하고, 매도 수없이 맞고, 여러 번 죽을 뻔 하였으니." 그리고 다음에 짧은 문장이 하나 있는데, 음성을 낮춰서 "유대인들에게 다섯 번"이라는 문절을 말하고, 둘째 문절을 첨가한다: "40에 하나 감한 매를." 그리고 다시 어구들로 돌아가서 셋을 말한다: "세 번 태장으로 맞고, 한 번 돌로 맞고, 세 번 파선하고." 다음에 문절 하나가 온다: "일 주야를 깊은 바다에서 지냈으며."

다음에 어구 열넷이 폭발하는데, 그 격렬한 형세는 가장 합당하다: "여러 번 여행하면서, 강의 위험과, 강도의 위험과, 동족의 위험과, 이방인의 위험과, 시내의 위험과, 광야의 위험과, 바다의 위험과, 거짓 형제 중의 위험을 당하고, 또 수고하며 애쓰고, 여러 번 자지 못하고 주리며 목마르고, 여러 번 굶고 춥고 헐벗었노라." 이 다음에 세 문절로 된 문장이 온다: "이 외의 일은 고

사하고, 아직도 날마다 내 속에 눌리는 일이 있으니, 곧 모든 교회를 위하여 염려하는 것이라." 여기에 묻는 어조로 두 문절을 첨가한다: "누가 약하면 내가 약하지 아니하며, 누가 실족하게 되면 내가 애타지 아니하더냐?"

결국, 마치 숨이 찬 것 같이, 이 구절 전체를 두 문절로 된 문장으로 끝을 맺는다: "내가 부득불 자랑할진대, 내가 약한 것을 자랑하리라." 그리고 내가 아무리 감탄해도 오히려 부족할 아름다움과 즐거움이 이 글에 있다. 즉 사도는 이렇게 감정을 폭발시킨 후에 자기도 쉬고 독자도 쉬게 한다. 그러기 위해서 아주 조그만 이야기를 한다. "주 예수의 아버지, 영원히 찬송할 하나님이 내가 거짓말 아니하는 것을 아시느니라"고 말한 다음에, 자기가 당했던 어떤 위험과 거기서 빠져나온 이야기를 아주 간단히 한다.

14. 이 문제를 더 논하거나, 성경의 다른 구절들에 대해서 같은 사실들을 지적하는 것은 지루한 일일 것이다. 가령 적어도 사도의 글에서 인용한 구절들을 놓고, 수사학에서 가르치는 비유적 표현법들을 거기서 찾아낸다면, 성경을 연구하고자 하는 사람들까지도 적당한 정도를 넘는다고 하지 않을 것인가? 수사학 선생들이 가르칠 때에는 이런 것들이 가치가 대단한 것으로 인정된다. 그리고 호언장담으로 그것들을 파는 사람들이 있다. 나도 이런 문제를 자세히 설명함으로써 남의 앞잡이같이 느껴질 수 있다. 그러나 성경 저자들을 업신여기는 무식한 사람들에게 대답할 필요가 있었다. 우리의 저자들은 웅변술을 모르는 것이 아니라, 이 사람들처럼 굉장히 평가하거나 자랑하지 않을 뿐이다.

15. 내가 사도 바울의 글을 선택한 것은 그가 위대한 웅변가였기 때문이라고 생각하는 사람이 있을는지 모른다. "내가 비록 말에는 졸하나 지식에는 그렇지 아니하다"(고후 11:6)고 사도가 말하는 것은, 그를 깎아내리는 사람

들이 하는 말을 옳다고 가정하는 것이고, 그들의 말이 사실이라고 고백하는 것이 아니다. "내가 비록 말에는 부족하나 지식에는 그렇지 아니하도다"라고 말했다면, 그가 하는 말을 달리 해석할 수 없을 것이다.

그는 자기에게 지식이 있다는 것을 분명히 주장했다. 지식이 없다면 이방인의 교사가 될 수 없겠기 때문이다. 그리고 우리가 인용한 글이 있는 그의 서신들은 그의 원수들까지도 인정한 것이다. 그들은 사도에 대해서 "그몸으로 대할 때는 약하고 그 말도 시원하지 않다"고 하면서도 "그 편지들은 무게가 있고 힘이 있다"(고후 10:10)고 했기 때문이다.

그래서 나는 선지자들의 웅변에 대해서도 말해야 될 줄로 안다. 그들의 말씀에서도 은유적 문체로 여러 가지 일이 가려 있으며, 완전히 가려진 것 같을수록 밝혀냈을 때에 더욱 기쁘다. 그러나 여기서 택하려는 것은 그 내용을 반드시 설명할 필요가 없고 그 문체만을 추천한 구절이다. 또 내가 택하는 선지자는 전직이 양치는 목자였던 사람이다. 양을 치다가 부르심을 받아 하나님의 백성들에게 예언을 하도록 파견되었노라고 한다(암 1:1; 7:14).

그러나 나는 70인역을 따르지 않겠다. 그들은 성령의 인도를 받으면서 번역한 사람들이었지만, 독자의 주의를 인도해서 영적 의미를 탐구하게 만들 목적으로 어떤 구절은 고친 것 같다. 그래서 그들의 번역에서는 문체가 더 비유적이며, 따라서 뜻이 더 모호하다. 나는 제롬(히에로니무스, Hieronymus) 신부가 히브리어에서 라틴어로 번역한 것을 인용하겠다. 이 신부는 두 국어에 완전히 통달했다.

16. 이 시골뜨기 선지자는 불경건한 자들과 교만한 자들과 사치스런 자들과 따라서 동포애를 가장 무시하는 자들을 비난해서 높이 외쳤다: "화 있을진저 시온에서 교만한 자와 사마리아 산에서 마음이 든든한 자, 곧 백성들의 머리인 지도자들이여 이스라엘 집이 그들을 따르는도다. 너희는 갈레

에 건너가고 거기서 큰 하맛으로 가고 또 블레셋 사람의 가드로 내려가라. 너희가 이 나라들보다 나으냐? 그 영토가 너희 영토보다 넓으냐? 너희는 흉한 날이 멀다 하여 포악한 자리로 가까워지게 하고 상아 상에 누우며 침상에서 기지개 켜며 양 떼에서 어린 양과 우리에서 송아지를 잡아서 먹고 비파 소리에 맞추어 헛된 노래를 지절거리며 다윗처럼 자기를 위하여 악기를 제조하며 대접으로 포도주를 마시며 귀한 기름을 몸에 바르면서 요셉의 환난에 대하여는 근심하지 아니하는 자로다"(암 6:1-6).

자기들은 유식하고 변설이 능하다고 하며, 우리의 선지자들을 무식하고 언변이 없다고 멸시하는 사람들이 이와 같은 뜻을 이와 같은 사람들에게 전달할 의무가 있었다면, 어느 점에서나 이와 다른 표현을 썼을 것인가? 적어도 정신이상자처럼 날뛰는 것을 피하려는 사람들이라면 어떻게 했겠는가?

17. 이 말씀에서 진지한 귀가 듣고 고쳐지기를 원한 것은 무엇인가? 우선 공격하는 말을 보라. 자는 자들을 놀라게 하며 깨게 하려는 그 격렬한 기세는 어떠한가? "화 있을진저 시온에서 교만한 자와 사마리아 산에서 마음이 든든한 자 곧 백성들의 머리인 지도자들이여 이스라엘 집이 그들을 따르는도다"(1절)라고 한다.

다음에 하나님은 은혜로 많은 영토를 주셨건만, 그들은 그 은혜를 저버리고, 우상을 숭배하는 사마리아 산을 의지한다고 한다: "너희는 갈레에 건너가고 거기서 큰 하맛으로 가고 또 블레셋 사람의 가드로 내려가라. 너희가 나라들보다 나으냐? 그 영토가 너희 영토보다 넓으냐?"(2절) 이런 말을 할 때에 등불로 말을 장식하듯, 시온, 사마리아, 갈레, 큰 하맛, 블레셋의 가드 등의 지명을 끼워넣는다. 이 지명들에 붙인 말들도 아주 적당한 변화를 보인다: "교만하다", "마음이 든든하다", "건너가라", "내려가라" 등이다.

18. 다음에 장차 억압적인 왕 밑에서 포로생활을 할 때가 가까워 온다고 첨가한다: "너희는 흉한 날이 멀다 하여 강포한 자리로 가까워지게 하고" (3절). 이어 사치의 악풍을 첨가한다: "상아상에 누우며 침상에서 기지개 켜며 양 떼에서 어린양과 우리에서 송아지를 잡아서 먹고"(4절). 이 여섯 문절은 둘씩 세 문장을 이룬다. 그의 말은 다음과 같지 않다: "너희는 흉한 날이 멀다 하여 ; 너희는 강포한 자리로 가까워지게 하며; 너희는 상아 상에 누우며; 너희는 침상에서 기지개 켜며; 너희는 양 떼에서 어린 양을 취하며; 너희는 우리에서 송아지를 잡아서 먹고"라고 하지 않는다. 이렇게 표현했더라도 그대로 아름다웠을 것이다.

각각 독립한 문절 여섯 개가 계속되면서 같은 대명사가 반복되며, 문절마다 말하는 사람의 음성이 한 단락을 짓는다. 그러나 성경에 있는 형식이 더 아름답다. 문절이 두 개씩 연결되어 문장 셋을 이루면서, 처음 것은 포로생활을 예언한다. "너희는 흉한 날이 멀다 하여 강포한 자리로 가까워지게 하고"(3절). 둘째 문장은 방탕을 공격해서 "상아상에 누우며 침상에서 기지개 켜며"라고 한다(4절). 셋째는 탐식을 말한다: "양 떼에서 어린 양과 우리에서 송아지를 잡아서 먹고"(4절). 그래서 말하는 사람의 재량에 따라서 각 문절을 따로따로 끝내든지, 첫째와 셋째와 다섯째에서 음성을 높여, 둘째를 첫째에, 넷째를 셋째에, 그리고 여섯째를 다섯째에 연속시켜서, 두 문절씩 연결한 우아한 문장 셋을 만들 것인가 하는 것을 결정하게 되어 있다. 한 문장은 임박한 국가적 비극을, 다음 문장은 방탕한 침상을, 셋째는 사치한 식탁을 그리는 것이다.

19. 다음에 선지자는 청각의 즐거움을 추구하면서 사치에 빠졌다고 비난한다. "비파에 맞추어 노래를 지절거리며"(5절)라고 말하고서, 현인들이 음악을 지혜롭게 즐길 수 있음을 생각해서, 비난 공격의 흐름을 멈추고 놀라

운 말솜씨로 그들을 상대하지 않고 그들을 비판해서, 현인들의 음악과 방탕자들의 음악을 구별해야 한다는 것을 보인다. 그래서 "너희는 비파에 맞추어 헛된 노래를 지절거리며 다윗처럼 자기를 위하여 악기를 제조한다고 생각한다" 하지 않고 먼저 그들을 상대로 방탕자들이 들어서 마땅한 말을 한다. 즉 "너희는 비파에 맞추어 노래를 지절거리며"라고 한다. 그 다음에, 다른 사람들을 상대로 그들에게는 음악의 기술도 없다고 알려준다. 즉 "다윗처럼 자기를 위하여 악기를 제조하노라고 생각하였으며, 대접으로 포도주를 마시며 귀한 기름을 몸에 바르느니라"고 한다(5-6절). 이 세 문절은 처음 두 문절에서 음성을 높이고, 끝 문절에서 정지한다.

20. 그런데 맨 마지막에 있는 문장은 "요셉의 환난을 인하여는 근심하지 아니하는 자로다" 한다(6절). 이것을 한 문절로 발음할 것인가, 또는 두 부분으로 나누어 앞에서 음성을 높이고, 뒤에서 낮출 것인가? 어느 쪽도 놀랍게 아름답다. 즉 "형제들의 환난을 인하여는 근심하지 아니하는 자로다"라 하지 않고 형제 대신에 요셉을 말한다. 형제들에게 해를 받고도 선으로 갚아주어서 특출한 그 개인을 말함으로써 형제들 전체를 대표한다. 사실 나는 형제들 전체 대신에 요셉을 말한 이 화법이 내가 배워서 가르치던 수사학의 원칙인지를 알 수 없다. 그러나 알고 있는 사람에게는 이 화법이 여기서 얼마나 아름다우며 얼마나 호소하는 힘이 있는가! 스스로 느끼지 못하는 사람에게는 설명을 해도 무익하다.

21. 내가 인용한 이 구절에는 웅변술의 원칙들에 관련된 다른 점들도 있을 것이다. 그러나 총명한 독자는 자세한 분석의 결과를 배우기보다 스스로 읽음으로써 감동 받기를 원한다. 이 말씀은 사람의 기술과 정성으로 지은 것이 아니요 하나님의 마음에서 흘러나온 웅변이며 지혜다. 웅변을 목표로 하

지 않은 지혜이며, 지혜를 피하지 않은 웅변이다. 만일 웅변술에서 가르치는 원칙들이 우선 천재적 웅변가들의 마음에 탄생하지 않았다면, 그 원칙들을 관찰해서 체계화할 수 없었을 것이라고 어떤 명석한 웅변가들이 말했다. 이 것이 사실이라면, 모든 천재의 근원이신 분의 사자(使者)들이 한 말에서 그 원칙들이 발견되는 것이 어디가 이상한가? 그러므로 우리는 성경 저자들은 지혜가 있을 뿐 아니라 또한 웅변이라는 것을 인정하는 것이 좋다. 그 웅변 은 그들의 성격과 지위에 적합한 것이다.

제8장. 성경 기자들의 모호성은 그들의 웅변과 양립하더라도 기독교 교사가 모방할 것은 아니다

22. 내가 인용한 웅변적인 성경 구절들에는 난해한 점이 없다. 그러나 성 경에는 모호한 구절들도 있으며, 우리는 그런 표현을 모방할 의무는 없다. 그런 구절들의 표현이 모호한 데에는 이유가 있다. 혹은 독자의 마음을 훈 련하려고 하며, 혹은 배우고는 싶어도 싫증이 난 사람들을 자극해서 열성을 내게 하며, 혹은 불경건한 자들의 마음을 가려서 경건하게 되든지 또는 신 비를 알지 못하게 만들려고 한다. 이런 여러 가지 목적을 위해서 성경 구절 들의 모호성은 유익하고 도움이 된다. 그래서 그런 글을 바르게 이해하고 해 석한 후세 사람들은 하나님의 교회에서 존경을 받는다. 원저자들과 동등한 존경은 아니지만, 그 다음에 가는 것이다. 이 해석가들은 성경 기자들과 같 은 모양으로 말을 해서, 같은 권위가 있는 것처럼 할 것이 아니라, 무슨 말을 하든 간에, 될 수 있는 데까지 분명하게 표현해서 독자들이 이해할 수 있게 하는 것을 가장 중요한 목표로 삼아야 한다. 그들의 말을 이해하지 못하는 것은 심히 둔한 사람이든지, 또는 쉽고 빠르게 이해하지 못하는 것은 표현

방법 때문이 아니라, 설명하려는 문제가 어렵고 미묘하기 때문이다.

제9장. 난해한 구절들은 어떻게 또 누구와 논할 것인가?

23. 성경의 어떤 구절은 해석하는 사람이 아무리 길고 분명하고 웅변적으로 설명해도 그 고유의 힘대로 이해되지 않으며, 또는 이해되더라도 아주 어렵게 이해된다. 이런 구절들은 일반 사람들 앞에 결코 제시해서는 안 된다. 또는 어떤 부득이한 이유가 있는 때에 어쩌다가 언급하는 정도에 그쳐야 한다. 그러나 어떤 책들의 문체는 이해하기만 하면 자연히 독자를 끌어 당기며, 이해하지 못할지라도 읽고자 하지 않는 사람들에게 문제를 던지지 않는다. 이런 책들에 대해서는, 우리가 얻은 진리를 사적 대화에서 상대자들이 이해할 수 있도록 설명하는 의무를 피해서는 안 된다. 아무리 이해하기 어렵고, 논증하는 데 많은 수고가 필요할지라도 우리는 진리를 알려야 한다. 다만 두 가지 조건을 반드시 지켜야 한다. 대화의 상대자에게 배우겠다는 욕망과 배우는 진리를 깨달을 능력이 있어야 하며, 가르치는 사람 편에서는 얼마나 웅변을 해야 하느냐 하는 것보다 얼마나 분명하게 말할까 하는데 유의해야 한다.

제10장. 화법은 명석해야 한다

24. 그런데 전하고자 하는 뜻을 분명히 표현하려고 세련된 말을 등한시하며 듣기좋게 말하는 것도 경시하는 때가 있다. 그래서 어떤 저자는 이런 화법을 "주의 깊은 무관심"이라고 한다. 그러나 장식을 제거한다고 해서 야비한 말이 되는 것이 아니다. 훌륭한 교사들은 이해하도록 가르치기를 열망

하기 때문에, 순수한 라틴어를 써서는 뜻이 모호하게 되지 않을 수 없을 경우에, 유식한 사람들을 따라서 모호하게 되기보다 무식한 사람들을 따라 모호한 점이 없는 통속적인 화법을 써야 한다.

우리의(라틴어 성경) 번역가들이 "Non congregabo conventicula eorum de sanguinibus"(시 16:4, 70인역 : "나는 피의 전제를 위하여 저희 회중을 모으지 않으리라") 한 것은, 라틴어에서 "피"라는 말은 단수로만 쓰지만, 여기서 복수로(sanguinibus) 쓰는 것이 전하려는 생각을 표현하기 위해서 중요하다고 느꼈기 때문이었다. 그렇다면 경건을 가르치는 교사가 무식한 청중을 대했을 때에, "오스"(os, "뼈")라는 말을 청중이 "오사"(ossa)의 단수로 생각하지 않고 "오라"(ora, "입")의 단수로 생각할 염려가 있으면 — 아프리카 사람들은 모음의 장단을 얼른 알아듣지 못하기 때문에 — "오스" 대신에 "오숨"을 쓰지 않을 까닭은 무엇인가? 듣는 사람이 이해하지 못하게 된다면 순수한 말에 무슨 이점 (利點)이 있는가?

이해시키기 위해서 말하는 것인데, 청중이 이해하지 못한다면 말하는 것 자체가 무익한 짓이다. 그러므로 교사는 가르치지 못하는 말을 전적으로 피한다. 순수하고도 뜻이 분명한 말이 있으면 그 말을 우선 쓸 것이며, 그런 말이 없거나 그 순간에 생각이 나지 않아서 찾을 수 없으면, 완전히 순수하지 않더라도, 전하려는 내용을 틀림없이 전하며 또 이해시키는 말이 있다면 그런 말을 쓸 것이다.

25. 우리가 하는 말을 이해시키기 위해서 이렇게 할 필요가 있다는 입장을 우리는 고수해야 한다. 한 사람이나 몇 사람을 상대로 한 담화에서 뿐 아니라, 공개적인 연설에서는 더욱 그렇다. 담화에서는 누구든지 질문을 할 수 있지만, 한 사람의 말을 모든 사람이 들으려 하고 모든 얼굴이 그 한 사람만 주시하고 있을 때에, 청중의 어느 한 사람이 자기가 이해하지 못하는 점을

질문한다는 것은 관례도 아니고 예의도 아니다. 그렇기 때문에 연사는 물을 수 없는 사람들을 도와주는 데에 특히 유의해야 한다.

그런데 배우고자 하는 청중은 말을 알아들었을 때에 대개 그 움직임으로 알린다. 이런 기미가 보일 때까지 문제를 이모저모로 논하며, 표현도 여러 가지 모양으로 바꾸어야 한다. 이것은 미리 준비해서 암송한 말을 되풀이하는 사람이 할 수 없는 일이다. 그러나 자기의 말이 이해되었다는 것이 확실하게 되면, 곧 말을 그치든지 다른 제목으로 넘어가야 한다. 사람들이 배우고자 하는 점에 대해서 빛을 던져 주면 청중은 즐거워하지만, 이미 잘 알고 있는 문제를 길고 자세하게 이야기하면 싫증이 나게 된다. 특히 어떤 구절의 난해한 점을 제거하는 데 청중의 주의가 집중되었을 때에 그렇다. 잘 아는 일이라도 그 일에 주의를 집중하는 것이 아니고 그 일을 이야기하는 방법에 흥미를 느낄 때에는, 이야기하는 것만으로도 청중은 즐거워한다. 심지어 화법까지 이미 알고 있을 때에는, 말로 들려주든 읽어서 들려주든 상관없이, 청중은 즐거워한다.

우아하게 쓴 글은 처음으로 읽는 사람들에게 기쁨을 줄 뿐 아니라 이미 그 글을 알고 잊어버리지 않은 사람들이 다시 읽어도 기쁜 법이다. 다른 사람이 되풀이해서 읽는 것을 들어도 즐겁다. 또 잊어버린 사람에게 다시 생각나게 해주어도 그는 배우게 된다. 그러나 나는 지금 즐겁게 하는 방법을 논하는 것이 아니라, 배우고자 하는 사람들을 어떻게 가르쳐야 하는가의 문제를 논하고 있다. 그 가장 좋은 방법은 듣는 사람이 확실히 진리를 들으며, 듣는 것을 확실히 이해하도록 하는 것이다. 이 점에 도달하면, 설명이 더 필요한 듯이, 진리 그 자체에 대해서 더 수고할 필요가 없다. 그러나 진리를 깊이 인상지어 주기 위해서 다소간 더 역설할 필요는 있을 수 있다. 만일 이렇게 하는 것이 옳다고 생각되면, 적당한 정도에 그쳐서 지루하고 싫증이 나지 않게 해야 한다.

제11장. 기독교의 교사는 분명히 말해야 하지만, 조야(粗野)해서는 안 된다

26. 가르치려는 사람의 웅변은 물론 사람들이 싫던 것을 좋아하게 만들거나 피하던 일을 실행하게 만드는 데 있지 않고 모호한 것을 밝혀주는 데 있다. 그러나 이렇게 할 때에 화법이나 문체가 우아하지 못하면 열성이 있는 몇 사람에게 혜택을 줄 뿐이다. 이런 사람들은 배우고자 하는 것이 아무리 조잡한 모양으로 표현되더라도 거기는 상관하지 않고 배우고 깨닫기만 하면 그것으로 즐거운 양식을 얻었다고 생각한다. 말보다 말 속에 있는 진리를 사랑하는 것이 우수한 지능의 한 특징이다. 우리가 열고자 하는 것을 열 수 없다면 금으로 만든 열쇠가 무슨 소용이 있는가? 닫힌 것을 열자는 것이 우리의 목적인데, 나무로 만든 열쇠라도 열기만 하면, 반대할 것이 없지 않은가? 그러나 학습과 음식에는 유사점이 있으므로 먹지 않고는 살 수 없는 그 음식도 대다수의 구미에 맞도록 풍미를 더해야 한다.

제12장. 웅변가의 목적은 가르치며, 즐겁게 하며, 감동을 주는 것이라고 키케로는 말했다. 이 중에서 가장 중요한 것은 가르치는 것이다

27. 따라서 "웅변가는 가르치며, 즐겁게 하며, 설득하도록 말을 해야 한다"고 어떤 웅변가가 한 말은 옳다. 그는 또 덧붙여서, "가르치는 것은 필요한 일이요, 즐겁게 하는 것은 아름다운 일이요, 설득하는 것은 한 승리다"라고 했다. 그런데 이 셋 중에서 첫째 것, 즉 가르침의 필요는 우리가 무엇을 말하는가에 달렸고, 다른 두 가지는 어떤 모양으로 말하는가에 달렸다. 가르칠

목적으로 말하는 사람은 자기가 하는 말이 이해되기까지는, 할 말을 했노라고 생각해서는 안 된다. 자기가 이해한 것은 말했겠지만, 이해하지 못한 상대자에게는 말을 했다고 할 수 없다. 만일 상대가 이해했다면, 어떻게 말했든지 간에, 그는 할 말을 한 것이다.

그러나 웅변가의 목적이 즐겁게 하거나 설득하려는 것이라면, 자기 생각을 아무렇게나 표현해도 좋은 것이 아니라, 말하는 방법이 중요하다. 듣는 사람의 주의를 놓치지 않으려면 즐겁게 해주어야 하는 것과 같이, 그의 행동을 재촉하려면 설득해야 한다. 그를 즐겁게 하려면 이 쪽의 하는 말이 매력이 있고 우아해야 한다. 그를 설득하려면 우리가 약속하는 것에 그도 끌리며, 위협하는 것을 두려워하며, 우리가 슬퍼하는 것을 슬퍼하며, 우리가 기뻐하는 것에 기뻐하며, 우리가 가련하게 여기는 것에 동정하며, 우리가 두려워 피하는 것을 싫어하게 만들어야 한다. 강력한 웅변으로 청취자들의 마음을 움직일 수 있는 다른 일들을 열거할 필요가 없다. 중요한 것은 어떤 일을 해야 한다고 알려 주는 것보다 그들이 이미 알고 있는 일을 실천하도록 격려하는 것이다.

28. 그러나 만일 해야 할 일을 모를 때에는, 물론 감동을 주기 전에 가르쳐 줘야 한다. 자기들의 의무를 알기만 하면 그 이상 웅변을 발휘해서 감동을 줄 필요가 없을 수 있지만, 이 일이 필요하면 당연히 그렇게 해야 한다. 그들이 해야 할 줄은 알면서도 실행하지 않을 때에, 설득할 필요가 있는 것이다. 그러므로 가르치는 것은 반드시 필요한 일이다. 아는 것을 실행하는 여부는 그 사람들의 결정에 달렸다. 그러나 모르는 것을 실행할 의무가 있다고, 누가 말할 것인가?

같은 원칙에 따라, 설득은 반드시 필요한 것만은 아니다. 필요하지 않은 때도 있기 때문이다. 예컨대, 단순히 가르치는 말이나 즐겁게 하는 말을 들은 사람이 곧 그 말에 찬성할 때가 있다. 그래서 설득을 승리라고 하는 것이다. 배우고 즐거워도 찬성하지 않는 사람도 있기 때문이다. 이 셋째 일에 실패한다면, 처음 두 가지를 얻은들, 그것이 무슨 유익이 있겠는가? 즐겁게 하는 것도 반드시 필요한 일이 아니다. 말을 해 가는 도중에 진상이 분명히 지적된다면(그리고 이것이 가르치는 진정한 목적이지만), 말하는 방법으로 그 진상을 즐겁게 만든다든지, 말솜씨 자체가 좋아야 한다는 것은 사실이 아니다. 그렇지 않고, 진상을 감춤없이 단순히 제시될 때에, 그것이 진상이기 때문에 듣는 사람을 즐겁게 만드는 것이다. 거짓이 폭로될 때에도 즐거우며, 이것은 거짓이기 때문이 아니라, 그것이 거짓이라는 사실이 밝혀졌기 때문이며, 이 사실을 알리는 그 말이 즐거운 것이다.

제13장. 듣는 사람은 배울 뿐 아니라 감동을 받아야 한다

29. 즐거운 담화가 아니면 진리가 제시되어도 기뻐하지 않는 까다로운 사람들이 있기 때문에, 웅변술에서는 즐겁게 말하는 법을 중시하게 되었다. 그러나 어떤 완고한 사람들은 교사가 하는 말을 이해하고 즐겼으면서도, 그 말에서 유익을 얻지 못한다. 진리를 인정하고 웅변을 기뻐하면서도 그 진리에 찬성하지 않는다면 무슨 유익이 있겠는가? 말하는 사람이 말하는 내용과 방법에 많은 주의를 기울여서 권유하는 것은, 듣는 사람의 찬성을 얻어내려는 목적이다. 믿거나 알기만 하면 충분한 종류의 진리라면, 찬성은 진리라고 인정하는 것을 의미할 뿐일 것이다.

그러나 가르치는 진리가 실천을 요구하는 것이며, 가르치는 목적도 실천하게 만들려는 경우에는, 배운 것을 실천에 옮기지 않는다면, 담화 내용이 진리인 것을 믿게 되어도 무익하며, 말하는 방식을 기뻐해도 소용이 없다.

그러므로 웅변적인 성직자가 실천적인 진리를 권고할 때에는, 듣는 사람이 알도록 가르칠 뿐 아니라, 또 즐겁게 해서 그 주의를 끌도록 할 뿐 아니라, 그의 마음을 움직여 그의 의지를 굴복시켜야 한다. 진리를 증명해서 듣는 사람이 인정하게 만들며 아름다운 방법으로 제시했다고 하더라도 진리의 힘으로 그가 움직이게 되지 않았다면 남은 것은 웅변의 힘으로 그를 굴복시키는 것뿐이다.

제14장. 표현의 아름다움은 내용과 조화되어야 한다

30. 우리가 여기서 말하는 표현의 아름다움을 위해서 많이 노력한 사람들이 있지만, 우리는 그것을 모방하기보다 피하고 배척해야 한다. 악하고 비굴한 사람들이 대단한 웅변으로 악하고 비열한 짓을 권장했다. 독자의 찬성을 얻으려는 것이 아니라 읽고 즐기라는 것이다. 그러나 선지자 예레미야가 유대인들의 회당에 대해서 말한 것과 같은 일이 하나님의 교회에는 없도록 해 주시기를 바란다. "이 땅에 무섭고 놀라운 일이 있도다. 선지자들은 거짓을 예언하며 제사장들은 그것을 박수 갈채하며 내 백성은 그것을 좋게 여기니, 그 결국에는 너희가 어찌 하겠느냐?"(렘 5:30-31, 70인역).

오 웅변술이여, 순수할 때에 더 무서우며, 알찬 내용일 때에 더욱 파괴적이다. 확실히 그것은 "반석을 쳐서 부스러뜨리는 방망이"다. 하나님 자신이 그의 거룩한 선지자들을 시켜서 전하게 하신 말씀을 예레미야를 시켜 이렇게 비유하셨다(렘 23:29). 그러므로 우리 사이에서는 제사장이 거짓 선지자에게 박수 갈채를 보내거나, 백성이 그것을 좋게 여기는 일이 없기를 바란다. 제발 우리 사이에는 그런 정신 나간 짓이 없어야 한다. 결국 어떻게 하려는 것인가? 말하는 내용이 이해하기가 조금 어렵고, 즐겁지도 않고, 설득력도

적더라도, 진리를 말하는 것이 더 좋으며, 불의한 말보다 공정한 말을 즐겁게 듣게 하는 것이 더 좋다. 물론 이렇게 되려면, 참되고 공정한 일을 아담하게 표현해야 한다.

31. 그뿐 아니라, "내가 많은 백성 중에서 주를 찬송하리이다"(시 35:18) 하는 것과 같이, 엄숙한 집회석상에서는 내용이 빈약한 웅변으로 청중을 기쁘게 할 수 없다. 거짓을 말하지 않더라도, 알맹이는 자잘하고 변변치 않은 사실들 뿐인데, 찬란한 말의 거품으로 굉장히 장식하는 따위의 웅변은, 위대하고 근본적인 진리를 장식하는 데 쓰더라도 우아하지 못하며 위엄도 없을 것이다. 이와 비슷한 예가 고(故) 키프리아누스 감독의 한 서신에 나타났다.

그것은 우연한 일이었거나, 그렇지 않으면 목적이 있어서 삽입된 것이라고 나는 생각한다. 즉 장황한 말을 쓰던 사람이 기독교의 훈련을 받아서 점잖고 온전한 문체만을 쓰게 되었다는 것을 후세에 알리려고 한 것일 수 있다. 그 후에 그의 서신에서 보는 문체는 읽는 사람이 곧 경탄하며 열심히 추구하지만, 쉽게 습득하지 못하는 것이다. 그는 전에 한 곳에서 다음과 같은 글을 썼다: "우리는 이 거처를 찾자. 이웃이 한적하여 여기 은신처를 제공한다. 덩굴의 새 가지들이 뻗어나와 서로 얽히고 흔들리면서, 받쳐주는 갈대밭 가운데를 기어가며, 풍성한 잎사귀가 위를 가리워 덩굴의 주랑(柱廊)을 이루었다."

이 글은 놀랍게 유창하며 언사가 풍부하고 화려하다. 그러나 너무 찬란해서 진지한 사람들에게는 기쁘지 않다. 이런 문체를 좋아하는 사람들은, 이런 문체를 쓰지 않고 더 침착한 문체를 쓰는 사람들은 피해야 된다고 판단하기 때문이 아니라 쓸 줄을 모르기 때문이라고 생각한다. 그래서 이 거룩한 사람은 자기가 그런 문체를 쓸 수 있다는 것을 한 번 보여주고 다시는 쓰지 않음으로써 그 문체를 선택하는 것이 아님을 알린다.

제15장. 기독교의 교사는 설교를 하기 전에 기도해야 한다

32. 그러므로 기독교의 교사는 언제든지 공정하고 거룩하고 선한 일만을 말해야 하는 동시에, 듣는 사람들이 이해하며 즐기며 순종하도록 전력을 다한다. 그리고 이 목적이 성공한다면, 그것은 웅변적인 재능의 덕분이 아니라, 경건한 기도 때문이라는 것을 의심해서는 안 된다. 따라서 그는 말을 하기 전에 상대할 사람들과 자기를 위해서 기도해야 한다. 그리고 입을 벌리려고 할 때에 하나님을 향해서 목마른 영혼을 들어올려, 자기가 쏟아내려는 것을 마시며 나눠 주려는 것으로 자신이 우선 충만해야 한다. 믿음과 사랑에 관한 제목은 어느 것이든지 할 말과 말하는 방법이 많은 것이므로 어느 특정 순간에 우리가 무엇을 말하며 청중이 무엇을 들어야 하는지를, 모든 사람의 마음을 아시는 하나님 이외에 누가 알겠는가? 또 우리와 우리의 말을 그 손에 쥐고 계신 분 이외에 누가 우리가 마땅히 해야 하는 말을 올바른 방법으로 말하도록 만들 수 있는가?

그러므로 알기를 원하며 또 가르치기를 원하는 사람은 가르칠 일을 모두 배워야 하며, 또는 성직자로서 합당한 언변도 받아야 한다. 그러나 말할 시간이 온 때에는 주님의 말씀을 회상하는 것이 경건한 마음에 더 합당한 태도다: "어떻게 또 무엇을 말할까 염려하지 말라. 그 때에 너희에게 할 말을 주시리니 말하는 이는 너희가 아니라 너희 속에서 말씀하시는 자 곧 너희 아버지의 성령이시니라"(마 10:19-20). 그러면 그리스도 때문에 박해자의 손에 넘겨진 사람들의 마음속에서 성령께서 이와 같이 말씀하신즉, 무슨 까닭에 배우기를 원하는 자들에게 그리스도의 말씀을 전하는 자들의 마음속에서도 말씀하시지 않겠는가?

제16장. 하나님이 진정한 교사를 만드시지만 사람의 지시도 무시하지 말라

33. 성령께서 사람들을 교사로 만드시므로 우리는 사람들에게 무엇을 어떻게 가르치라고 지시할 필요가 없다고 말하는 사람이 있다면 그는 기도할 필요도 없다고 해야 할 것이다. 주님 말씀에 "너희가 구하기 전에 너희에게 있어야 할 것을 하나님 너희 아버지께서 아시느니라" 하기 때문이다(마 6:8). 사도 바울도 디모데와 디도에게 무엇을 어떻게 가르치라고 지시하지 않았을 것이다. 교회 안에서 교사의 지위를 얻은 사람은 이 세 서신을 항상 눈앞에 두어야 한다. 디모데전서에는 "이것들을 명하고 가르치라"는 말씀이 있고(딤전 4:11), 이것들이 무엇인지는 그 앞에서 이미 말했다.

"늙은이를 꾸짖지 말고 권하되 아비에게 하듯 하라"는 말씀도 이 서신에 있지 않은가?(딤전 5:11). 디모데후서에는 "너는 내게 들은 바 바른 말을 본받아 지키라"고 하지 않는가?(딤후 1:13). 거기에는 디모데에게 주는 명령이 있지 않은가? "너는 진리의 말씀을 옳게 분별하며 부끄러울 것이 없는 일꾼으로 인정된 자로 자신을 하나님 앞에 드리기를 힘쓰라"(딤후 2:15). 같은 서신에 "너는 말씀을 전파하라. 때를 얻든지 못 얻든지 항상 힘쓰라. 범사에 오래 참음과 가르침으로 경책하며 경계하며 권하라"는 말씀도 있다(딤후 4:2). 또 디도서에서도 사도는, 감독인 사람은 "미쁜 말씀의 가르침을 그대로 지켜야 하리니 이는 능히 바른 교훈으로 권면하고 거슬러 말하는 자들을 책망하게 하려 함이라"(딛 1:9)고 말하지 않는가? "오직 너는 바른 교훈에 합당한 것을 말하며 늙은 남자로는 절제하게 하라" 한다(딛 2:1-2).

같은 서신에 "너는 이것을 말하고 근면하며 모든 권위로 책망하여 누구에게서든지 업신여김을 받지 말라. 너는 그들로 하여금 통치자들과 권세 잡은 자들에게 복종하며 순종하며" 하는 말씀이 있다(딛 2:15; 3:1). 그러면 우리는 어떻게 생각할 것인가? 사도는 성령의 역사로 사람들이 교사가 된다고 말하면서, 자기가 그들에게 무엇을 어떻게 가르치라고 지시하고 있으니, 그는 자기 모순에 빠진 것인가? 또는 성령을 주실 때에, 교사들까지도 사람이 가르쳐야 하는 의무가 없어지지 않지만, 심는 이나 물 주는 이는 아무것도 아니로되 오직 자라나게 하시는 하나님뿐이라고, 이해할 것인가? 그러므로 거룩한 자들이, 심지어 천사들이 우리를 돕더라도, 사람이 하나님과 함께 사는 일에 관해서는 하나님이 그가 하나님에게서 배울 수 있도록 준비해 주시지 않으면 아무도 바르게 배우지 못한다.

시편에 하나님을 향해서 "주는 나의 하나님이시니 나를 가르쳐 주의 뜻을 행하게 하소서"라고 하는 것과 같다(시 143:10). 그래서 같은 사도는 제자인 디모데에게 선생으로서 말한다: "그러나 너는 배우고 확신한 일에 거하라, 네가 누구에게서 배운 것을 아느니라"(딤후 3:14). 하나님은 약의 도움이 없이도 병을 낫게 하시지만, 약은 하나님의 도움이 없으면 고치지 못한다. 그런 약을 우리가 인체에 사용할 때에, 하나님이 효력을 주시지 않으면 약은 아무 유익이 없다. 그렇더라도 우리는 약을 쓰며, 의무적으로 약을 주는 사람을 친절하다고 생각한다. 그와 같이 사람이 도구가 되어 가르치고 도울 때에, 하나님이 역사하셔서 그 도움을 유익하게 만드시지 않으면 그것은 배우는 사람의 영혼에 유익이 없다. 하나님은 사람으로부터 난 것도 아니고 사람으로 말미암은 것도 아닌 복음을(갈 1:1) 사람에게 주실 수 있었다.

제17장. 연설 태도의 삼분법

34. 선한 일을 말로 실현시키고자 하는 사람은 가르치며 기쁘게 하며 설득한다는 세 가지 목적을 무시해서는 안 되며, 듣는 사람이 이해하며 즐기

며 믿도록, 우리가 위에서 말한 바와 같이, 기도하며 노력해야 한다. 이 일을 아담하고 적합하게 하는 사람은, 비록 듣는 사람의 찬성을 얻지 못하더라도 웅변적이라고 해야 마땅하다. 로마의 대표적 웅변가가 웅변의 세 양식을 말한 것도 이 세 가지 목적, 즉 가르치며 기쁘게 하며 믿게 하는 데 관련이 있다: "그러면 사소한 문제는 유순한 태도로, 보통 일은 중용적 태도로, 그리고 고상한 일은 숭엄(崇嚴)한 태도로 말할 수 있는 사람은 웅변가라고 할 것이다." 그는 마치 위에서 말한 세 가지 목적을 첨가해서 같은 생각을 전개하는 것과 같다. 즉 가르치기 위해서 사소한 문제들은 유순한 태도로 말하고, 기쁘게 하기 위해서 보통 문제는 중용적 태도로 논하고, 설득하기 위해서 고상한 문제들은 숭엄한 태도로 논한다는 것이다.

제18장. 기독교의 교사는 항상 중대 문제를 논한다

35. 내가 인용한 저자는 법률 문제에서는 그가 지시한 세 가지 태도를 예를 들어 설명할 수 있었을 것이다. 그러나 교회 문제에 관해서는 ─ 내가 문제로 삼는 유일한 화제에 대해서는 ─ 그렇게 할 수 없었을 것이다. 법률 문제에서는 금전 거래는 작은 일이라고 하며, 사람의 생명이나 자유에 관한 것은 중대한 문제라고 한다. 이 두 가지 이외의 일들, 듣는 사람에게 시키거나 어떤 판단을 내릴 의도가 없는 일들, 그를 즐겁게만 하려는 일들인 경우에는, 앞에서 말한 두 가지의 사이에 있는 중간적인 위치에 있다. 우리가 모데라투스(moderatus, 중용적)라고 하는 것은 모두스(modus, 분량)라는 말에서 왔으며, 모데라투스를 적다는 뜻으로 해석하는 것은 잘못이다.

그리고 우리 기독교의 경우에는, 특히 권위 있는 사람이 일반 신도들을 상대할 때에, 모든 화제는 사람의 구원에 관한 것이며, 일시적인 것이 아니라 영원한 구원에 관한 것이며, 경계하는 것도 영원한 멸망에 관한 것이므로, 우리가 말하는 문제는 모두 중대한 것이다. 그렇기 때문에 설교자가 돈에 대해서 하는 말도 돈을 얻거나 잃거나 돈의 액수가 많거나 적거나 간에 그 문제를 중대하지 않다고 볼 수 없다.

정의가 중대하지 않은 때는 없으며 사소한 금전 문제에서도 정의를 지켜야 하기 때문이다. 주님의 말씀에 "지극히 작은 것에 충성된 자는 큰 것에도 충성되다"고 하셨다(눅 16:10). 지극히 작은 것은 매우 작지만, 지극히 작은 것에 충성한 것은 위대한 일이다. 원(圓)은 그 본성상 중심으로부터 원주의 한 점에 이르는 거리가 모두 같은 법인데 이 비율에서 큰 원반이나 작은 동전이나 일반이다. 그와 같이 문제가 작다고 해서 거기 적용되는 위대한 정의(正義)가 조금이라도 작게 되는 것이 아니다.

36. 사도가 세속문제에 ― 즉 금전문제라고 추측되는 것에 ― 대한 재판에 관해서 한 말씀이 있다:

"너희 중에 누가 다른 이와 더불어 다툼이 있는데 구태여 불의한 자들 앞에서 고발하고 성도 앞에서 하지 아니하느냐? 성도가 세상을 판단할 것을 너희가 알지 못하느냐? 세상도 너희에게 판단을 받겠거든 지극히 작은 일 판단하기를 감당하지 못하겠느냐? 우리가 천사를 판단할 것을 너희가 알지 못하느냐? 그러하거든 하물며 세상 일이랴? 그런즉 너희가 세상 사건이 있을 때에 교회에서 경히 여김을 받는 자들을 세우느냐? 내가 너희를 부끄럽게 하려 하여 이 말을 하노니 너희 가운데 그 형제간 일을 판단할 만한 지혜 있는 자가 이같이 하나도 없느냐? 형제가 형제와 더불어 고발할 뿐더러 믿지 아니하는 자들 앞에서 하느냐? 너희가 피차 고발함으로 너희 가운데 이미 뚜렷한 허물이 있나니 차라리 불의를 당하는 것이 낫지 아니하며 차라리 속는 것이 낫지 아니하냐? 너희는 불의를 행하고 속이는구나. 그는 너희 형제로다. 불의한 자가 하나님의 나라를 유업으로 받지 못할 줄을 알지 못하느냐"(고전 6:1-9).

무슨 까닭에 사도는 그렇게 분노하며 비난하며 책망하며 위협하는가? 무슨 까닭에 음성을 자주 또 갑자기 변하면서 감정의 격동을 나타내는가? 즉 무슨 까닭에 그렇게 사소한 일에 엄숙한 어조로 말하는가? 세속적인 일이 그렇게 처리될 가치가 있는 것인가? 그렇지 않다. 이 모든 일은 정의와 사랑과 경건을 위해서 한 것이며, 총명한 사람이 보기에 이 정의와 사랑과 경건은 지극히 사소한 문제에 관해서도 중대하기 때문이다.

37. 교회 재판정에서 세상 문제를 어떻게 호소할 것인가를 충고한다면, 당사자 자신을 위한 것이거나 친구를 위한 것이거나 간에, 나는 물론 그것이 사소한 문제인 듯이 온유한 태도를 취하라고 할 것이며 그것이 바른 충고일 것이다. 그러나 내가 지금 논하는 것은 우리를 영원한 재앙에서 구출하여 영원한 행복으로 인도하는 교사가 될 사람의 웅변의 문제다. 그러므로 이런 일들이 화제가 될 때마다 곧 중대 문제가 되는 것이다. 공석에서나 사석에서, 한 사람을 대하거나 여러 사람을 대하거나, 친구들이거나 원수들이거나, 긴 강화거나 대화거나, 논문이거나 서책이거나, 긴 편지거나 짧은 편지거나 간에, 항상 화제는 중대 문제인 것이다.

제자의 이름으로 이 소자 중 하나에게 냉수 한 그릇이라도 주는 자는 결단코 상을 잃지 않으리라고, 주께서 말씀하신 데 대해서, 그 "냉수 한 그릇"이 아주 사소하고 변변하지 못한 것이라고 해서, 주님의 약속까지도 아주 사소하고 변변치 못한 것이라고 할 수 있는가? 또는 교회에서 이 본문에 대해서 설교하는 교사가, 중요하지 않은 제목이라고 생각해서, 중용적 또는 숭엄한 연설체를 쓰지 않고 유순한 태도를 취할 것인가? 우리가 마침 이 제목으로 공중 앞에서 말하고, 하나님도 함께 계셔서 우리의 말이 부적당하지 않았을 때에, 마치 저 찬 물에서 불길이 일어났듯이 사람들의 냉담한 마음에 불이 일어나서, 하늘나라의 상을 받으려고 자선을 실천하게 되지 않았던가?

제19장. 기독교의 교사는 기회에 따라 말하는 태도도 달라야 한다

38. 그러나 교사는 중대문제를 말해야 되지만, 그렇다고 해서 항상 숭엄한 태도로 말해야 되는 것이 아니라, 가르칠 때에는 유순한 태도가 좋으며, 칭찬하거나 비난할 때에는 중용적 태도가 적당하다. 그러나 무엇을 해야 될 때, 그 일을 해야 될 터인데 하지 않은 사람들을 상대로 말할 때에는, 중대 문제는 힘을 들여 말해야 하며 그들의 마음을 움직일 수 있는 방법으로 말해야 한다. 그래서 같은 중대 문제를 때에 따라 이 모든 방법으로 말하게 된다. 가르칠 때에는 조용히 말하고, 그 중요성을 역설할 때에는 중용적인 방법으로 말하고, 진리를 기피하는 정신 상태인 때에는 그것을 돌이켜 문제를 받아들이도록 힘 있게 말한다.

하나님보다 무엇이 더 중요하겠는가? 하나님께 대해서 배울 것이 없는가? 또는 삼위일체를 가르치는 사람이 중요한 토론 방법을 쓰지 말아야 하는가? 이 난해한 제목에 대해서 우리의 이해 능력이 미치는 데까지 이해하려 해야 할 것이 아닌가? 이 경우에, 우리는 증명을 제쳐놓고 수식에 노력할 것인가? 또는 듣는 사람으로 하여금 무엇을 배우도록 가르쳐 줄 것인가, 그렇지 않으면 무엇을 실천하도록 감동을 줄 것인가?

그러나 하나님 자신이나 그 업적을 찬양하는 때에는 아름답고 찬란한 말을 얼마든지 쓸 여지가 활짝 열린다. 하나님을 어느 정도로 찬양하지 않는 사람이 없지만, 누가 전력을 다하더라도 합당한 정도까지 찬양할 수 있겠는가? 그러나 하나님을 경배하지 않거나, 귀신이나 어떤 피조물을 하나님과 함께, 또는 하나님보다 더 높일 때에는, 우리는 그런 사람들을 상대로 힘 있게 말하며, 깊은 인상을 주어야 한다. 그것이 얼마나 악한 짓인가를 밝히며 그런 짓에서 도망하라고 강력하게 권고해야 한다.

제20장. 성경에서 따온 여러 가지 실례들

39. 그러나 이제는 구체적인 예들을 보기로 하자. 사도 바울이 조용하고 나직한 방식으로 한 말씀이 있다: "내게 말하라 율법 아래 있고자 하는 자들아, 율법을 듣지 못하였느냐? 기록된 바 아브라함이 두 아들이 있으니 하나는 계집 종에게서, 하나는 자유 있는 여자에게서 났다 하였으나, 여종에게서는 육체를 따라 났고 자유 있는 여자에게서는 약속으로 말미암았느니라. 이 것은 비유니 이 여자들은 두 언약이라. 하나는 시내 산으로부터 종을 낳은 자니 곧 하갈이라. 이 하갈은 아라비아에 있는 시내 산으로 지금 있는 예루살렘과 같은 데니 그가 그 자녀들과 더불어 종 노릇 하고, 오직 위에 있는 예루살렘은 자유자니 곧 우리 어머니라"(갈 4:21-26).

같은 식으로 사도는 다음과 같이 추론한다: "형제들아 사람의 예대로 말하노니 사람의 언약이라도 정한 후에는 아무나 폐하거나 더하거나 하지 못하느니라. 이 약속들은 아브라함과 그 자손(씨)에게 말씀하신 것인데, 여럿을 가리켜 그 자손들(씨들)이라 하지 아니하시고 오직 하나를 가리켜 네 자손이라고 하셨으니 곧 그리스도라. 내가 이것을 말하노니 하나님의 미리 정하신 언약을 사백삼십 년 후에 생긴 율법이 폐기하지 못하고 그 약속을 헛되게 하지 못하리라 만일 그 유업이 율법에서 난 것이면 약속에서 난 것이 아니리라. 그러나 하나님이 약속으로 말미암아 아브라함에게 은혜로 주신 것이라"(갈 3:15-18).

이 말씀을 듣는 사람이 의문이 생겨서, "만일 율법으로 말미암은 유업이 없을 것이라면 무슨 까닭에 율법을 주셨느냐?"고 묻고 싶을 수 있기 때문에 사도는 이 반대 질문을 예상하고, "그런즉 율법은 무엇이냐?"고 묻는다. 그리고 대답한다: "범법하므로 더하여진 것이라. 천사들을 통하여 한 중보자의 손으로 베푸신 것인데, 약속하신 자손이 오시기까지 있을 것이라. 그 중보자는 한 편만 위한 자가 아니나 오직 하나님은 하나이시니라"(갈 3:19-20).

그리고 여기서 생기는 반대 질문을 사도 자신이 말한다: "그러면 율법이 하나님의 약속들과 반대되는 것이냐?" 사도는 여기 대답한다: "결코 그럴 수 없느니라." 그리고 그 이유를 말한다: "만일 능히 살게 하는 율법을 주셨더라면 의가 반드시 율법으로 말미암았으리라. 그러나 성경이 모든 것을 죄 아래 가두었으니 이는 예수 그리스도를 믿음으로 말미암는 약속을 믿는 자들에게 주려 함이니라"(갈 3: 21-22).

그때그때에 생각나는 질문에 대답하는 것도 그 한 가지 의무다. 그런 질문에 대답을 주지 않고 지나가면, 우리가 하는 말에 의문을 던지거나 신뢰하지 않게 된다. 그러나 어려운 질문이 있을 때에 동시에 대답을 주도록 주의해야 한다. 그래야만 우리가 제거할 수 없는 문제를 건드리지 않게 된다. 그뿐 아니라, 의문에 대답하고, 그 대답에서 다른 의문이 생겨나서 자꾸 계속할 때에는, 아주 강력한 기억력이 있는 사람이 아니면, 처음 질문으로 돌아갈 수 없다. 그러나 머리에 떠오르는 질문을 무엇이든지 반박하는 것은 매우 유익하다. 그렇게 하지 않으면, 대답할 사람이 없는 곳에서 그 질문이 나올 수 있고, 좌석에 있을 때에 침묵을 지켜 언제까지나 철저한 시정을 받지 않은 채로 지나가 버릴 수 있다.

40. 사도의 다음 말씀은 중용적 형식이다: "늙은이를 꾸짖지 말고 권하되, 아비에게 하듯 하며 젊은이에게는 형제에게 하듯 하고 늙은 여자에게는 어

머니에게 하듯 하며, 젊은 여자에게는 온저히 깨끗함으로 자매에게 하듯 하라"(딤전 5:1-2). 또 다음 말씀도 그와 같다: "그러므로 형제들아, 내가 하나님의 모든 자비하심으로 너희를 권하노니 너희 몸을 하나님이 기뻐하시는 거룩한 산 제물로 드리라. 이는 너희의 드릴 영적 예배니라"(롬 12:1).

그리고 이 권고하는 말씀은 한 구절 전체가 웅변의 중용적 형식(유려체)이다. 여러 부분이 각각 화답하듯이 한 군데에 우아하게 집결된 것이 가장 아름답다: "우리에게 주신 은혜대로 받은 은사가 각각 다르니, 혹 예언이면 믿음의 분수대로 혹 섬기는 일이면 섬기는 일로, 혹 가르치는 자면 가르치는 일로, 혹 위로하는 자면 위로하는 일로, 구제하는 자는 성실함으로, 다스리는 자는 부지런함으로, 긍휼을 베푸는 자는 즐거움으로 할 것이니라. 사랑에는 거짓이 없나니 악을 미워하고 선에 속하라. 형제를 사랑하여 서로 우애하고, 존경하기를 서로 먼저 하며, 부지런하여 게으르지 말고 열심을 품고 주를 섬기라. 소망 중에 즐거워하며 환난 중에 참으며 기도에 항상 힘쓰며 성도들의 쓸 것을 공급하며 손 대접하기를 힘쓰라. 너희를 박해하는 자를 축복하라. 축복하고 저주하지 말라. 즐거워하는 자들과 함께 즐거워하고 우는 자들과 함께 울라. 서로 마음을 같이하라"(롬 12:6-16).

이 모든 것을 두 문절로 된 한 문장으로 얼마나 아담하게 끝내는가! "높은 데 마음을 두지 말고 도리어 낮은 데 처하라." 조금 뒤에, "모든 자에게 줄 것을 주되 조세를 받을 자에게 조세를 바치고 관세 받을 자에게 관세를 바치고 두려워할 자를 두려워하고 존경할 자를 존경하라"(롬 13:7). 이 생각들은 한 문절식으로 표현했지만, 두 문절로 된 한 문장으로 끝을 마친다: "피차 사랑의 빚 외에는 아무에게든지 아무 빚도 지지 말라"(롬 13:8).

조금 뒤에 있는 말씀은 "밤이 깊고 낮이 가까웠으니 그러므로 우리가 어둠의 일을 벗고 빛의 갑옷을 입자. 낮에와 같이 단정히 행하고, 방탕하거나 술 취하지 말며, 음란하거나 호색하지 말며, 다투거나 시기하지 말고, 오직 주 예수 그리스도로 옷입고 정욕을 위하여 육신의 일을 도모하지 말라"고 한다(롬 13:12-14). 그러나 맨 끝의 어구를 "et carnis providentiam ne feceritis in concupiscentiis"라고 하지 않고, "et carnis providentiam ne in concupiscentiis feceritis"라고 표현했다면, 듣기에 더 유창한 끝이 되었을 것이다. 그러나 번역한 사람은 원문의 단어 순서를 더 엄격하게 지킨 것이다.

사도가 사용한 헬라어에서는 어떻게 들리는지, 그 말에 능한 사람들은 알 것이다. 그러나 우리말로 번역된 것과 단어 순서로서는 그 원문에서도 그다지 음악적이 아닐 것으로 나는 생각한다.

41. 문장의 끝을 음악적인 것으로 만드는 장식벽이 성경 기자들에게 없는 것은 사실이다. 번역가들이 이렇게 만든 것인지, 또는 원저자들이 의도적으로 이런 수식을 피한 것인지(이 편이 더 가능성이 있지만), 나는 감히 주장할 수 없다. 나는 모르기 때문이다. 그러나 이런 음율에 능한 사람이 성경 기자들의 문장의 끝을 화음법에 따라 정리한다면 — 그것은 같은 의미의 단어로 바꾸든지 이미 있는 단어의 순서를 바꾸면 쉽게 얻을 수 있는 효과이다 — 그가 문법학자나 수사학자의 학교에서 중요한 것이라고 배운 수사법이, 하나님의 영감을 받은 성경 기자들에게도 있다는 것을 깨달을 것이다.

거기에는 심히 아름다운 말씀들이 있다. 우리말로 읽어도 아름답고, 특히 원어에서는 더욱 그렇다. 그런 아름다움은 세상이 자랑하는 글들에서 볼 수 없는 것이다. 그러나 우리는 음악적 효과를 덧붙이겠다고 해서 하나님의 권위 있는 말씀의 무게를 조금이라도 감하는 일이 없도록 주의해야 한다. 그런데 우리의 선지자들은 우리가 말하는 화음을 얻게 하는 음악적 훈련이 없었던 것이 결코 아니다. 심지어 위대한 학자인 제롬(히에로니무스)은 그들의 글에서 — 적어도 히브리어로 읽을 때에 — 거기 사용된 운율(韻律)을 발견하고 설명한다. 다만 그는 번역을 정확하게 하기 위해서 그 운율을 보존하지 않았다. 그러나 내 자신의 느낌은 — 내가 제일 잘 알고, 다른 사람의 느낌보다 더 잘 아는 나의 느낌으로는 — 내가 하는 말은 썩 잘 되지 않았다고 생각하는 것도 문장 끝의 화음을 경시하지 않지만, 거룩한 성경 기자들에게서는 그런 음악적 효과를 아주 드물게 발견하는 것이 기쁘다.

42. 방금 말한 중용적 양식(유려체)과 숭엄한 양식의 차이점은 주로 말로 장식하지 않고 마음의 감동이 고조되는 데에 있다. 숭엄체는 중요한 양식의 수식법을 모두 사용하지만, 그런 것이 곧 발견되지 않으면 더 찾지 않는다. 그것은 자체의 열정에 지지되어 움직이며, 수식을 원하기보다 사상의 힘 때문에 닥치는 대로 아름다운 표현을 붙잡을 뿐이다. 감정이 열렬하기 때문에 거기 알맞은 말들을 생각하면 되는 것이고, 우아한 표현을 조심스럽게 선택하는 것이 아니다. 용감한 사람이 금은보석으로 장식한 칼을 가졌다면, 그는 그것으로 격전 중에 공훈을 세울 것이다. 그것이 비싼 칼이기 때문이 아니라 하나의 무기이기 때문이다. 분노한 그는 땅에서 파낸 칼을 가지고도 큰 공을 세울 것이다.

다음에 인용하는 구절에서 사도는 복음 전파를 위해서 또 하나님의 은혜에서 받는 위로에 지탱되어, 우리는 금세의 모든 재난을 참고 견디라고 역설한다. 이것은 위대한 주제이며, 논법에 힘이 있으며 수식적인 표현도 없지 않다: "보라 지금은 은혜받을 만한 때요 보라 지금은 구원의 날이로다. 우리가 이 직분이 비방을 받지 않게 하려고 무엇에든지 아무에게도 거리끼지 않게 하고, 오직 모든 일에 하나님의 일꾼으로 자천하여, 많이 견디는 것과 환난과 궁핍과 고난과 매 맞음과 갇힘과 난동과 수고로움과 자지 못함과 먹지 못함 가운데서도 깨끗함과 지식과 오래 참음과 자비함과 성령의 감화와 거짓이 없는 사랑과 진리의 말씀과 하나님의 능력으로 의의 무기를 좌우에 가지고 영광과 욕됨으로 그러했으며 악한 이름과 아름다운 이름으로 그러했 느니라 우리는 속이는 자 같으나 참되고 무명한 자 같으나 유명한 자요 죽 은 자 같으나 보라 우리가 살아 있고 징계를 받는 자 같으나 죽임을 당하지 아니하고 근심하는 자 같으나 항상 기뻐하고 가난한 자 같으나 많은 사람을 부요하게 하고 아무 것도 없는 자 같으나 모든 것을 가진 자로다"(고후 6:2-10).

그는 아직도 열기가 있다: "고린도인들이여, 너희를 향하며 우리의 입이 열리고 우리의 마음이 넓었으니." 모든 말씀을 다 인용하면 지루할 것이다.

43. 같은 식으로 사도는 로마서에서도 금세의 박해에 대해서 하나님의 도 움을 믿고 의지하면서 사랑으로 이기라고 역설한다. 그는 이 문제를 힘차고 아름답게 논한다:

"우리가 알거니와 하나님을 사랑하는 자 곧 그 뜻대로 부르심을 입은 자 들에게는 모든 것이 합력하여 선을 이루느니라. 하나님이 미리 아신 자들로 또한 그 아들의 형상을 본받게 하기 위하며 미리 정하셨으니, 이는 그로 많 은 형제 중에서 맏아들이 되게 하려 하심이니라. 또 미리 정하신 그들을 또 한 부르시고 부르신 그들을 또한 의롭다 하시고 의롭다 하신 그들을 영화롭 게 하셨느니라. 그런즉 이 일에 대하여 우리가 무슨 말 하리요? 만일 하나님 이 우리를 위하시면 누가 우리를 대적하리요? 자기 아들을 아끼지 아니하 시고 우리 모든 사람을 위하여 내주신 이가 어찌 그 아들과 함께 모든 것을 우리에게 은사로 주시지 아니하겠느냐? 누가 능히 하나님의 택하신 자들을 고발하리요? 의롭다 하신 이는 하나님이시니 누가 정죄하리요? 죽으실 뿐 아니라 다시 살아나신 이는 그리스도 예수시니 그는 하나님 우편에 계신 자 요 우리를 위하여 간구하시는 자시니라 누가 우리를 그리스도의 사랑에서 끊으리요 환난이나 곤고나 박해나 기근이나 적신이나 위험이나 칼이랴. 기 록된 바 우리가 종일 주를 위하여 죽임을 당하게 되며 도살당할 양같이 여김을 받았나이다 함과 같으니라. 그러나 이 모든 일에 우리를 사랑하시는 이로 말미암아 우리가 넉넉히 이기느니라. 내가 확신하노니 사망이나 생명이나 천사들이나 권세자들이나 현재 일이나 장래 일이나 능력이나 높음이나 깊음이나 다른 어떤 피조물이라도 우리를 우리 주 그리스도 예수 안에 있는 하나님의 사랑에서 끊을 수 없으리라"(롬 8:28-39).

44. 갈라디아서는 전체를 진술체(부드러운 양식)로 썼고, 끝에 가서 유려체로 되어 있지만, 사도는 깊은 감정이 움직이는 구절 하나를 삽입했다. 그것은 우리가 방금 인용한 구절들에 있는 수식이 전혀 없으면서도 강력한 구절임을 부정할 수 없다:

"너희가 날과 달과 절기와 해를 삼가 지키니 내가 너희를 위하여 수고한 것이 헛될까 두려워하노라. 형제들아, 내가 너희와 같이 되었은즉 너희도 나와 같이 되기를 구하노라. 너희가 내게 해롭게 하지 아니하였느니라. 내가 처음에 육체의 약함을 인하여 너희에게 복음을 전한 것을 너희가 아는 바라. 너희를 시험하는 것이 내 육체에 있으되 이것을 너희가 업신여기지 아니하며 버리지도 아니하고 오직 나를 하나님의 천사와 같이 또는 그리스도 예수와 같이 영접하였도다. 너희의 복이 지금 어디 있느냐? 내가 너희에게 증거하노니 너희가 할 수만 있었더라면 너희의 눈이라도 빼어 나를 주었으리라. 그런즉 내가 너희에게 참된 말을 하므로 원수가 되었느냐? 그들이 너희에게 대하여 열심내는 것이 좋은 뜻이 아니요 오직 너희를 이간시켜 너희로 그들에게 대하여 열심을 내게 하려 함이라. 좋은 일에 대하여 열심으로 사모함을 받음은 내가 너희를 대하였을 때뿐 아니라 언제든지 좋으니라. 나의 자녀들아, 너희 속에 그리스도의 형상을 이루기까지 다시 너희를 위하여 해산하는 수고를 하노니, 내가 이제라도 너희와 함께 있어 내 언성을 높이려 함은 너희를 대하여 의혹이 있음이라"(갈 4:10-20).

여기도 반대 표현을 대립시킨 것이나, 점층법으로 어조를 높인 것이나, 귀에 울리는 어구와 단락과 문장이 있는가? 그런 것들이 없는 데도 불구하고, 강렬한 감정이 나타나 있어서 열렬한 웅변을 느끼게 한다.

제21장. 교회의 교사들, 특히 암브로시우스와 키프리아누스에게서 여러 가지 웅변 양식을 인용한다

45. 사도의 이 말씀은 이해하기 쉽고 또한 그 뜻이 심원하다. 훌륭한 글이어서 후세 사람들이 읽거나 듣고 싶어하며, 피상적 지식으로 만족하지 않고 더 깊은 내용을 탐구하려는 사람들은 해석해 줄 사람을 원한다. 그러므로 우리는 이제부터 성경 기자들의 글을 읽음으로써 하나님의 구원의 진리를 알게 되며, 교회에 그 지식을 전한 사람들의 글에서 웅변술의 양식들을 고찰하기로 하겠다. 키프리아누스는 잔의 성사에 대해서 글을 썼을 때에 진술체 (subdued style)를 사용했다. 그는 그 글에서, 주의 잔에는 물만 있는가 또는 물과 포도주가 섞여 있는가 하는 문제에 대답한다. 나는 이 글에서 예를 보여야 하겠다.

그는 서신의 서두를 끝낸 다음에 제출된 문제에 대답하기 시작한다: "귀하도 아시는 바와 같이, 우리는 주께서 이 잔을 주셨을 때에 하신 지시를 보존해야 하며, 우리를 위하여 주께서 먼저 하신 일을 조금도 변경시키지 말라는 충고를 받았습니다. 따라서 주를 기념하여 드리는 잔에는 포도주가 섞여 있어야 합니다. '나는 참 포도나무'라고 주께서 말씀하시기 때문에(요 15:1) 그리스도의 피는 확실히 물이 아니고 포도주입니다. 잔 안에 포도주가 없을 때에는 우리를 구속하고 살린 주의 피를 그 안에서 볼 수 없습니다. 포도주가 그리스도의 피를 의미한다는 것은 모든 성경이 계시와 증언으로 예언했기 때문입니다.

노아가 포도주를 예시했으며 주의 수난을 예표했다는 것을 우리는 창세
기에서 봅니다. 그는 포도주를 마시고 취하여 장막 안에서 옷이 벗겨져 나
체가 되었고, 둘째 아들이 그 사실을 알리고 맏아들과 셋째 아들이 덮었습
니다(창 9:21-23). 다른 주위 사정을 이야기할 필요는 없습니다. 노아가 장차
오실 진리이신 분을 예표했다는 이 한 가지 사실을 알면 그것으로 충분합니
다. 즉 노아는 물이 아니라 포도주를 마심으로써 주님의 수난을 예표한 것
입니다. 주님의 이 성례전은 멜기세덱도 예표한 것을 우리는 볼 수 있습니
다. 성경은 '살렘 왕 멜기세덱이 떡과 포도주를 가지고 나왔으니 그는 지극
히 높으신 하나님의 제사장이었더라. 그가 아브라함에게 축복하여'(창 14:18-
19)라고 합니다. 그뿐 아니라 시편에는 멜기세덱이 주님의 예표였다고 성령
이 선언하시는 것을, 성자에게 하시는 성부의 말씀으로 나타냅니다: '너는
멜기세덱의 서열을 따라 영원한 제사장이라'(시 110:4)고 하십니다."

이런 말씀과 이 서신의 나머지 부분은 모두 진술체로 계속하고 있으므로
어떤 독자든지 쉽게 알 수 있다.[4]

46. 성(聖) 암브로시우스도 성령과 성부, 성자와의 동등성이라는 심히 중
대한 문제를 논하면서도 진술체를 사용하였다. 그의 목적이 아름다운 표현
을 구하거나, 사람들에게 감동을 주어 그 마음을 움직이려는 데 있지 않고,
사실과 증명을 제공하려는 데 있었기 때문이다. 따라서 글의 서두에 다음과
같은 구절이 있다:

"수천 명이 실패한 일을 하나님이 한 사람을 통해서 이루시리라, 즉 하나
님의 백성을 그 원수들의 손에서 구출하시리라는 하나님의 말씀을 들었을

---

4 Cypr., *Epist. ad Caell.* 63.2-4

때에, 그는 염소 새끼 한 마리를 준비해서 하나님의 사자가 지시한 대로, 무교병과 함께 바위 위에 놓고 그 위에 국을 부었다. 그리고 하나님의 사자가 손에 잡은 지팡이 끝을 그것에 대자, 불이 바위에서 나와 제물을 살랐다(삿 6:14-21). 그런데 이 표적은 그리스도의 몸을 예표하는 것 같다. '그들을 따르는 신령한 반석으로부터 마셨으매 이 반석은 곧 그리스도시라'(고전 10:4) 하였기 때문이다. 이것은 물론 그리스도의 신성(神性)을 가리키는 것이 아니라 그의 육신을 의미하며, 그 육신이 항상 흐르는 피의 근원이 되어 그의 갈한 백성들의 심정에 만족을 주었다. 그래서 그 때에 신비로운 표적으로, 예수 그리스도께서 십자가에 달리심으로써 온 세상의 죄를 육신으로 소멸시키시리라는 것을 선언하신 것이다. 악한 행실뿐 아니라 마음속의 악한 정욕까지 소멸시킨 것이다. 염소 새끼의 고기는 외면적인 악행을 의미하며, 국은 내면적인 정욕을 가리킨다. '이스라엘 중에 섞여 사는 다른 인종들이 탐욕을 품으매 이스라엘 자손도 다시 울며 가로되 누가 우리에게 고기를 주어 먹게 하랴'(민 11:4) 했다고 하기 때문이다. 천사가 지팡이 끝을 반석에 댔을 때에 불이 나왔다는 것은 주님의 육신이 하나님의 영으로 충만하여 인류의 모든 죄를 살라 버리리라는 표적이었다. 그래서 주께서도 '내가 불을 땅에 던지러 왔노라'(눅 12:49) 하셨다."

암브로시우스는 같은 양식으로 이 문제를 계속 논하며, 자기가 원하는 논점을 증명하며 역설하려고 노력한다.[5]

47. 키프리아누스의 유명한 동정(童貞) 예찬은 유려체(중용적 양식)의 일례이다. "나는 이제 동정녀들을 상대로 말합니다. 그들의 더 높은 명성은 또한 우리의 더 큰 관심사가 됩니다. 그들은 교회라는 나무에 핀 꽃이며, 영적 은사의 미와 장식이며, 칭찬과 명예의 기쁨이며, 흠이 없고 금간 곳이 없는 작

---

5 Ambros, *De Spir. Santo* 1,Prolog. 2f.

품이며, 하나님의 거룩하심을 반영하는 형상이며, 그리스도의 양 떼의 더 빛나는 부분입니다. 우리의 어머니인 교회는 그들로 찬란한 결실을 얻어 기뻐하며 그들로 풍성하게 번창합니다. 교회 신자들 사이에 처녀들이 많을수록 어머니의 기쁨은 더욱 커집니다."

서신의 끝에 가서 다음과 같은 말이 있다: "우리가 흙에 속한 이의 형상을 입은 것 같이 또한 하늘에 속한 이의 형상을 입으리라"(고전 15:49). 이 형상을 성실함과 거룩함과 진실함이 가진 것과 같이 처녀성도 가지고 있습니다. 하나님의 교훈을 생각하는 이들이 이 형상을 가졌습니다. 양심적으로 공의를 지키는 이들, 꾸준히 믿는 이들, 겸손히 두려워하는 이들, 용감하게 모든 일을 참는 이들, 온유하게 불의를 견디는 이들, 기꺼이 자비를 보이는 이들, 한 마음 한 뜻으로 형제간의 평화를 지키는 이들이 이 형상을 가졌습니다. 착실한 동정녀들이여, 이런 일들을 하나하나 다 눈여겨보며 사랑하며 몸에 지녀야 합니다. 여러분은 하나님과 그리스도를 위해서 자유로운 자이며, 더 크고 더 좋은 편을 택하였으며, 그리스도에게 맹세하였으므로 그리스도에게로 가는 길을 인도해야 합니다. 나이가 많은 사람들은 젊은이들을 가르치며, 젊은이들은 늙은이들을 도우며 동년배들에게 자극을 줘야 합니다. 서로 격려함으로써 활기를 띠며 서로 덕성을 경쟁함으로써 훌륭하게 되도록 도전하십시오. 용감히 견디며 영적으로 전진하며 목적 달성에 성공하십시오. 다만 여러분의 처녀성이 존경을 받기 시작하는 때에는 우리를 기억하십시오."[6]

48. 암브로시우스도 유려한 그러나 수식적인 양식을 채용해서, 동정녀 생활을 맹세한 사람들 앞에 그들이 모방할 만한 표본(동정녀 마리아)을 그려 보

---

6 Cypr, *De Habitu Virginum* 3.23.

인다. "그녀는 신체뿐 아니라 정신적으로도 동정녀였습니다. 일체의 거짓을 거부하며 그 심정이 순수하며 겸손하며, 말이 점잖으며, 사려가 깊으며, 말이 많지 않고, 연구를 게을리하지 않았습니다. 그 믿는 것은 무상한 재물이 아니라 가난한 자의 기도이며, 책임에 충실하며 말에 겸손하며, 양심의 안내자로서 사람이 아닌 하나님을 찾으며, 아무도 해하지 않고 모든 사람의 행복을 원하며, 연장자에게 양보하며 동료를 시기하지 않으며, 자랑하지 않고 이치를 따르며, 덕성을 사랑했습니다. 그녀가 눈치로라도 부모를 상하게 한 일이 있습니까? 친척과 의견이 충돌한 적이 있습니까? 언제 겸손한 사람을 멀리하고, 약한 사람을 비웃고, 빈궁한 사람을 피했습니까?

자비가 부끄러워하지 않으며 정숙함을 무시하지 않을 곳이면 남자들만이 모이는 곳이라도 피하지 않고 찾아갔습니다. 그의 눈에는 거만한 기색이 없었고, 그의 말에는 외람된 것이 없었고, 행동은 항상 단정했습니다. 태도에 육감적인 것이 없으며, 걸음이 방자하지 않으며, 음성에 불평이 없으며, 그 몸은 그 정신의 형상이며 정숙함의 초상이었습니다. 좋은 집은 문턱에서부터 알 수 있어서, 한 발짝 들어서면 아무 데도 어두운 구석이 없다는 것이 곧 느껴집니다. 집 안에 둔 등이 바깥까지 환히 비추는 것과 같습니다. 그러면 나는 무슨 까닭에 그가 음식에 절제하며 친절에 과도할 정도인 것을 말할 필요가 있습니까? 절제는 자연의 요구를 채우지 못하며, 친절은 자기의 힘에 벅찼습니다. 후자는 그칠 새가 없고, 전자는 단식으로 배가(倍加)되었습니다. 정녕 원기를 회복할 필요가 있을 때에는 음식의 맛은 상관하지 않고 목숨을 유지하는 것으로 만족했습니다."[7]

그런데 나는 이 구절을 유려체의 한 예로서 인용했다. 필자는 동정녀 생활을 맹세하지 않은 사람들에게 그런 맹세를 장려하는 것이 아니라, 이미 맹

---

7 Ambros., De Virg. 2.1.7–8.

세하고 헌신한 사람들에게 그 생활 목표를 말하는 것이다. 이런 중요한 결심을 하게 하려면, 숭엄한 말로 감동시켜야 한다. 그러나 순교자 키프리아누스는 동정녀 생활로 들어가는 문제를 말하지 않고 그들의 옷에 대해서 말하면서도 숭엄한 문체로 감격을 준다.

49. 이제 나는 이 두 사람이 다 논한 문제에서 숭엄체의 실례를 인용하겠다. 그들은 분으로 얼굴을 화장하는, 아니 더럽히는 여인들을 공격한다. 키프리아누스가 한 말 가운데는 다음과 같은 것이 있다:

"만일 어떤 화가가 사람의 얼굴 모습과 몸매를 타고난 그대로 그리고 색칠을 했을 때에, 다른 사람이 기술이 더 훌륭한 듯이, 이미 끝낸 그 화상에 붓을 댄다면 그것은 처음 화가에 대한 중대한 모욕으로 인정될 것이며, 따라서 그가 분개하는 것은 당연할 것입니다. 여러분은 이런 몰염치하고 경솔하고 무례한 짓으로 대예술가이신 하나님을 모욕하고도, 아무 탈이 없으리라고 생각합니까? 여러분은 남자 문제에서 정숙하며, 사람을 호리기 위한 연지를 찍지 않을는지 모르지만, 하나님이 지으신 것을 더럽히는 것은 간음보다도 더 나쁜 행동입니다. 그렇게 해서 더 아름다워진다고 생각한다는 그 사실이 하나님의 작품에 대한 공격인 동시에, 진실을 거짓으로 만드는 것입니다. 사도는 경계해서, '너희는 누룩 없는 자인데 새 덩어리가 되기 위하여 묵은 누룩을 내버리라. 우리의 유월절 양 곧 그리스도께서 희생이 되셨느니라. 이러므로 우리가 명절을 지키되 묵은 누룩도 말고 악하고 악의에 찬 누룩으로도 말고 오직 순전함과 진실함의 떡으로 하자'고 말씀합니다(고전 5:7-8).

순전한 것이 오염되며 진실한 것이 색칠과 화장술로 위조될 때에 순전과 진실이 살아남습니까? 주께서는 '네가 한 터럭도 희고 검게 할 수 없다'고 하셨는데(마 5:36), 여러분은 주님의 말씀을 반박함으로써 주님보다 더 강한 사람이 되려 합니다. 여러분은 머리를 염색하곤 하는데 그것은 이미 염치없고 모독적인 경멸 행위입니다. 여러분은 이미 불빛 같은 머리털을 가졌으니 미래에 대한 흉조를 보입니다."[8]

이 다음에 있는 말들은 너무 길어서 여기에 포함시킬 수 없다.

50. 암브로시우스도 이런 관습을 다음과 같이 비난했다: "남자들이 보기에 매력이 없을까 두려워서 정선한 화칠을 하며, 얼굴을 더럽히는 데서 정조를 더럽히는 데까지 가는 것이 죄를 짓게 하는 유혹이 됩니다. 타고난 모습을 바꾸어서 미(美)를 구하며, 남편이 싫어할까 우려하는 것이 곧 스스로 싫어하는 것을 폭로하는 것이니 이것은 얼마나 어리석은 일입니까? 자연이 설계한 것을 변경하려고 애쓰는 여인은 자기에게 선고를 내리는 것입니다. 다른 사람의 환심을 사려고 하면서 우선 자기 스스로 싫어하기 때문입니다. 여인이여, 당신은 자신을 보이기가 두려우므로 당신의 추함을 판단할 공정한 심판자는 당신 자신이 아닙니까? 당신이 아름답다면 무슨 까닭에 얼굴을 감춥니까? 만일 추하다면 무슨 까닭에 아름다운 체합니까? 당신은 자신의 양심의 존경을 받지 못하며, 모르는 사람을 속이는 것도 아니었기 때문입니다.

그가 다른 여인을 사랑한다면, 당신은 다른 남자에게 매력이 있기를 원합니다. 그가 다른 여인을 사랑한다면, 당신은 분노하지만 당신 자신이 그에게 간음을 가르칩니다. 당신이 해 받을 일을 가르쳐 주는 악한 교사는 당신 자신입니다. 조방꾸니의 간교로 해를 본 사람도 자기가 조방꾸니가 되는 것은 싫어합니다. 그런 여인은 타락한 사람이지만, 남이 아니라 자기를 해하는 것입니다. 간음죄까지도 거의 더 감내할 수 있습니다. 거기서는 정조를 더럽

---

8 Cypr., *De Hab. Virg.* 15f.

히지만, 여기서는 자연이 침해되기 때문입니다."[9]

이 웅변은 여인들이 화장으로 얼굴을 더럽히지 말고 정숙과 두려움을 실천하라고, 열심히 역설하는 것이 분명하다고 생각한다. 그래서 여기서 말하는 방식은 부드러운 것(진술체)이나 중용적인 것(유려체)이 아니라, 확실히 숭엄한 것(숭엄체)이다. 나는 특히 이 두 사람의 글에서 인용했지만, 그 외에도 진리를 잘 설명한 다른 교회 교사들이 있으며, 그들은 주제가 요구하는 대로 명석하고 아름답게 또 열성적으로 가르쳤다. 그들의 많은 글과 강화에서는 어디서나 이 세 가지 양식이 발견된다. 연구하려는 사람은 끊임없이 그들의 글을 읽고 연습함으로써 그 양식들을 마음에 깊이 새기게 될 것이다.

제22장. 양식에 변화가 있어야 한다

51. 그러나 여러 가지 양식을 섞는 것이 원칙에 어긋난다고 생각해서는 안 된다. 오히려 반대로, 품위를 잃지 않는 한 여러 가지 양식을 섞어 쓰는 것이 좋다. 한 가지 양식을 단조롭게 계속하면 듣는 사람의 주의를 계속 끌 수 없다. 한 가지 양식에서 다른 양식으로 변하면 이야기가 길어지더라도 더 원만하게 계속할 수 있다. 또 한 가지 양식의 내부에도 변화가 있어서 듣는 사람의 주의가 산만하거나 흥미가 식지 않게 한다.

그러나 숭엄한 어조에 비해서 부드러운 어조는 오래 견디기 쉽다. 숭엄한 어조로 청중의 감정을 흥분시키면, 그 흥분한 정도가 높을수록 그 수준을 유지할 수 있는 시간은 짧다. 그러므로 이미 고도로 흥분된 감정을 더 높이려고 하다가 얻은 것까지 잃어버리지 않도록 주의해야 한다. 그러기보다

---

9 Ambros., *De Virg.* 1.6.28.

는 조용히 논할 수 있는 문제를 사이에 끼워 넣는다면, 다시 역설할 문제로 돌아가도 효과를 거둘 수 있다. 그래서 우리의 강화는 바다의 파도와 같이 간만(干滿)의 변화가 있게 된다. 따라서 숭엄한 양식을 길게 계속할 필요가 있으면, 단조롭게 계속하지 말고 사이사이에 다른 양식들과 교체해야 한다. 그러나 강화 전체로서는 제일 오래 시간을 차지한 것으로 그 양식을 삼는다.

제23장. 어떻게 여러 가지 양식을 섞을 것인가?

52. 그런데 어떤 양식들을 서로 교체하는가, 또는 어떤 대목에서 어떤 양식을 쓰느냐 하는 것은 중요한 문제다. 예컨대, 숭엄한 양식을 쓸 때에도 시작은 항상 또는 거의 항상 유려한 양식(중용)이라야 마땅하다. 숭엄체로 말할 수 있는 일도 진술체로 말해서, 다른 것과의 대조로, 배경이 어두우면 더욱 빛나게 할 수 있기 때문이다. 그러나 복잡한 문제를 논할 때에는 어떤 양식을 쓰든 간에 예리한 논리가 필요하며, 이런 때에 특히 진술체가 사용된다.

그러므로 다른 두 양식을 주로 쓸 때에도 이런 문제가 생기면 진술체를 써야 한다. 마찬가지로 어떤 양식을 쓰고 있다가도 누구를 정죄하거나 용서하는 문제가 아닌 때에는, 또는 듣는 사람이 어떤 행동을 성취하는 데 찬성하는 문제가 아닌 경우에는 유려체(중용)를 쓴다. 그래서 숭엄한 양식 또는 부드러운 양식(진술체)을 쓰고 있을 때에도 다른 두 가지 양식을 쓰는 것이 합당한 대목이 있다. 한편, 유려체는 항상은 아니지만 간혹 부드러운 양식으로 바꿀 필요가 있다. 그것은 이미 말한 바와 같이 복잡한 문제를 해결해야 될 때, 또는 장식 없이 부드러운 양식으로 말하기만 할 수 있을 때다. 즉 장식을 하지 않음으로써 풍요한 장식이 더욱 돋보일 여지를 남기는 것이다. 그러나 유려체(중용)에는 숭엄한 양식이 필요하지 않다. 사람들을 설득하려는 것이 아니라, 즐겁게 하려는 것이기 때문이다.

제24장. 숭엄체의 효과

53. 청중의 박수가 여러 번 또 열심히 반복된다고 해서, 연사가 숭엄한 어조로 말한다고 믿어서는 안 된다. 유순한 양식의 예리한 논리와 유려한 양식의 장식들도 이런 효과를 거둔다. 숭엄체는 문제의 무게 때문에 음성이 낮아지는 것이 보통이지만, 그래도 청중은 눈물을 흘린다. 마우리타니아(Mauritania)의 카이사레아(Caesarea)의 내란(內亂)에 대해서 전에 내가 말한 일이 있다. 그것은 내란보다도 더 흉악한 습관이었다. 거기서는 카테르바(Caterva)라고 불리는데, 같은 시의 시민들끼리만이 아니라, 친척과 형제와 심지어 부자간에도 서로 두 편으로 갈라서서, 매년 일정한 시기에 며칠 동안 계속적으로 되는 대로 돌을 던져서 서로 많이 죽이는 것이었다. 그들의 마음과 관습에 깊이 뿌리박은 이 야만적인 악습을 뽑아 버리려고 나는 숭엄한 어조로 전력을 다해서 호소했다. 그러나 내가 한 말에 효과가 다소라도 있다고 생각한 것은 그들이 박수칠 때가 아니라 그들이 우는 것을 보았을 때였다.

그들의 박수는 그들이 무엇을 깨닫고 마음이 즐겁다는 표시였지만, 그들의 눈물은 설복되었다는 증거였다. 이 눈물을 보았을 때에 나는 그들이 행동으로 증명하기 전에 그 야만적 관습이 완전히 극복되었다는 것을 믿었다. 그것은 그들의 아버지와 조부와 더 오랜 선조 때부터 그들의 마음을 움켜잡은, 아니 그들을 완전히 점령한 무서운 악습이었다. 나는 말을 마치고 그들의 마음과 입술을 하나님께로 향하게 하였다. 그랬더니 놀랍게도 8년 이상 지나는 동안에 그리스도의 은혜로 그들은 그런 짓을 시도한 일이 없었다. 이

밖에 여러 번 당한 경험으로 나는, 현명한 연사가 숭엄체로 청중의 마음에 일으킬 수 있는 효과를 알게 되었다. 궁극적으로 생활을 혁신하는 것은 그들의 갈채가 아니라, 그들의 탄식이며 심지어는 그들의 눈물이다.

54. 부드러운(유순한) 양식으로 변한 사람들도 많지만, 그 결과는 모르던 것을 알게 되거나 믿지 못할 듯하던 것을 믿게 되었다는 것이고, 해야 될 줄은 알면서도 하기 싫던 일을 하게 된 것은 아니다. 이런 종류의 무감각을 극복하는 데는 숭엄한 양식을 써야 한다. 칭찬이나 비난을 웅변적으로 하면, 유려체를 썼어도 어떤 사람들에게는 웅변적인 칭찬과 비난에 매혹될 뿐 아니라, 자기들도 칭찬을 받으며 비난을 받지 않는 생활을 하려고 노력하게 되는 효과가 있다. 그러나 매력을 느낀 사람이 모두 생활 습관이 달라진다고 할 수 있는가? 숭엄체로 설복된 사람의 행동이 달라지며, 진술체로 가르침을 받은 사람들이 모두 모르던 일을 깨닫거나 믿게 될 수 있을까?

제25장. 유려체는 어떻게 쓸 것인가?

55. 그러므로 현명한 말을 웅변적으로 하려는 사람에게는, 그 목적을 달성하려면, 나중에 말한 두 가지 양식이 반드시 필요하다. 그러나 유려체의 목적은 그 웅변을 통해서 청중을 즐겁게 하려는 것이다. 이 양식은 그 자체를 위해서 쓰는 것이 아니라 청중에게 즐거움을 줌으로써 이미 유익하고 고상하게 논한 문제를 더 기꺼이 또 더 굳건히 받아들이게 하려는 것이다. 이것은 물론 그들이 이미 깨달았고 동정적 태도를 취하게 되어 가르치거나 설복하는 웅변이 필요하지 않다는 것을 전제한다.

어떤 양식의 웅변을 사용하든 간에 올바른 말솜씨로 설복하는 것이 모든 웅변의 보편적 책임이므로, 이 설복한다는 목적을 달성하기 위해서 합당한 화법으로 설복하려고 하는 것이다. 그러므로 설복하지 못하면 웅변을 사용한 목표에 도달하지 못한 것이다. 그런데 진술체로는 그가 하는 말이 진실되다는 것을 우리가 믿게 만들려고 한다. 숭엄체로는 우리가 해야 될 줄 알면서도 하지 않는 일을 하게 되도록 설복한다. 유려체로는 그의 말솜씨가 아름답고 단아하다는 것을 믿게 만든다. 그러나 이 마지막 목적은 무슨 유익이 있는가? 웅변가라는 명성이 있으며 찬사와 그와 유사한 말을 나열하면서도 청중을 가르치는 것도 아니요, 그들에게 어떤 실천을 재촉하는 것도 아니며, 단순히 즐겁게만 하면 사람에게 어떤 유익을 주는가?

그러나 우리는 이 양식을 달리 이용하는 것이 좋다. 즉 숭엄한 양식으로 얻으려는 효과를 위해서 사용하는 것이다. 바꿔 말하면, 선한 풍습을 사랑하며 악한 풍습을 피하게 하는 것이다. 청중이 이 일에 적의를 품고 있어서 숭엄한 웅변으로 역설할 필요가 있다고 보면, 또는 이미 실천하고 있으면, 우리는 그들이 더욱 열성을 보이며 더욱 끈질기게 계속하도록 재촉해야 한다. 그래서 우리는 유려체의 수식까지도 화려하게 쓰지 않고 신중하게 이용하며, 청중을 기쁘게 하는 것으로 만족하지 않고, 그들의 기분이 좋기 때문에 우리가 설복하려는 선을 더 잘 추구하게 해야 한다.

제26장. 어떤 양식을 쓰더라도 연사는 명석함과 아름다움과 설득력을 목표로 삼아야 한다

56. 따라서 지혜 있는 말을 웅변적으로 하려는 사람은 내가 이미 설명한 것과 같이, 명석함과 아름다운 어법과 설득력을 목표로 삼아야 하는데, 이 점을 좀 더 밝힐 필요가 있다. 이 세 가지 목표는 각각 세 가지 웅변 양식에

해당한다고 생각해서는 안 된다. 명석함은 진술체의 특색이며, 아름다운 어법은 유려체의, 그리고 설복력은 숭엄체의 특색이라고 각각 배정할 것이 아니라, 연사는 어느 한 가지 양식을 쓸 때라도 될 수 있는 대로 항상 이 세 가지 효과를 염두에 두어야 한다. 예컨대, 진술체의 말에 청중이 질리게 되는 것을 우리는 원하지 않기 때문에, 우리는 그들이 이해할 뿐 아니라 즐겁게 되도록 노력한다.

그뿐 아니라, 우리가 역설하는 것을 성경 말씀으로 증명하는 것도 청중이 이해할 뿐 아니라, "주의 증거하심이 확실하고"(시 93:5)라고 하신 분의 도움을 얻어 청중이 찬성하게 만들려는 것이다. 진술체로 이야기를 하는 것도 청중이 믿어 주기 원하기 때문이 아닌가? 또 말솜씨에 어떤 매력이 없으면, 누가 귀를 기울이려고 할 것인가? 이해할 수 있는 말을 하지 않는다면 듣는 사람에게 즐거움도 없고 확신도 생기지 못한다는 사실을 누가 모르는가? 진술체에는 그 자체에 고유한 기능이 있다. 그것은 심히 어려운 질문에 해답을 주며, 의외의 설명으로 증명한다. 전혀 기대하지 않은 곳에서 아주 예리한 의견을 끌어다가 밝힌다. 반대자들의 오류를 명백하게 증명하며, 도저히 논박할 수 없을 듯한 것이 거짓임을 가르쳐 준다. 특히 주제 자체에서 자연히 파생한 미, 화려하지 않아도 필수적인 미, 즉 문장이 음율적으로 끝날 때에 거기는 설득력이 있다. 그러나 우레 같은 박수 갈채가 나기 때문에, 진술체에서 생겼다고 인정하기 어려운 때가 많다.

이 양식은 장식이 없고 무장도 없이 경기장에 들어가며, 이를테면 벌거숭이 같지만, 그 실력으로 대적을 부수며, 대항하는 거짓을 그 강력한 무기로 분쇄하는 데는 지장이 없다. 이렇게 말하는 사람들이 열렬한 박수 갈채를 받고 또 받는 것은 무슨 까닭인가? 진리가 증명되며 옹호되며 불가항력적으로 주장될 때에, 그것이 기쁘기 때문이 아닌가? 그러므로 이 침착한 양식을 쓰는 연사와 교사는 이해할 수 있게 말할 뿐 아니라 또한 들어서 즐겁도록, 그리고 확신을 가지도록 말해야 한다.

57. 유려체(중용)의 웅변도 기독교의 교사의 경우에는 장식이 전혀 없을 것도 아니고, 부적당한 장식을 할 것도 아니고, 다른 연사들처럼 즐겁게 하는 것을 유일한 목표로 삼을 것도 아니라, 칭찬이나 비난을 할 때에 청중이 기뻐하는 것을 추구하거나 더욱 견지하며, 그 배척하는 것을 피하거나 포기하게 인도해야 한다. 그러나 말이 명석하지 않으면 기쁨을 줄 수 없다. 그러므로 유려체의 일차적인 목적은 아름다운 화법이지만 명석함과 아름다운 화법과 설득력을 모두 추구해야 한다.

58. 그런데 듣는 사람이 자기가 들은 것을 진리라고 인정하며 아름답다고 생각하더라도, 그대로 행동할 의욕이 없을 때에는, 그에게 감동을 주어 설복할 필요가 있다. 이런 때에는 물론 숭엄체를 써야 한다. 그러나 말을 이해하지 못하면 어찌 감동을 받으며, 들어서 즐겁지 않으면 누가 계속해서 들으려고 하겠는가? 그러므로 이 양식을 쓸 때에도, 완고한 마음을 설득해서 복종하게 만들려면, 이해할 수 있으며 즐겁게 듣도록 말해야 한다.

제27장. 가르치는 말과 생활이 일치하는 교사는 가르침의 효과가 더 크다

59. 그러나 말에 설득력이 있으려면, 어떤 숭고한 웅변보다도 연사의 생활이 더 큰 영향을 준다. 지혜롭고 웅변적인 말을 하는 사람도 그 생활이 악하면, 배우려는 사람들에게 가르쳐 주는 것이 많을 수 있지만, "그 자신의 영혼에는 아무 유익이 없다"(집회서 37:21). 그래서 사도도 "겉치레로 하나 참으

로 하나 전파되는 것은 그리스도니"라고 한다(빌 1:18). 그리스도는 진리시지만, 진실하지 못한 자가 진리를 전할 수 있다는 것을 우리는 안다. 바꿔 말하면, 악하고 거짓된 자가 바르고 참된 말을 하는 것이다. 그래서 그리스도의 영광이 아니라 자기의 영광을 구하는 자들이 그리스도를 전한다. 그러나 참신자들은 사람의 음성을 따르지 않고 그리스도의 음성을 따른다.

주님께서는 "무엇이든지 그들이 말하는 바는 행하고 지키되, 그들이 하는 행위는 본받지 말라. 그들은 말만 하고 행하지 아니하느니라"고 하셨다(마 23:3). 그래서 말하는 자들 자신은 무익한 생활을 하건만, 다른 사람들은 그들의 말을 듣고 유익을 얻는다. 그들은 자기의 목적을 추구하지만, 건전한 교리에 근거를 둔 교회의 권위 있는 높은 자리에 있으면서도 감히 자기 생각을 교리로서 가르치지 못한다. 그래서 주님께서는 이런 종류의 인간들에 대해서 내가 방금 인용한 말씀을 하시기 전에, "서기관들과 바리새인들이 모세의 자리에 앉았으니"라고 하셨다(마 23:2). 그들은 자기 자리가 아닌, 모세의 자리에 앉았기 때문에, 스스로는 악한 행위를 하면서도 부득이 선한 말을 하지 않을 수 없었다. 그래서 그들은 생활면에서는 자기들이 원하는 방향으로 갔지만, 그 차지한 자리 때문에 그들 자신의 주장을 가르칠 수는 없었다.

60. 그런데 이런 사람들은 자기가 행하지 않는 일을 전함으로써 많은 사람들에게 유익을 준다. 그들이 만일 그 전하는 대로 생활한다면, 더욱 많은 사람들에게 유익을 줄 것이다. 자신의 악한 생활을 변명하기 위해서 교사들의 언행을 비교하며, 마음속으로 심지어 노골적으로 "왜 당신은 내게 명하는 대로 행하지 않습니까?"라고 묻는 사람이 많다. 그래서 자기가 하는 말에 귀를 기울이지 않는 교사의 말에 그들은 귀를 기울이지 않게 되며, 전하는 자를 멸시함으로써 전해지는 내용까지 멸시하게 된다. 그러므로 사도는 디

모데에게 보내는 서신에서 "누구든지 네 연소함을 업신여기지 못하게 하라"고 말한 다음에, 멸시를 피할 방법을 즉시 첨가해서 "오직 말과 행실과 사랑과 믿음과 정절에 있어서 믿는 자에게 본이 되라"고 한다(딤전 4:12).

제28장. 진실이 표현보다 더 중요하다. 말다툼이란 무엇인가?

61. 여기서 묘사한 것과 같은 교사는 듣는 사람의 순종을 확보하기 위해서 부드럽고 유려한 어조로 말할 뿐 아니라 격렬한 어조로 말하더라도 체면을 잃는다고 할 수 없다. 그의 생활이 그를 보호해서 멸시를 받지 않게 하기 때문이다. 그는 단정한 생활을 견지하는 동시에 세평(世評)도 좋도록 노력한다. 하나님과 사람들 앞에서 선한 일에 조심하며(고후 8:21), 하나님을 두려워하고 사람들을 사랑한다. 사람들 앞에서 말할 때에도 말이 아니라 말하는 내용으로 그들을 기쁘게 한다. 사실대로 말할수록 잘하는 말이라고 생각하며, 교사는 자기가 하는 말에 지배될 것이 아니라 말을 지배해야 된다고 믿는다. 이런 뜻으로 사도는 "말의 지혜로 하지 아니함은 그리스도의 십자가가 헛되지 않게 하려 함이라"고 한다(고전 1:17).

역시 같은 뜻으로 디모데에게 말하기를 "너는 그들로 말다툼을 하지 말라고 하나님 앞에서 엄히 명하라. 이는 유익이 하나도 없고 도리어 듣는 자들을 망하게 함이라"고 한다(딤후 2:14). 그런데 이것은 반대하는 사람들이 진리를 거역할 때에 우리가 진리를 변호하지 말라는 뜻이 아니다. 만일 그렇다면, 사도가 감독된 사람이 해야 할 일이라고 한 것은 어디 있겠는가? "이는 능히 바른 교훈으로 권면하고 거슬러 말하는 자들을 책망하게 하려 함이라"고 한다(딛 1:9).

말다툼이라는 것은 진리로 오류를 극복하려고 조심하는 것을 의미하지 않고, 다른 사람의 표현보다 자기의 표현이 선택되게 하려고 애쓴다는 뜻이다. 말다툼을 하지 않는 사람은, 조용한 방식이나 유려하고 격렬한 방식을 쓰더라도, 진실을 분명하고 즐겁고 효과 있게 말하려는 것 이외에 다른 목적이 없다. 사랑은 교훈의 목적이며(딤전 1:5) 율법의 완성이라고 하지만(롬 13:10) 그 사랑도 사랑하는 대상이 진실되지 못하고 거짓인 때에는 바른 사랑이 아니기 때문이다.

신체의 모양은 아름다워도 마음 상태가 나쁜 사람은 몸이 병든 사람보다 사랑의 대상으로서 더 괴로운 존재인 것과 같이, 거짓을 가르치는 사람은 웅변가일수록 더욱 가련한 인간이다. 그러므로 웅변과 지혜를 겸비했다는 것은 적합한 말로 진실을 표현한다는 것에 불과하다. 진술체로 적합한 말을 사용하며, 유려체로 우아한 말을 사용하며, 숭엄체로 강력한 말을 사용하는 것이다. 그러나 웅변과 지혜를 겸비할 수 없는 사람은 지혜 없는 웅변보다 웅변이 없는 지혜를 추구하는 것이 마땅하다.

제29장. 전도자가 자기보다 웅변적인 사람의 글을 청중에게 전하는 것은 무방하다

그러나 이렇게 할 수 없을 때에는, 자기의 생활을 돌보아서 자기가 상을 받을 만할 뿐 아니라 다른 사람들에게도 모범이 될 만하게 해야 한다. 즉 자기 생활 자체가 웅변적인 설교가 되게 해야 한다.

62. 참으로 어떤 사람들은 말은 잘하는데, 말의 내용을 작성할 수는 없다. 그런데 이런 사람들이 다른 사람이 쓴 지혜롭고 웅변적인 글을 암기해서 사람들에게 전하더라도 그것을 기만 행위라고 비난할 수 없다. 이런 방식으로

진리를 전파하게 된 사람이 많으며 이것은 확실히 좋은 일이다. 그러나 그만큼 많은 교사는 없다. 참 교사 한 사람이 지은 설교를 모든 사람이 실지로 전하며, 그들 사이에 차이가 없기 때문이다. 또 이런 사람들은 예레미야 선지자의 말에 놀랄 필요가 없다. 하나님께서는 이 선지자를 시켜 이웃에게서 하나님의 말씀을 도둑질하는 자들을 비난하신다(렘 23:30).

도둑질한다는 것은 자기 것이 아닌 것을 취하기 때문이다. 즉 하나님의 말씀은 순종하는 사람들에게 속한 것이며, 악한 생활을 하는 자는 말을 잘하더라도, 그것은 다른 사람에게 속한 것을 도둑질하는 것이다. 그가 말하는 선한 일들은 그 자신의 생각인 것 같지만 그것은 그의 생활 방식과는 아무 공통점도 없다. 하나님의 말씀을 해서 선하게 보이려고 하는 자들은 자기 멋대로 악한 생활을 하기 때문에, 하나님께서는 그들이 당신 말씀을 도둑질한다고 하신다. 자세히 들여다보면, 그 좋은 말을 하는 것은 사실은 그들이 아니다. 행동으로 부정하는 것을 어떻게 말로 주장할 수 있겠는가? 이런 사람들에 대해서 사도가 "그들이 하나님을 시인하나 행위로는 부인한다"(딛 1:16)고하는 것은 헛된 말씀이 아니다. 어떤 의미에서는 그들은 그런 말을 하지만다른 의미에서는 그런 말을 하지 않는 셈이다. 왜냐하면 진리이신 주님의 다음 말씀이 다 사실이기 때문이다.

이런 사람들에 대해서 주님은 한 곳에서 "무엇이든지 그들이 말하는 바는 행하고 지키되, 그들이 하는 행위는 본받지 말라" 하신다. 즉, 그들의 입술에서 들려오는 것은 행하되 그들이 생활에서 보는 것은 본받지 말라는 것이다. "그들은 말만 하고 행하지 아니함이라"고 하신다(마 23:3). 그래서 그들은 행하지 않으면서 말한다. 그러나 다른 곳에서 주님은 이런 사람들을 책망하신다: "독사의 자식들아, 너희는 악하니, 어떻게 선한 말을 할 수 있느냐?"(마 12:34). 이 말씀을 보면, 그들은 선한 말을 하는 것 같이 보이지만, 의지와 행동으로 자기가 하는 말을 부정하므로, 그 말을 하는 것은 그들이 아니라는 뜻이 된다. 그래서 언변이 좋은 악한 사람이 진리를 제시하는 설교를 써서, 언변이 좋지 못한 선한 사람을 시켜서 그 설교를 하게 하는 수가 있다. 이런 경우에 악한 사람은 자기의 소유가 아닌 것을 이용하며, 선한 사람은 사실은 자기의 소유인 것을 다른 사람에게서 받는 것이다. 그러나 진정한 신자가 진정한 신자에게 이런 봉사를 할 경우에는, 두 사람이 다 자기 것을 말한다. 그들이 말하는 것이 모두 하나님의 것이며, 그 하나님이 그들의 소유가 되셨기 때문이다. 말하는 내용을 글로 지을 수 없는 사람들도 그 내용과 일치하는 생활을 이룩함으로써 그 말씀을 자기 것으로 만든 것이다.

제30장. 설교자는 설교를 시작하기 전에 하나님께 기도하라

63. 청중을 향하려고 하거나, 다른 사람이 할 설교를 구술하거나, 사람들에게 설교를 읽어 들려주려고 할 때에 우선, 하나님께 합당한 설교를 할 수 있게 해 주시도록 기도해야 한다. 왕비 에스더가 자기 민족의 세상적 평강을 위해서 임금에게 말하려 했을 때에, 적합한 말을 할 수 있도록 하나님께 기도했은즉(에 4:16, 70인역), 사람들의 영원한 평강을 위해서 말과 가르침으로 수고하는 사람은 같은 축복을 더욱더 기도할 것이 아닌가? 다른 사람이 지어주는 설교를 하려는 사람들도, 그 글을 받기 전에 준비하는 사람들을 위해서 기도하며, 결과가 좋은 때에는 이런 축복을 주신 하나님께 감사해야 한다. 이렇게 함으로써 "우리와 우리가 하는 말이 다 그 손에 달린" 분에게 (지혜서 7:16) 모든 찬양이 돌아가게 해야 한다.

제31장. 이 책이 너무 길어진 것을 사과한다

64. 이 책이 이렇게 길게 되리라고 나는 예상하지도 못했고 원하지도 않았다. 그러나 이 책을 읽거나 들음으로써 기쁨을 얻는 사람은 길다고 생각하지 않을 것이다. 길다고 생각하면서도 내용을 알고 싶은 사람은 일부분씩 읽을 수 있다. 내용을 알고 싶지 않은 사람은 길다고 불평할 필요가 없다. 그러나 나 자신은 내게 있는 적은 능력을 다해서 한 일에 대해서 하나님께 감사한다. 나는 이 네 권에서 결점이 많은 내 자신을 묘사하지 않았다. 건전한, 즉 기독교의 교훈을 스스로 배우며 남에게도 가르치는 수고를 하는 사람들은 어떤 사람이 되어야 하는가를 논했다.

"크리스천의 영적 성장을 돕는 고전"
세계기독교고전 목록